倒産法

INSOLVENCY LAW

著・倉部真由美
　　高田賢治
　　上江洲純子

有斐閣ストゥディア

はしがき

　本書は，倒産法を学ぶ大学生を対象とした教科書である。一人でも多くの読者に通読してもらえる教科書にしたいという執筆者一同の強い思いが込められている。そのため，留学生や法学部以外の学部生を含めた大学生にとってむずかしい言い回しを避けて記述するようにした。これは，執筆者同士，互いの担当箇所がわかりやすい内容になっているか目を光らせて，率直に指摘しあい，書き直しを重ねた成果であり，本書の特徴である。

　このほか，次の3つの点を心がけて執筆した。第1に，手続の全体像の理解を促すことを重視し，学説や判例に細かく立ち入ることは避けている。紹介している判例が少ないのはこのような理由による。第2に，本書の中で関連する箇所を相互に参照できるように工夫している。とくに第1編は，本書全体の導入として位置づけられるため，第2編および第3編のどの箇所でより詳しく学ぶのかを丁寧に示している。第3に，民法や会社法についても簡単に解説を加え，また，民法や会社法のどのあたりで勉強する知識かを示すことによって，通読しやすくなるようにした。

　著者は日頃学会や研究会を通じて交流の深い3名である。有斐閣から本書の執筆依頼をいただいた倉部が高田賢治さん（当時は大阪市立大学教授）と上江洲純子さんに共同執筆のお願いをした。本書を執筆している間，東京・大阪・沖縄とそれぞれ離れた場所に勤務・在住していたが，有斐閣の会議室に集まって編集会議を相当数開催し，本書について長時間にわたる議論を重ねてきた。振り返れば，本書の編集がスタートしてまもなく，倉部の妊娠・出産が続き，本書の上梓まで予定よりも大幅に時間を要してしまった。それだけに，本書の産声を聞くことができ，喜びもひとしおである。

　本書がこうして刊行に至るまでには，共同執筆者のお二方の辛抱強いご協力に加えて，有斐閣の一村大輔さん，渡邉和哲さん，吉田小百合さん（ご退職）の適切なご助言と温かな励ましがあった。ここに記して深く感謝申し上げる。

　2018 年 11 月

執筆者を代表して　　倉 部 真 由 美

著 者 紹 介

[　] 内は担当箇所

倉部真由美 ［第 1 編第 1 章・第 2 章］

東京都立大学大学院社会科学研究科博士課程単位取得退学

現職　法政大学法学部教授

主要著作

事業再生研究機構編『民事再生の実務と理論』（商事法務，2010 年）

加藤哲夫＝中島弘雅編『ロースクール演習倒産法』（法学書院，2012 年）

山本和彦＝山本研編『民事再生法の実証的研究』（商事法務，2014 年）

高田賢治 ［第 2 編］

大阪市立大学大学院法学研究科後期博士課程単位取得退学

現職　慶應義塾大学大学院法務研究科教授

主要著作

『破産管財人制度論』（有斐閣，2012 年）

山本和彦＝山本研編『民事再生法の実証的研究』（商事法務，2014 年）

「清算価値保障原則の再構成」高橋宏志ほか編『民事手続の現代的使命』（伊藤眞先生古稀祝賀論文集）（有斐閣，2015 年）

上江洲純子 ［第 1 編第 3 章，第 3 編］

筑波大学大学院社会科学研究科後期博士課程退学

現職　沖縄国際大学法学部教授

主要著作

加藤哲夫＝中島弘雅編『ロースクール演習倒産法』（法学書院，2012 年）

「再建型倒産手続における労働者の処遇」東京弁護士会倒産法部編『倒産法改正展望』（商事法務，2012 年）

山本和彦＝山本研編『民事再生法の実証的研究』（商事法務，2014 年）

目　　次

第1編　倒産処理の概観

CHAPTER 1　倒産の世界へようこそ　2

1　倒産の世界の物語 …………………………………………… 3
　1　マイホームを夢見た会社員の物語（3）　2　英会話教室ロミオの栄枯盛衰（6）　3　借りたものは返すのがあたりまえ？——つきまとう倒産のリスク（9）

2　倒産法がなかったら？ ……………………………………… 11
　1　すぐに取り立てるべき!?——強制執行は突然に（11）　2　債務者が財産を隠してしまう！——詐害行為取消権で取り返そう！（12）

3　倒産法の必要性と存在意義——なぜ倒産法があるのだろうか？ … 14
　1　債権者は平等・公平に扱おう（14）　2　詐害行為取消権よりも否認権でパワーアップ！（15）　3　債務者財産の最大化（16）　4　再建のチャンスを逃さない！（16）　5　複雑な利害関係を調整しよう（17）　6　複雑なんてもんじゃない！　国際倒産（18）

CHAPTER 2　裁判所で行われる倒産手続　20

1　破産手続——財産を売り払って借金を返します ……………… 21
　1　苦い経験？　破産手続（21）　2　再出発しよう！　免責手続（25）

2　民事再生手続——将来稼いだお金から返済していきます ……… 26

3　会社更生手続——株式会社が使えるもうひとつの再建型 ……… 32

4　倒産処理手続の選択——どのメニューにしますか？ …………… 37

iii

CHAPTER 3 私的整理・倒産 ADR　　40

1. 私的整理——話合いによって債務を整理しよう …………… 41
   1 私的整理のメリット・デメリット（42）　**2** 私的整理ガイドライン——私的整理の限界を乗り越えよう（43）

2. 倒産 ADR——法的整理の代わりになる倒産処理 …………… 46
   1 事業再生 ADR（47）　**2** 特定調停（48）

3. 消費者のための倒産 ADR ………………………………………… 50
   1 特定調停（51）　**2** クレジットカウンセリング（52）
   3 個人版私的整理ガイドライン（52）

第 2 編　破 産 法

CHAPTER 1 破産手続の開始　　57

1. 破産手続の特徴 …………………………………………………… 58
2. 破産能力——債務者になれるなら，破産もできます ………… 58
3. 破産申立て——申立てなければ，破産なし …………………… 60
4. 裁判所——破産裁判所はどこにあるか ………………………… 60
5. 破産原因——支払不能になると破産します …………………… 61
   1 支払不能（61）　**2** 債務超過（63）
6. 倒産手続の優先順位——破産はもっとも下です ……………… 63

iv

CHAPTER 2 破産管財人と破産財団　64

1 破産管財人——破産手続の中心人物！ ………………… 65
1 破産管財人の選任（65）　**2** 破産管財人の職務（66）
3 破産管財人の義務（66）　**4** 破産手続開始後の破産者の法律行為（66）

2 破産財団——破産手続開始時に固定します ……………… 68
1 破産財団の意義（68）　**2** 破産財団の範囲（68）　**3** 自由財産（69）

3 取戻権——アルバイト代が消えた！ ……………………… 72

CHAPTER 3 破産債権　74

1 破産債権——発生原因が破産手続開始前にあれば破産債権です … 75
1 破産債権とは何か？（75）　**2** 手続開始時現存額主義（76）
3 破産債権の届出・調査・確定（79）

2 財団債権——賃金を確保してもらわないと，働きません ………… 81
1 財団債権とは何か（81）　**2** 財団債権の行使方法（82）

3 債権の優先順位——公平に分けるとは？ ………………… 83
1 債権者平等の原則（84）　**2** 優先的破産債権（84）
3 劣後的破産債権（85）　**4** 約定劣後破産債権（85）

CHAPTER 4 破産と契約関係　87

1 未履行双務契約の扱い——破産法53条が重要です …………… 88
1 一方のみ未履行の双務契約（88）　**2** 双方未履行の双務契約（89）　**3** 一部履行済みの双務契約（92）

2 賃貸借契約の扱い——賃借人を保護する特則があります ………… 93
1 賃借人の破産（93）　**2** 賃貸人の破産（93）

3 請負契約の扱い——建築中の建物はどうする？ ……………… 95
1 請負人の破産（95）　**2** 注文者の破産（98）

目　次　● v

4 各種の契約の扱い——契約いろいろ，ルールもいろいろ ………… 99

1 雇用契約（99）　**2** 委任契約（100）　**3** 保険契約（101）

CHAPTER 5　担 保 権　102

1 担保権——財産の価値から優先的に回収します　……………… 103

1 破産手続において担保権はどのように扱われるか？（103）
2 別除権者の破産債権行使（105）　**3** 担保権消滅制度（107）

2 担保権の種類——典型担保と非典型担保？　………………… 110

1 別除権とされる担保権は何か？（110）
2 非典型担保も別除権として扱われるか？（111）

CHAPTER 6　相 殺 権　113

1 相殺権——担保権と同じぐらい安心です　……………………… 114

1 相手が破産しても相殺することができるか？（114）
2 こんな場合も相殺できるよ！（116）

2 相殺禁止——破産法は債権者の公平を大切にします　………… 117

1 どうして相殺を禁止するのか？（117）
2 相殺禁止の条文を比べてみよう！（119）

3 相殺禁止の具体例——その相殺の期待は合理的ですか？　……… 119

1 具体例でみる相殺禁止とその例外（120）
2 破産者に債務を負っている者による破産債権の取得（123）

CHAPTER 7　否 認 権　126

1 詐害行為の否認——わざと財産を減少させるなんて！　………… 127

1 詐害行為と偏頗行為の違いは何か？（127）　**2** 詐害行為否認
の趣旨は何か？（129）　**3** 詐害行為否認の要件は何か？（129）
4 【応用】過大な代物弁済の否認（131）　**5** 無償行為否認
（132）　**6** 【応用】相当な対価による財産処分の否認（134）

2 偏頗行為の否認——支払不能になったら，みんな平等！　……… 136

vi

1 偏頗行為の否認の趣旨は何か？（136）
2 【応用】支払不能前 30 日以内の非義務行為の否認（138）
3 同時交換的行為（138）

3 否認権の行使とその効果――譲渡した財産が破産財団に復帰します … 139
1 否認権の行使方法（139）　**2** 否認の効果（140）

4 対抗要件の否認権――登記しないと危ないよ！ ………………… 142

CHAPTER 8 破産財団の管理・換価・配当と手続の終了　　145

1 破産財団の管理・換価――丁寧に説明しましょう ……………… 146
1 破産財団の管理（146）　**2** 破産者の義務（147）
3 役員に対する責任追及（148）　**4** 破産財団の換価（149）

2 配当の手続 …………………………………………………… 149
1 配当の種類にはどのようなものがあるか？（149）
2 最後配当（150）　**3** 中間配当と追加配当（151）
4 簡易配当と同意配当（151）

3 破産手続の終了 ……………………………………………… 152
1 破産手続終結決定（152）　**2** 同時廃止（154）
3 異時廃止（155）

CHAPTER 9 個人破産と免責　　157

1 どうして借金する人が増えたのか ………………………… 158
1 多重債務問題と消費者破産（158）
2 消費者破産の諸特徴（159）

2 免責許可決定――免責がもらえないケースもあるから注意！ …… 161
1 免責の理念（161）　**2** 免責の審査（162）

3 免責の効果――免責をもらうと債務はどうなるの？ ……………… 164
1 免責の効力（164）　**2** 非免責債権（165）　**3** 保証人の保証
債務と免責（167）　**4** 免責の取消し（167）　**5** 復　権（167）

目　次 ● vii

第**3**編　民事再生法

CHAPTER **1**

民事再生手続の概要　　171

1 立法の経緯と手続の特徴──目指せ, 泥沼からの大脱出⁉ ……… 172
　1 立法の経緯（172）　**2** 手続の特徴（173）
　3 手続の売り（174）

2 再生手続の開始段階──鮮度第一, スピード重視！ ……………… 175
　1 申立ての方式（176）　**2** 再生手続開始原因（176）
　3 債権者や担保権者による権利行使の制限（178）

3 再生手続開始決定──再生物語の始まり, 始まり ……………… 179
　1 開始決定の手続・効果（179）　**2** 再生裁判所（180）

CHAPTER **2**

機　　関　　182

1 機関の概観──登場人物を紹介しよう ……………………………… 183

2 再生債務者──主役の座は譲らない⁉ …………………………… 184
　1 法的地位と公平誠実義務（184）　**2** 再生債務者の職務（186）

3 監督委員──主人公の良き理解者⁉ ……………………………… 188
　1 監督委員の役割と選任（188）
　2 監督委員の権限・義務（189）

4 管財人・保全管理人──わがまま放題の主役なら降板もあり⁉ … 190
　1 管財人（190）　**2** 保全管理人（191）

5 債権者集会・債権者委員会──観客のままじゃ終わらない⁉ … 192
　1 債権者集会（192）　**2** 債権者委員会（193）

viii

CHAPTER 3 再生債権 195

1 債権者たちのゆくえ——早い者勝ちは通用しない！ …………… 196
1 債権の種類と優先順位（196）　**2** 破産手続との対比（197）

2 再生債権——返済は計画的に ………………………………… 197
1 再生債権の要件と手続上の取扱い（197）　**2** 破産債権との比較（199）　**3** 少額債権・中小企業者の有する債権（200）

3 再生債権の届出・調査・確定——権利の上に眠ってはダメ！ … 201
1 届　出（201）　**2** 債権調査・確定（202）

4 共益債権・一般優先債権——債権者は不平等⁉ ………………… 204
1 共益債権・一般優先債権の取扱い（205）　**2** 共益債権（205）
3 一般優先債権（206）

CHAPTER 4 再生債務者財産の増減 207

1 別除権——担保権者は特別扱い⁉ ………………………………… 208
1 担保権の取扱い（208）　**2** 担保権消滅制度（210）

2 否認権——抜け駆けは許さない！ ………………………………… 213
1 再生手続における否認権の取扱い（213）　**2** 監督委員への否認権の行使権限の付与（214）

3 法人役員に対する責任追及——落とし前はきっちりつけて！ … 217
1 制度の意義（217）　**2** 損害賠償請求権の査定の手続（218）

CHAPTER 5 再生計画の作成から履行まで 220

1 再生計画の作成——どんなストーリーを紡ぎ出す？ …………… 221
1 計画案の作成とスキーム（221）　**2** 計画案の内容（223）

2 再生計画の成立——清き1票のゆくえ …………………………… 227
1 計画案の提出・成立までの手続の流れ（227）
2 計画案を決議に付する決定（228）　**3** 計画案の決議（229）
4 再生計画の認可（231）

目　次　●ix

3 再生計画の履行・手続の終結──ハッピーエンドとは限らない!? … 234
1 再生計画の履行と履行監督（235）　**2** 計画が履行されないときの措置（235）　**3** 手続の終了（237）

CHAPTER 6 個人再生 239

1 個人再生手続の特徴──まだ間に合う。自力で這い上がれ！　… 240
1 個人再生手続の種類と規律（240）
2 個人再生手続の流れ（241）　**3** 通常再生との違い（242）

2 小規模個人再生と給与所得者等再生──迅速再生を実現せよ！ … 245
1 小規模個人再生（246）　**2** 給与所得者等再生（247）

3 住宅資金貸付債権に関する特則──マイホームを手放さずに済む方法!? … 249
1 制度の意義・適用対象（249）　**2** 住宅資金特別条項（250）

CHAPTER 7 民事再生と会社更生 253

1 民事再生と会社更生の違い──似て非なるもの!?　………………… 254
1 会社更生の民事再生との違い（254）
2 会社更生の手続の流れ（256）

2 会社更生の民事再生への近接　………………………………………… 259
1 一本化論（259）　**2** DIP 型会社更生と管理型民事再生（259）

事 項 索 引　261
判 例 索 引　268

Column● コラム一覧

❶ リーマンショック　10

❷ 懲罰主義と債務者更生主義──債務者を懲らしめる!?　11

❸ 民法改正と詐害行為取消権　15

❹ 経営陣に再びチャンスを！──DIP型　17

❺ どちらの外国倒産手続に協力しますか？　19

❻ 産業再生機構から地域経済活性化支援機構　45

❼ 経営者保証に関するガイドライン　50

❽ 第三セクターの破綻と自治体の破綻　59

❾ 「自己破産にもお金がかかる？　しかも前払？」（予納金）　60

❿ 離婚と財産分与（別れた夫を信用していたなんて！）　73

⓫ 査定決定と異議の訴えという2段階システムのねらい　80

⓬ 未払賃金の立替払制度と財団債権の代位弁済　83

⓭ ファイナンス・リースは別除権か？　112

⓮ 寄託請求　117

⓯ 破産管財人は相殺することができるか？　124

⓰ 支払停止後の行為が否認されなくなるとき　143

⓱ 手紙とメールはどっちが安全？　郵便物等の転送嘱託　147

⓲ 管財事件と同時廃止事件の振り分け基準　155

⓳ 免責後の任意弁済　164

⓴ マクベス社長のつぶやき②「再生すべきか？　破産すべきか？　それが問題だ！」　177

㉑ 「再生債権者の顔」はどこまで影響を与える？　186

㉒ 約定劣後再生債権　200

㉓ 別除権協定　212

㉔ 再生手続における相殺権の取扱い　219

㉕ 簡易再生・同意再生　231

㉖ ハードシップ免責　245

本書を読む前に

1　本書の使い方

　本書は，倒産法を初めて学ぶ人が手に取ることを念頭において執筆された教科書です。倒産法の講義用はもちろん，初学者の自習・独習用としても活用できるように，できる限り平易でわかりやすい解説を心がけました。また，倒産手続について具体的なイメージを持ちながら学習していけるように，第１編第１章において個人債務者と企業をそれぞれ主人公とした２つの倒産の物語を設定し，これらの物語のストーリーや登場人物が，それ以降の SCENE や解説にも引き継がれるように工夫しています。

　本書のねらいは，読者のみなさん自身の手で「倒産」の世界に通じる扉を開けてもらい，まずは倒産法の全体像を理解していただくことにありますので，是非とも本書を最初から最後まで通読していただきたいと思います。なお，【応用】の文字を見つけたら最初はスキップしても構いませんが，基本事項を理解した後は【応用】に戻り，倒産法への理解をより深めていきましょう。

　本書を通読し，倒産法の学びに興味を持った方は，次のステップとして，より専門的な教科書や解説書を手に取ってみましょう。

●リード文

　各章の冒頭に設けたリード文では，その章で学ぶ内容を簡潔に説明しています。リード文で各章の概要を把握した上で，本文を読み進めていきましょう。

● SCENE

　各章の本文のところどころには，その章で学ぶべきポイントを盛り込んだ SCENE を挿入しています。SCENE でイメージを膨らませたら，それに続く本文の解説で倒産法のルールを確認しましょう。内容を理解した後は，SCENE の意味をもう一度考えてみてください。

● CHART

各章の本文のところどころには，本文の解説を視覚的に整理した図表を **CHART** として挿入しています。文章だけでは捉えにくい内容については，関係図や比較表などを参照しながら理解を深めていきましょう。

第**2**編・第**3**編の扉裏頁にはそれぞれ「破産手続・免責手続の流れ」「民事再生手続の流れ」の **CHART** が掲載されています。本書を開くたびに，自分自身が今手続のどの段階を学んでいるか確認しましょう。

● Column

Column では，各章に関連するテーマを幅広く取り上げています。本文を読み，さらに理解を深めたくなったら，**Column** を活用してください。

● CHECK

読者のみなさんが各章で学んだ内容を理解しているか確認できるツールとして，各章に **CHECK** を設けています。是非挑戦してみてください。**CHECK** には答えを記載してはいませんが，正解は各章の本文の中にあります。自身の理解があいまいだと感じたら，該当する章の関連する本文をもう一度読み直して答えを確認しましょう。

● EXERCISE

EXERCISE は，各章で学んだ知識や理解を一歩先へ進めるための演習問題です。判例や学説などをベースに自ら考える問いとなっていますので，自習課題やゼミ課題として活用してください。

●リファー／notes

第**1**編は今後触れられる箇所を中心に，第**2**編以降はそれに加えて，どこで取り上げられたか確認する箇所や，第**2**編と第**3**編の手続を比較する箇所などにリファー（例：⇨第**3**編第**4**章 **1****1****(3)** ⇒209頁）を付して，相互に確認することができるようにしています。また，**notes** では，より理解を深められるように説明を補足したり，知っておくべき重要な語句・基本的な用語の解説をしていま

本書を読む前に ● xiii

す。これらを大いに活用して，倒産法の学習を効率的に進めていきましょう。

2　略語表

●法令名略語

　本文中の（　　）内の引用条文は，有斐閣『ポケット六法』巻末の法令名略語の略語例によっています。主なものは次のとおりです。

憲	日本国憲法	民	民　法
民訴	民事訴訟法	破	破産法
民再	民事再生法	会更	会社更生法

●裁判例・判例集等略語

・裁判所等

最判（決）	最高裁判所判決（決定）
高判（決）	高等裁判所判決（決定）
地判（決）	地方裁判所判決（決定）

・判例集等

民集	最高裁判所民事判例集
判時	判例時報
金判	金融・商事判例
金法	旬刊金融法務事情

・その他

百選	倒産判例百選〔第5版〕（有斐閣・2013年）

第 1 編
倒産処理の概観

PART 1

CHAPTER 1 倒産の世界へようこそ
2 裁判所で行われる倒産手続
3 私的整理・倒産ADR

CHAPTER

第 1 章

倒産の世界へようこそ

　　倒産なんて自分には関係ないと思われるかもしれません。しかし，実は倒産とは，あなたの身近にも起こりうることなのです。倒産の世界の扉を開いてもらうために，本章の 1 は，個人債務者と企業のそれぞれを主人公とした 2 つの物語から始まります。

　　次に，2 では，倒産法がなかったとしたら，どのような不都合が生じるのかを考え，3 では，その不都合を解決するために，倒産法は何をすることができるのかをみていきます。

　　本章を通じて，なぜ倒産法が必要なのか，倒産法はどのような意義を果たしているのかを理解しましょう！

1 倒産の世界の物語

「倒産」の世界の旅を始めるにあたり，ある2つの物語をたどってみましょう。ひとつは，念願のマイホームを手に入れた会社員の物語，もうひとつは，人気英会話教室の物語です。

1 マイホームを夢見た会社員の物語 ─────────●

(1) マイホームで幸せな生活を

借田金夫さんは，ハムレット物産に勤めている会社員です。主に自動車部品の仕入販売を担当しています。年齢は30歳，妻の元子さん，1歳になる娘の利子ちゃんの3人家族です。2LDKの賃貸マンションに住んでいますが，利子ちゃんが歩けるようになって行動範囲が広がり，また，衣類やおもちゃなどの荷物も増えて，手狭になってきました。月収30万円で，月々3万円のお小遣いをもらい，生活をしていますが，念願のマイホーム購入も無理ではありません。長期のローンを組むことを考えると，年齢的にもそろそろマイホーム購入を決断するときであろうと考えていました。そこで，ほのぼの銀行の窓口に相談に行くと，住宅購入資金の融資を受けられることになりました。購入予定の住宅は，建て売り3500万円。頭金300万円を支払い，3200万円を借り入れました。支払は，金利も含めて月に10万円，30年のローンです。入居してみると，利子ちゃんはのびのびと遊び回って大喜び，元子さんも新しい機能的なキッチンで料理の腕をふるいます。借田さんは，家族の幸せそうな姿を見て，ますます仕事に燃え，そのかいあって，銀行への返済を順調に続けていました。

(2) 雪だるまのように増えていく借金

ところが，3年ほど過ぎたある日，アメリカの自動車メーカーが倒産し，自動車部品の需要が激減してしまい，借田さんの会社の部品の売上げは大幅に減少してしまいました。そのため，従業員の給料も減ることになり，借田さんは，

ほのぼの銀行への返済が困難になってしまいました。そこで，借田さんは，急場をしのぐため，クレジットカード会社のカードローンを利用して，銀行への返済にあてることにしました。クレジットカードを利用するので，借金をしているという実感が薄く，気軽に利用することができました。しかし，次第に，クレジットカード会社からの借入金額が借入可能額の上限に達してしまい，とうとう，借田さんは，消費者金融のラクラク金融にも手を出してしまいました。ほんの一時のつもりが，ラクラク金融からもたびたび借り入れてしまい，再び支払が苦しくなり，さらに，別の消費者金融のカシマス金融にも手を出すことになってしまいました。こうして借田さんの借金は，雪だるま式に増えていくのです。

┃⑶ 厳しい取立て┃

借田さんを取り巻く債権者は，ほのぼの銀行，クレジットカード会社，そして，消費者金融のラクラク金融，カシマス金融の4社です。これらの債権者の取立ては非常に厳しいものでした。各社から届く請求書は，あっという間に山積みになり，さらには，督促状も届くようになりました。いつも借金のことが気がかりで，ミスが増え，返済のために稼がなければならないのに，仕事が手につかないありさまでした。

┃⑷ 借田さんの第一歩┃

このような状況に堪えかねた借田さんは，兄の息子の借田正義くんが法学部に通っていたことを思い出し，どこか相談ができるところはないかとたずねてみました。すると，正義くんは「法テラス」という法律相談窓口を教えてくれました。そこで，ウェブで「法テラス」を調べてみると，「国によって設立された法的トラブル解決のための『総合案内所』」というキャッチフレーズが目にとまりました。ここに電話をしてみたところ，借田さんのような状況では，次の4つの選択肢があるという内容の説明でした。その選択肢とは……。

(5) 利用できる選択肢

POINT

○**私的整理（任意整理）**：弁護士についてもらい，債務の減額や支払猶予に応じてもらえるように債権者と交渉する。

○**特定調停手続**：簡易裁判所で行われる調停委員を中心とした話合いの手続。債務者と債権者が返済計画の立て直しについて話合いをする。

○**破産手続** [1]：地方裁判所で行われる手続のひとつ。自分の財産を全部売り払って債権者への支払にあてる。借田さんの場合，マイホームも売らなくてはならないし，今，所有している自動車も売らなくてはならないだろう。

○**個人再生手続** [2]：これも地方裁判所で行われる手続。破産手続のように自分の財産を売り払う必要はなく，将来の収入から債権者に弁済をしていく。借田さん一家は，マイホームに今までと変わらず住むことができ，将来の給料から計画的に弁済をしていく。

(6) 借田さんの安堵

　借田さんは，これらの手続や方法の説明を受けて，ある新聞記事のことを思い出しました。借金を苦にして，一家心中を図った家族の記事です。借田さんも，債権者の取立てにおびえていたときは，一家心中が頭をよぎったことがありました。しかし，実は，苦しい状況を乗り越えて生活を立て直すために，これだけの選択肢があるのです。借田さんは，このことを知っただけでも，少し安堵し，早まったことをしなくてよかったと思いました。

　それぞれの手続と方法には，メリット・デメリットがあるようです。借田さんは，もう少し詳しい情報を得てから，どれを利用するかを決断することにしました。

---

notes

[1] 破産手続については，本編第**2**章**1**で概要を説明し，第**2**編にて詳しく学びます。

[2] 個人再生手続とは，民事再生法の特則に定められている個人債務者向けの手続です。第**3**編第**6**章にて詳しく学びます。

1 倒産の世界の物語 ● 5

EXERCISE ●演習問題

借田さんが利用することができる倒産手続や方法について，①借田さんと②ほの ぼの銀行から質問を受けました。それぞれの立場からメリットとデメリットを考え て，アドバイスしましょう。

2 英会話教室ロミオの栄枯盛衰

(1) もうかるカラクリ

株式会社ロミオは，アクセスの良さと格安の受講料を売りに，続々と受講者 数を増やしてきた英会話教室の運営会社です。当初の売上げは好調で，年に 100件の新規開校を目標に事業を拡大していました。ロミオの経営の特色は， 受講者が前払で受講料相当分のチケットを購入しなければならず，毎回の受講 時にチケットを受付に渡すという点にありました。多くのチケットをまとめて 購入すると割引で購入することができる仕組みで，窓口ではスタッフがまとめ 買いを強く勧めていました。割安であると勧められる受講者は，チケットを何 か月も先の分まで購入するため，ロミオの収益はうなぎ上りでした。

(2) 経営方針の選択の失敗

ロミオは，受講者の増加にあわせて講師の数も増やしていました。ところが， 人件費が莫大となり相当な負担となったため，人件費削減のために講師をリス トラすることにしました。受講者は増えているにもかかわらず，講師が減少す れば，当然，受講者は希望する時間帯のクラスの予約を取ることが難しくなり ます。この噂はたちまち世間に広まり，新規の受講申込みが減少し，これに伴 い，売上げもガタ落ちで，ここ数年は赤字が続いていました。

(3) あれもこれももう払えません

このようななか，ロミオは，賃借している教室スペースの賃料の支払ができ なくなり，また，本社ビルの建設のためにほのぼの銀行から融資を受けた貸付 金の弁済も滞るようになりました。さらに，この半年ほどは，講師や事務所ス

タッフなど従業員への給与の支払もできないくらいに経営状態が悪化していました。

⑷ 債権者に相談

　ロミオの代表取締役であるマクベス社長は，ほのぼの銀行の担当者に会い，今後の弁済について相談することにしました。

> **SCENE 1-1　ほのぼの銀行に相談**
>
> マクベス社長：ほのぼの銀行さん，ここ数か月，お支払が滞っていまして，大変申し訳ありません。わが社の現在の状況は大変厳しいのですが，何とか立て直しをして，またしっかりお支払したいと思っています。次の弁済まで，もうしばらく猶予をいただけませんでしょうか？　ほのぼの銀行さんにご協力いただけるのであれば，ほかの債権者の皆さんにも集まっていただいて，「私的整理」に応じていただけないか，ご相談したいと思っています。
>
> ほのぼの銀行：いやー，マクベス社長，お気持ちはわかりますが，もうすでに何か月も支払をお待ちしていますからね。うちの融資で建設したロミオさんのビル，抵当権③を設定してますよね。上の者からは，すぐに抵当権を実行して④，債権回収するようにいわれてまして，私も大変なんですよ。
>
> マクベス社長：それだけは避けていただきたいのですが……。

　マクベス社長は，経済的に立ち行かなくなった会社を，今後どのようにしていったらよいのかアドバイスを求めるために，顧問弁護士の納屋美菊造先生に相談することにしました。すると，債務者が個人の場合と同様に，弁護士についてもらい，債権者と交渉を進める私的整理（任意整理）のほかに，次のような選択肢があると説明を受けました。

---

notes

③　抵当権は担保権のひとつです。担保権については，民法の物権法で学びます。

④　抵当権の実行は，民事執行法に定められている「担保権の実行としての競売」という手続に基づいて行われます。これは担保目的不動産を差し押さえて，競売にかけ，最高値をつけた人に売却する手続です。たとえば，ほのぼの銀行が抵当権を有しているロミオの本社ビルが5000万円で売れたとすると，ほのぼの銀行はこの売却代金から未払の貸付金3000万円を優先的に受け取り，満足を得ることができます。

1　倒産の世界の物語　● 7

⑸ 利用できる選択肢

> **POINT**
>
> ○**破産手続**：地方裁判所で行われる手続のひとつ。会社の財産を全部売り払って債権者への支払にあてる。破産手続が終了すると，会社の法人格は消滅することになる。
>
> ○**民事再生手続**⑤：これも地方裁判所で行われる手続。破産手続のように会社の財産を売り払って債権者に弁済するのではなく，再生計画という弁済計画を立てて，将来の収益から債権者に弁済をしていく。再生手続が始まった後も，元の経営者が，会社の財産を管理処分したり，業務を続けることができる点が経営者にとってはメリット。
>
> ○**会社更生手続**⑥：更生計画という弁済計画を立てて，将来の収益から債権者に弁済をしていく点は民事再生手続と共通しているが，裁判所が選任する更生管財人という専門家が手続を進めることになるため，元の経営者は退陣しなければならない。

⑹ 財産は乏しく債務は多額

　会社の再建を夢見ていたマクベス社長ですが，納屋美弁護士が，ロミオの現状を調査したところ，それは大変厳しいものでした。ロミオの財産は乏しく，本社ビルは自社ビルでしたが，ほのぼの銀行から建設資金の融資を受けたときに，抵当権を設定したので，抵当権が付いたままでは売却は困難です。銀行口座の預金残高は，1000万円ほどです。そのほかに教材の在庫がありますが，他社の英会話教室で使えるものでもないので，どれだけの値打ちがあるのか定かではありません。

　これに対して，ロミオを取り巻く債権者は非常に多数にのぼります。まず，前払でチケットを購入した受講者たちが，このチケットの払戻しを求めており，人数は350人で，総額は1億円です。教室の賃料については，20人の貸主に対して，総額2000万円を滞納しています。従業員100人に対する給与と退職

---
notes

⑤　民事再生手続については，本編第**2**章**2**で概要を説明し，第**3**編にて詳しく学びます。

⑥　会社更生手続については，本編第**2**章**3**で物語を紹介し，第**3**編第**7**章にてその特徴を民事再生手続と比較しながら学びます。

金の未払は総額で 7000 万円。ほのぼの銀行の貸付債権の未払額は 3000 万円です。さらに，源泉徴収税等の各種税金の未払もあり，その金額は 1000 万円でした。

(7) 進む道の選択

マクベス社長は，ロミオについてとりうる選択肢として，①私的整理（任意整理），②破産手続，③民事再生手続，そして，④会社更生手続の 4 つがあることがわかりました。しかし，ほのぼの銀行との話合いが難航していることから，①私的整理を実現するのは難しそうです。マクベス社長は，どの手続を選択すればよいのか，納屋美弁護士に相談しながら，もう少し考えてみることにしました。

EXERCISE ●演習問題

　英会話教室ロミオが利用することができる倒産手続や方法について，①マクベス社長，②ほのぼの銀行，③受講者，④未払の賃料債権がある教室の貸主，そして⑤未払の労働債権がある従業員から質問を受けました。それぞれの立場からメリットとデメリットを考えて，アドバイスしましょう。

3　借りたものは返すのがあたりまえ？
——つきまとう倒産のリスク

(1) 信用の供与で成り立つ経済社会

「倒産の世界の物語」では，個人債務者の借田さんと法人（株式会社）であるロミオが登場しました。借田さんが多額の借金を抱えるきっかけとなったのは，住宅の購入です。ロミオも本社ビルの建設のために融資を得ています。いずれも融資をしたのは，ほのぼの銀行でした。このようにお金を貸して一定期間使わせることや，買い物をした代金の支払を待って，その間も商品を使わせることを信用の供与といいます。ほのぼの銀行は，借田さんもロミオも，弁済期限にはお金を返してくれるだろうと信用して，時間を与えているのです。このよ

うな信用の供与は，特別なことではありません。私たちの生活は，信用の供与が網の目のように絡みあって成り立っています。

(2) 倒産リスクは避けられない

その一方で，債務者には借金の返済や代金の支払ができないというリスクも付きまといます。たとえば，借田さんのように，不況のあおりを受けて，突然給料を減らされてしまうこともありますし，ロミオのように経営方針を変えてみたものの見込みが誤ってしまったということもあるでしょう。世界中を巻き込むような大規模な経済的変動の波に巻き込まれることもあります。

Column❶　リーマンショック

2008 年には，リーマンショックという金融危機がありました。これは，アメリカのリーマン・ブラザーズという大手投資銀行グループが破綻したことをきっかけに広まった世界的な金融危機をいいます。わが国も例外ではなく，その影響を受け，日本法人であるリーマン・ブラザーズ証券株式会社とその関連会社が民事再生手続開始を申し立てたほか，経営が立ち行かなくなる企業が続出しました。

---

(3) 経済社会のセイフティネット

債務者は，判断や見込みを誤って失敗したり，予想していない事態にあって，債務を支払えなくなることがあります。このような債務者を放置しておくと，どうなるでしょうか。たとえば，借田さんのように債権者の督促におびえて暮らすばかりでは，仕事も手につかず，給料を稼ぐことさえおぼつかなくなってしまいます。また，ロミオの講師陣が授業を拒否して，ますます受講生が減少するような事態も起こりうるかも知れません。倒産という事態は，カオスになりえます。しかし，債権者による取立てを一時止めて，足並みをそろえ，債務者にはひと呼吸する余裕を与えることで，カオスを切り抜けるスタートラインを設けることができるのです。そして，債権の優先順位に従って，乏しくなってしまった債務者の財産を平等に分け合うためのルールを定めているのが倒産

10 ● CHAPTER 1 倒産の世界へようこそ

法なのです。このように，倒産法は，経済社会のセイフティネットとして機能しています。

> **Column ❷ 懲罰主義と債務者更生主義——債務者を懲らしめる!?**
>
> 「破産（bankruptcy）」という言葉には，もともと破産者を懲らしめるという意味が含まれていました。つまり，破産者は，経済社会の秩序を乱すものと考えられていたのです。このような考え方を「懲罰主義」とか「懲戒主義」といいます。たとえば，かつてのイギリス破産法は，破産者に対する処罰のひとつとして「死刑」を定めていました。ところが，独立直後のアメリカで最初に制定された1800年の破産法は，イギリス法をモデルとしましたが，「死刑」は採用しませんでした。むしろ，アメリカでは，すでに植民地時代から独立後の西部開拓の時代にかけて，誰もが経済社会にとって重要な一員であると考えられ，一度，経済的に破綻したからといって排除するのではなく，再び立ち直る機会，フレッシュスタートの機会を与えるという考え方が芽生え，発展してきたのです。このような考え方を「債務者更生主義」といいます。

 倒産法がなかったら？

1 すぐに取り立てるべき!?——強制執行は突然に

> **SCENE 1-2 債権回収レース**
> ラクラク金融：借田さん，早く借金を返してくださいよ。
> 借田さん：すみません。今は無理なんです。
> ラクラク金融：一体，いつになったら払えるんだよ。
> 借田さん：すみません，すみません。ほかにも借金があって……。
> ラクラク金融：それなら，うちは強制執行をかけさせてもらうよ。
> 借田さん：いや，実はもうカシマス金融に強制執行をされまして……。
> ラクラク金融：うちは出遅れたのか～。

CHART 1.1.1 強制執行の流れ

強制執行の申立て！ ⟶ 差押え ⟶ 競売（換価） ⟶ 配当

(1) 債権回収は早い者勝ち!?

　債権者が，ほかの債権者よりも先に債権を回収したいと考えるのは当然のことです。債務者が自発的に債務を履行しない場合，債権者は，強制執行を使うことができます。たとえば，カシマス金融は，借田さんの給料や，銀行に預けている預金を差し押さえて，給料や預金から債権を回収することができます。

　強制執行の基本的な手続の流れは，次のように進みます。まず，債権者が，債務者の財産のうち債権・動産・不動産のいずれかを対象に選んで，執行裁判所に強制執行の申立てをします。これを受けて，執行裁判所がその財産を差し押さえます。差押えの対象が，動産や不動産であれば，競売という手続で売却され，債権者は売却代金から配当を受け取ります。債務者が第三者に対して有している債権が差押えの対象となっている場合は，強制執行を申し立てた債権者が第三者から直接に取り立てることも可能です。先ほどのカシマス金融の例では，借田さんの給料や預金を対象としているので，カシマス金融は，ハムレット物産から給料を受け取り，また，銀行から預金を払い戻してもらうことにより，債権を回収することができるのです。そうなると，強制執行の競争に負けて出遅れてしまった債権者は，債権回収ができません。

　このように倒産法の外の世界で，債権回収の競争が繰り広げられると，債権者の間に不公平が生じるのです。

2 債務者が財産を隠してしまう！ ──詐害行為取消権で取り返そう！

SCENE 1-3 財産を隠すたくらみ

マクベス社長：この絵は，わが社が創業してすぐに，この部屋に飾るために買ったんだよ。とても思い入れがあるんだ。

ジュリエット：すばらしい絵だと思うわ。この絵があると，この応接室も一段と立派に見えるもの。

12 ● CHAPTER 1 倒産の世界へようこそ

マクベス社長：ジュリエット，この絵の良さをわかってくれるのかい。実は，親友の君に頼みがあるんだ。この絵を譲り受けてくれないか？　代金は1万円でいい。そして，また私が会社をやり直す時には買い戻すから，それまで大切に保管しておいて欲しいんだ。債権者の手に渡るなんて，たえられないんだよ。
ジュリエット：もちろんよ。大切に預かるわ。でも，この絵の値打ちはどれくらいのものなのかしら？
マクベス社長：300万円ほどの値がつくだろうね。

(1) 財産隠しはいけません

　債務者は資金繰りが苦しい状況になると，将来に備えたり，債権回収から逃れるために，財産を隠すことがありえます。債権者は，債務者の全財産を債権回収の引当てとして期待しており，このような意味で，債務者の財産のことを「責任財産」と呼びます。債務者が財産を隠す行為は，責任財産を減少させる行為なので，「詐害行為」とか「財産減少行為」といいます。

(2) 詐害行為取消権で財産を取り返そう！

　民法では，詐害行為があったことを債権者が知ることができれば，「詐害行為取消権」を行使することができます[7]。たとえば，SCENE 1-3 で，マクベス社長は，高級な絵画を非常に安い価格で親友に買い取ってもらって，財産を隠しています。このように非常に安く売却することを廉価売却といいます。これに気づいた債権者は，債務者が無資力[8]であれば，詐害行為取消権を行使して，絵画の廉価売却という行為を取り消すよう請求することができます。

---
notes

[7] 詐害行為取消権については，民法の債権総論で学びます。
[8] 「無資力」とは，債務が財産を超過していて，すべての債務を支払うことができない状態をいいます。なお，破産法では，この状態を「債務超過」といいます。

2　倒産法がなかったら？　● 13

3 倒産法の必要性と存在意義

⫸ なぜ倒産法があるのだろうか？

1 債権者は平等・公平に扱おう

(1) 債権者平等の実現

②でみたように，債権者の間では債権回収の競争が生じ，結果として，早い者勝ちになることもあります。しかし，債務者の財産がすべての債権者に弁済できないほど少なくなっている場合，それぞれの債権者が個別に強制執行や取立てなどの権利行使をすることを禁止して，残っている債務者の財産を債権者間で平等に分け合えば，一部の債権者だけが得をして，ほかの債権者は全く債権回収ができないという事態を避けることができます。そこで，倒産法は，倒産手続が開始されたら，債権者による個別的な権利行使を禁止することにしているのです。

(2) 債権者の優先順位の実現

もっとも，債権者にはさまざまな順位の債権者が含まれることに注意しなくてはなりません。たとえば，抵当権者には，民法上，特定の不動産から債権を回収する優先弁済権があります。また，給料や退職金などの労働債権をもつ債権者には，債務者の総財産から債権を優先的に回収することができる権利が与えられています。その結果，従業員は会社の総財産から優先的に給料や退職金を払ってもらうことができます⑨。これらのように倒産手続の世界に入る前に与えられている特別な権利は，倒産手続の中でも尊重されなければ，いざというときに特別な権利を行使することができるという債権者の期待を裏切ることになってしまいます。そこで，倒産法は，債権者の間で優先して扱うべきも

---

notes

⑨ 労働債権に与えられているような「一般の先取特権」は，ある債務者の総財産から優先的に弁済を受ける権利です（民303条・306条・308条）。

14 ● **CHAPTER 1** 倒産の世界へようこそ

のには，そのような優先的な順位（プライオリティ）を与えています。このように，本来備えている優先順位を反映して，債権者をその順位通りに差を設けて扱うことを公平といいます。

2　詐害行為取消権よりも否認権でパワーアップ！

(1)　詐害行為の否認

❷❷でみたように，債務者が債権回収から逃れるために財産を隠すと，すでに債権者全体に行き渡る余裕がないほどに減少している財産が，さらに減少することになります。そこで，倒産法は，否認権という制度を設けて，「詐害行為」により債務者の責任財産から失われた財産を元のように回復することを可能にしています。

(2)　偏頗行為の否認

また，否認権は，「偏頗行為」という，特定の債権者だけを優先的に扱って債権者平等の原則に反する行為も財産回復の対象としています。たとえば，借田さんが，取立ての厳しさから，ラクラク金融のみに弁済をした場合，ラクラク金融を優先的に扱ったことになります。そこで，否認権を行使することにより，「偏頗行為」である弁済を取り消して，弁済金を取り返すことにより，債権者平等を実現することを可能にしているのです。

このように否認権は「詐害行為」と「偏頗行為」の両方を財産回復の対象としていることから，詐害行為取消権よりも強化されているということができます（⇨第**2**編第**7**章）。
⇒126頁

Column ❸　民法改正と詐害行為取消権

2017年5月に民法（債権関係）改正法が成立し，民法のうち債権に関する部分の大規模な改正がなされました。詐害行為取消権と倒産法の否認権の制度目的は債権者の債権回収のために債務者の財産を回復するという点で共通しています。しかし，それにもかかわらず，これまで両者の間には異なる点が多くみられました。この改正では，倒産法の否認権の規律と同じ内容の規律が詐害行為取消権に取り込まれたため，今後は両者が整合的に適用・解釈されること

3　倒産法の必要性と存在意義　● 15

が期待できます。

CHECK

空欄を補充して，次の文章を完成させなさい。
① 債権者に弁済することができなくなった債務者Ａは，債権回収から逃れるために，趣味で集めていた高価な骨董品を友人Ｂに譲渡して，Ｂに保管してもらうことにしました。このような行為を（　①　）行為といいます。
② 債務者Ｃは，５人の債権者から借金の返済を迫られていましたが，なかでも債権者Ｄからの取立てが厳しかったので，手元に残っていたわずかな現金をＤに渡してしまいました。このような行為を（　②　）行為といいます。

3 債務者財産の最大化 ●

(1) 取り分を増やすために

　倒産手続は，小さなパイを多くの債権者の間で分け合う作業に似ています。倒産法は，個別的権利行使の禁止や否認権による財産の回復を通じて，債務者の財産の最大化をはかり，ひいては，それぞれの債権者の取り分をできるだけ多くすることを可能にしているのです。

4 再建のチャンスを逃さない！ ●

(1) 再建の可能性

　英会話教室ロミオは，多くの債務を抱えて弁済することが困難な状況になってしまいましたが，経営の見直しを図ることにより，再建する可能性を秘めているかもしれません。それならば，債権者の個別的な権利行使を禁止して，ロミオの財産を残しておき，経営の見直しをしながら事業を継続させることにより，将来の収益から債権者に弁済を続けていく方法も考えられます。ロミオが破産するよりも，再建して少しずつでも弁済がされれば，かえって債権者にと

16 ● CHAPTER 1 倒産の世界へようこそ

っては利益になる場合もあります。

(2) 再建型倒産手続

そこで，倒産法は，企業を再建させるために，個別的な権利行使の禁止，債務者財産の最大化に加えて，債権カットや弁済の猶予を与えることにより債務者の負担を軽減して，再建を促す仕組みを設けています。それが，民事再生法や会社更生法なのです。

また，個人の債務者の場合でも，将来の収入から弁済を続ける方法もあります。その場合には，マイホームを手放すことなく，これまで通りの生活を続ける可能性もあります。

Column❹　経営陣に再びチャンスを！──DIP型

わが国の再建型倒産手続のひとつについて定める民事再生法は，その企業の元の経営陣がそのまま残り，企業の財産を管理処分して，事業を継続することを認めています。このような考え方は，アメリカ連邦倒産法の第11章手続（チャプター・イレブン）のDIPをモデルとしています。DIPとは，Debtor in Possession の頭文字をとった用語です。倒産手続を利用して再生を目指す企業の経営陣にとって，DIP型の民事再生手続は大変魅力的です⑩。他方で，債権者としては，なぜその企業を倒産に追い込んだ経営陣がそのまま残るのか，反発することもあるでしょう。しかし，DIP型には，元の経営陣が残ることにより，ノウハウを活かすことができるという利点があります。

5　複雑な利害関係を調整しよう

(1) 大規模な倒産事件

倒産事件のなかには，債権者数が非常に多く，また，負債額も大きい，大規模な事件もあります。大規模事件では，財産が全国各地に散在していたり，財産関係が複雑だったりします。倒産法は，このような複雑な利害関係を調整す

---

notes

⑩　民事再生手続とDIP型については，本編第2章2と第3編第2章21を参照。

るための受け皿としても機能しているのです。

6 複雑なんてもんじゃない！ 国際倒産 ————————●

(1) 倒産事件もグローバル化

　複雑な事件の最たるものは，国際倒産事件といえましょう。たとえば，ある日本の企業が日本国内だけでなく海外にも工場をつくり，現地で原材料を購入して商品を生産・販売していたとしましょう。その日本の企業が倒産し，日本で倒産手続が開始されたとすると，倒産手続の対象となる財産も債権者も，日本国内にとどまらず海外まで含めて考えなければなりません。つまり，その企業がもっている財産は，日本国内のものも海外のものも日本で進められている倒産手続の中で売却して，そこから得られた金銭を債権者に支払うことになります。また，債権者についても，日本国内の債権者だけではなく，その日本企業と取引をしていた海外の債権者も，日本の倒産手続の中で弁済を受けることができます。このように，日本で進められる倒産手続が，海外の財産や債権者にも効力を及ぼすという考え方を普及主義といいます。この例では，日本で倒産手続が進められている場合を挙げました。国際倒産では，外国のある国の倒産手続が中心となり，日本にある財産や債権者がその対象となるということも考えられます。

(2) 国際倒産と協調

　いずれにしても，国際倒産では，倒産手続の中心となる国に周りの国々が協力しなければ円滑に進めることはできません。そこで，国連国際商取引法委員会（UNCITRAL）という国際商取引のルールの統一を任務とする委員会において，国際的な協調を目的とした国際倒産のモデル法がつくられました。各国が国際倒産に関する立法をする際にこのモデル法を参考にすれば，ルールが統一されるとともに国際的な協力体制も実現されると考えられたのです。わが国は2000年に，国連加盟国の中で最初にこのモデル法を全面的に取り入れた立法を行い，国際的に注目されました（外国倒産処理手続の承認援助に関する法律〔外国倒産承認援助法〕）。

Column ❺　どちらの外国倒産手続に協力しますか？

　国際倒産にはさまざまな事案があり，わが国で外国倒産承認援助法が立法されたときには想定していなかったような問題が生じています。たとえば，最近は，複数の国において事業を行っていた債務者について，イタリアで倒産手続を進めている管財人とアメリカで倒産手続を進めている債務者自身（DIP）から，それぞれの国の手続について，日本で承認するように求める申立てがなされた事案がありました。つまり，イタリアとアメリカの手続のどちらに日本は協力するのかと詰め寄られたわけです。この問題は，どちらが「主手続」なのかという観点から判断されます。わが国の裁判所は，債務者に関連する諸要素を総合的に考慮するとしながら，債務者の本部機能や経営管理の場所，主要な財産の所在地などを重視して，「主たる営業所」はどこにあるのかを判断しました。その結果，この事案では，アメリカの倒産手続に協力することになりました。この問題は，モデル法の「Centre of Main Interest（主たる利益の中心地）」の頭文字をとって COMI の問題と呼ばれています。今後も事例を積み重ねることにより，具体的にどのような要素を判断基準とするのか，明確にしていくことが求められています。

3　倒産法の必要性と存在意義　● 19

CHAPTER

第 2 章

裁判所で行われる倒産手続

　本章の①および②では，裁判所で行われる手続である破産手続，民事再生手続の概要を紹介します。ここでは手続のイメージをつかむことを目的として読み進めてください。少しわからないところがあっても気にしないで大丈夫！　より詳しくは，破産手続については第2編で，民事再生手続については第3編で解説しますので，そこでしっかり勉強しましょう。

　③では，ある架空の会社が会社更生手続を通じて再建を果たすまでの物語を紹介します。読み物として気楽に読んでください。

　④では，裁判所の外で行われる私的整理から裁判所で行われる倒産手続まで，たくさんあるメニューの中で，債務者は自分に合った手続をどのように選べばよいのか，選択のポイントを解説します。

1 破産手続　　⅏財産を売り払って借金を返します

SCENE 1-4　破産手続への不安

借田さん：先生，私，借金を抱えていて困っているんです。破産手続を使うことができるようですが，自分の財産を全部失うんですよね。家族のためのマイホームも残したいですし，できれば破産は避けたいと思っています。

納屋美弁護士：そうですね。破産手続では，基本的に，不動産を失うことになりますね。

借田さん：でも，全財産を失ってしまったら，私たち家族はどうやって生活をしていったら良いのでしょうか？

納屋美弁護士：安心してください。借田さんのような個人の破産者の場合は，その後の生活にも配慮されているんですよ。

1　苦い経験？　破産手続

(1) 破産手続の目的

　破産手続とは，破産者のすべての財産を適切な方法で売却して，得られた金銭を債権者の間で平等・公平に分け合う手続です。破産手続は，企業，個人など，誰でも利用することができます。企業の場合，破産によって解散し，その財産はすべて売り払い，清算していくことになり，最終的には，破産手続による清算の終了とともに登記を経て法人格自体も消滅することになります。

(2) 破産手続の開始

　破産手続は，債務者自身が申し立てることができます。これを「自己破産」

といいます。また，債権者も債務者について破産手続の開始を申し立てることができますが，申し立てるだけでも費用がかかりますので，債権者による申立件数は多くありません（⇨第**2**編第**1**章③）。^{⇒60頁}

　破産法は，破産手続を開始する原因として，支払不能であることを要件としています。つまり，破産手続は，債務者がすべての債権者に対して継続的にほとんどの債務を弁済することが困難な状態にあるときに開始することができるのです。ただ，他人の経済事情を外部から判断することは難しいことなので，周囲からわかるような支払停止と呼ばれる行為があると支払不能が推定されることとなっています。たとえば，債務を支払えないために弁護士に破産手続や私的整理のサポートを依頼すると，弁護士から債権者に対して，「私が受任したので，この債務者から直接に取立てをしないで，私に連絡をしてください」といった内容の「受任通知」を送ります。このような行為は，支払停止にあたると考えられていますので，この債務者は支払不能なのだと推定されるわけです（⇨第**2**編第**1**章⑤(2)）。^{⇒62頁}

┃ (3)　破産手続開始決定 ┃

　裁判所が，破産手続開始申立てを受理すると，破産手続開始原因などについて審理します。そして，何も問題がないと判断すると，破産手続開始決定をします。また，裁判所は，破産手続開始決定と同時に，破産手続を進めていく重要人物である破産管財人を選任します（⇨第**2**編第**2**章①）。破産管財人になる^{⇒65頁}ことができる者の資格について，破産法はとくに定めていませんが，実務上は，弁護士が選ばれるのが一般的です。その後，破産管財人によって破産手続が進められることになるわけですが，手続を進めるための費用も支払うことができないくらい財産が足りない場合には，破産手続開始決定と同時に破産手続を終了する同時破産廃止の決定がなされることがあります。この場合には，破産管財人は選任されずに，破産手続は開始と同時に終了します。同時破産廃止は，個人破産において多くなされています（⇨第**2**編第**8**章③2）。^{⇒154頁}

┃ (4)　破産手続開始決定の効果 ┃

　破産手続開始決定がなされると，債務者は「破産者」と呼ばれることになり

22 ● **CHAPTER 2** 裁判所で行われる倒産手続

ます。また，その時点で破産者がもっている財産は，「破産財団」と呼ばれ，破産管財人が管理・占有することになります（⇨第**2**編第**2**章②）^{⇒68頁}。しかし，個人の破産の場合，破産者は，破産手続開始後も生活をしていかなければなりません。そこで，一定の財産は，破産者の手元に残しておくことが許されています。このような破産者が自由に使える財産を「自由財産」といいます（⇨第**2**編第**2**章②③）^{⇒69頁}。

　破産手続開始決定がなされると，債権者は個別に自分の債権を行使して，債権回収をすることができなくなります。債務者のところへ行って取り立てたり，弁済を求めて訴訟を起こしたりすることはできなくなるのです。ただし，これには例外が２つあります。ひとつは，財団債権です。財団債権とは，破産手続を進めていく上でどうしても必要な支出や，賃金・税金の一部について，いつでも弁済期が到来したときに破産財団から支払うことが認められている債権です（⇨第**2**編第**3**章②）^{⇒81頁}。もうひとつの例外は，担保権です。担保権は，別除権と呼ばれ，破産手続が開始した後も別除権者には担保権の実行が許されています（⇨第**2**編第**5**章）^{⇒102頁}。

⑸　財産の管理・換価

　破産手続開始決定がされた後の手続の流れは，大きく２つに分けることができ，これらがおおむね並行して進行していくことになります。ひとつの流れは，破産者の財産を現金に換えていく作業です。具体的には，破産管財人が破産者の財産を適切な方法で売却して，現金に換えていくことになります。また，財産を売却して現金に換えていくことを換価といいます（⇨第**2**編第**8**章①④）^{⇒149頁}。破産手続の最終段階で債権者に弁済することを配当といいます。

⑹　破産債権の届出・調査・確定

　破産手続のもうひとつの流れは，破産財団から配当を受けることができる債権の存在と金額を確定していく作業です。この流れは，債権の届出・調査・確定を経て進められます。

　まず，債権者は，裁判所に自分の氏名，住所，債権の額などの必要な情報を届け出ることにより，破産手続の中で配当を受けるための権利行使に着手しな

ければなりません。配当を受ける資格がある債権を破産債権と呼び，届出がされた債権は届出破産債権と呼ばれます。

次に，調査では，破産管財人が，届出破産債権について，その債権の存在および金額を届け出られた通りに認めてよいのかを判断します。また，ほかの届出破産債権者も異議を述べることができます。この段階において，争いがなければ，その債権の存在や金額は届け出られた内容のまま確定することになります。他方，争いがある場合には，その債権の存在や内容を確定するために，裁判を経なくてはなりません。最終的に確定した債権は，これ以上争う余地のない債権ということができます（⇨第**2**編第**3**章⑬）。

│ (7) 配　　当 │

財産の換価と債権の確定を経ると，配当原資となる金額が定まり，破産債権の総額が明らかとなるので，配当率が決まります。たとえば，同じ順位の債権者が3人いるとしましょう。配当原資となる金銭の額は100万円で，破産債権の総額が1000万円の場合，破産債権総額に占める配当原資の割合は10% なので，配当率は10% ということになります。債権額に配当率を乗じて，按分で配当していくことになります。たとえば，500万円の破産債権をもつ債権者には50万円が，300万円の破産債権をもつ債権者に30万円が，そして，200万円の破産債権をもつ債権者には20万円が配当として支払われることになります。このように同じ配当率をあてはめることにより，すべての破産債権者に対して，平等に配当が実現されるのです（⇨第**2**編第**8**章②）。

│ (8) 破産手続の終了 │

配当が終了すると，破産管財人は，債権者集会や書面を通じて，債権者に計算報告をしなければなりません。計算報告が終了すると，裁判所は，破産手続終結決定をします。

破産手続を進めていくための財産がないことが明らかな場合には，破産手続終結決定をせずに，破産手続を廃止して終了します。前述のように，破産手続開始決定と同時に廃止する場合には同時破産廃止決定がなされ，破産手続を進行している途中で廃止することになった場合には，破産手続開始決定とは異な

る時に廃止するため，異時破産廃止決定がなされます（⇨第2編第8章③3）。

2 再出発しよう！ 免責手続 ──────────────●

(1) 免責の理念

　免責手続によると，破産者が破産手続を通じて支払うことができなかった債務を免除してもらうことができます（⇨第2編第9章）。

　破産者にとってメリットのある免責手続ですが，免責はどのような場合に認められるものなのか，考え方が分かれています。ひとつの考え方は，免責は，破産手続に協力した誠実な破産者に対する特別の恩典（ごほうび）であるという考え方です（特典説）。この考え方によれば，免責はそう簡単には認められないことになります。他方で，免責は，経済活動に失敗した不運な破産者に経済的な再出発のチャンスを与える手段であるという考え方があります（更生手段説）。この考え方によれば，特典説による場合よりも，免責はゆるやかに認められることになります。

　わが国では，どちらの立場で考えているのか，不明瞭なところがありましたが，現行破産法第1条において，破産法の目的として「債務者について経済生活の再生の機会の確保を図ること」が定められたことにより，免責手続を破産者が経済的に再出発するための機会を与える手段ととらえていることが明らかとなりました。

(2) 免責手続

　免責手続は，破産手続とは異なる独立した手続です。したがって，本来は，免責手続を開始するために，免責許可の申立てが必要です。しかし，債務者が自ら破産手続開始の申立てをする場合には，免責を得ることを目的としていることが多いので，破産手続開始の申立てと同時に免責許可の申立てもしたものとみなされ，改めて，免責許可申立てをしなくてもよいこととなっています。

　免責許可申立てがなされると，裁判所は，免責を与えてよいかどうかを判断します。裁判所は，免責不許可事由がなければ，必ず免責を許可する決定をします。免責不許可事由として，財産隠し，ギャンブルなどの一定の行為が定め

られています。これらの行為があると免責不許可となる場合があります。しかし，免責不許可事由があれば，必ず免責が不許可となるわけではありません。裁量免責といって，免責不許可事由があっても，その程度が軽い場合など，裁判所の裁量によって免責が許可される場合もあるのです。免責を許可する場合には免責許可決定，免責を許可しない場合には免責不許可決定がなされます。

(3) 免責の効果

　免責はどのような債務も免除するわけではありません。たとえば，破産者が支払わなければならない罰金，破産者が不注意で起こした交通事故によりケガをしてしまった被害者の損害賠償請求権などのように，破産法が定める一定の債権は免責の効果が及ばないこととされています。これらの債権のことを非免責債権といいます。

　破産手続が開始すると，破産者は，多くの資格が制限されます。しかし，免責許可決定により，これらの制限がなくなり，元の資格を回復することができます。これを復権といいます。個人破産というと免責に注目しがちですが，実は，復権制度も，個人の破産者の生活にとって重要な制度なのです。

民事再生手続

▶ 将来稼いだお金から返済していきます

> **SCENE 1-5　もう1度チャンスをください！**
> マクベス社長：先生，わが社を立て直すための方法を教えてください！　破産はしたくないんです！
> 納屋美弁護士：「私的整理」という方法がありますね。債権者の皆さんに債権カットと弁済期の繰り延べについて協力してもらう必要がありますし，もちろんロミオが事業を続けていくことにも理解してもらわなければなりません。
> マクベス社長：いやー，それが，ほのぼの銀行さんとの話合いがうまくいきそうもないんですよ……。
> 納屋美弁護士：それでは，「私的整理」は難しそうですね。そうなりますと，

ほかには「民事再生手続」を利用することが考えられますよ。

(1) 民事再生手続の目的

　民事再生手続とは，将来の収益や収入から債権者に弁済を続けていく手続です。英会話教室ロミオが破産手続を利用するとその財産を失うことになりますが，民事再生手続では自分の財産を維持したまま，経済活動を続けることができます。つまり，経営者はそのまま経営者として事業を継続していくことができるのです。この点が，民事再生手続の大きな特色であり，債務者にとっての魅力でもあります。民事再生手続は，企業，個人など，誰でも利用することができます。

(2) 民事再生手続の開始

　債務者も債権者も再生手続の開始を申し立てることができます。ただし，債権者が申し立てる場合はあまり多くありません。民事再生法では，債務者が支払不能になる前の早い段階で再生手続を開始することが可能となっています。なぜなら，これから再生手続を通じて再建しようというときに支払不能になっていると，再建するほどの経済的な余力はなくなってしまっているからです。まだ余力がある早い段階で再建を目指すことが期待されています。

　また，たとえば，英会話教室ロミオがすべての教室の机や椅子，ホワイトボードなどを売れば，その代金を債務の弁済にあてることができるとしても，これらが事業のために必要なものである場合，机や椅子などを売ってしまうと事業を続けることが難しくなってしまいます。財産を売れば，債務の弁済ができる状況にはありますが，民事再生法は，このような場合にも，机や椅子を売らないで，事業を継続しながら，再生手続を通じた再建への一歩を踏み出すことができるように，再生手続開始の申立てを可能としています（⇨第３編第１章⇒176頁❷❷）。

SCENE 1-6　経営者として残りたい！

マクベス社長：私は経営者として残ることができるのでしょうか？

納屋美弁護士：「民事再生手続」では，債務者ロミオの代表取締役であるマ

❷　民事再生手続　● 27

クベス社長が，ロミオの財産を管理したり処分することができますし，
　　　事業を続けていくことができます。もちろん，将来の収益から債権者
　　　に弁済をすることが目的ですが，元の経営者が経営にたずさわること
　　　ができるので，マクベス社長のような経営者にとっては魅力的な手続
　　　ですよね。

マクベス社長：おお，私が経営者として残ることができるなら，再びロミオ
　　　のために力を尽くします！

納屋美弁護士：ただ，この手続では，担保権の実行が制約されないので，ほ
　　　のぼの銀行さんのような担保権者とうまく交渉をまとめられるかがポ
　　　イントとなるでしょう。

マクベス社長：やはり担保権者であるほのぼの銀行さんの理解が再建には必
　　　要なのですね……。

(3) ＤＩＰ型

　再生手続開始決定がなされると，債務者は，「再生債務者」と呼ばれます。民事再生手続では，原則として，再生債務者が財産を管理処分する権利をもち，また，業務を遂行する権利ももっています。再生債務者はこれらの権利を通じて，経営者として事業を継続しながら再生手続を進めていくことができます。このように，再生債務者が財産管理処分権と業務遂行権を維持するという考え方をDIP型と呼びます（⇨第1章Column❹）。再生債務者は自分の利益を考えて何でも自由にできるというわけではなく，債権者の公平を考えて，また，債権者全体の利益を追求しなければなりません。このような義務を公平誠実義務といいます（⇨第3編第2章②①）。

(4) 監督委員

　再生債務者である英会話教室ロミオにとって，財産管理処分権と業務遂行権をもったまま事業を継続することができるのは魅力的なことですが，マクベス社長やその他の取締役が再生手続の進行や事業の継続を適切に行っているのか，チェックする必要があります。そこで，民事再生法は，監督委員による監督を可能としました（⇨第3編第2章③）。監督委員は，裁判所が監督命令を発令す

28 ● CHAPTER 2　裁判所で行われる倒産手続

ることにより選任されます。現在の実務では，民事再生事件のほとんどの事件
で，再生手続開始決定と同時に監督命令が発令されており，主に弁護士が選任
されています。再生債務者は重要な行為をする際には監督委員の同意を得なけ
ればなりません。また，再生債務者の状況が，監督委員を通じて裁判所に報告
されます。これらの方法で，再生債務者は監督委員の監督を受けることになり
ます（管理型について，⇨第**3**編第**2**章④）。
^{⇒190頁}

▎(5) 再生債権と再生計画案▎

　再生手続では，再生計画という弁済計画が立てられることになります。再生
債務者が，再生計画案を作成します。実際には，経営者であるマクベス社長や
そのほかの取締役が，再生債務者ロミオの再生計画案を作成することになりま
す（⇨第**3**編第**5**章①）。再生計画に従って弁済を受けることができるのは再生
債権です。再生債権は，手続開始前に原因がある債権をいいます（⇨第**3**編第
3章）。たとえば，ロミオを取り巻く債権者のうち，前払でチケットを購入し
た受講者の払戻請求権や教室の未払の賃料は再生債権となります。再生計画で
は，再生債権を何％免除してもらうのか，弁済期をどれだけ繰り延べしても
らって，何回の分割弁済にしてもらうのかを定めます。このように元の債権額
や弁済期が変えられることを権利変更と呼びます。たとえば，再生計画案の中
で再生債権は95％免除し，5年間で年に1回ずつ弁済すると定めたとしまし
ょう。この計画に従うと，ロミオは，ロミオに対して100万円分の前払チケッ
トを持っている債権者に毎年1万円ずつ計5万円を払うことになります。

▎(6) 共益債権・一般優先債権▎

　これに対して，再生計画とは関係なく，いつでも本来の弁済期が来たときに
全額の弁済をしなければならない債権があります。それは共益債権と一般優先
債権です（⇨第**3**編第**3**章④）。共益債権とは，破産手続における財団債権に相
当するもので（⇨第**2**編第**3**章②），手続を進める上で不可欠な支出，たとえば，
監督委員の報酬や手続の進行にかかる費用などが挙げられます。一般優先債権
とは，労働債権のようにもともと民法や商法などにより優先権が与えられてい
る債権で，再生手続でもその優先性が尊重されています。ロミオは，従業員に

対する給与と退職金を支払っていませんが，これは労働債権として一般優先債
権にあたりますので，全額を支払うことになります。

(7) 別 除 権

再生手続では，担保権者は，再生手続とは関係なく自由に担保権の実行をす
ることにより，優先的に債権を回収することができるとされています。このよ
うに担保権の実行ができる権利のことを別除権と呼びます（⇨第3編第4章①）。
⇒208頁
たとえば，ほのぼの銀行は，英会話教室ロミオの本社ビルに抵当権をもってい
ますので，別除権者です。ロミオに再生手続が開始されたとしても，ほのぼの
銀行は別除権者として本社ビルについて抵当権を実行することができます。そ
うすると，担保権の実行としての競売により本社ビルは売却され，その代金か
ら貸付金3000万円を受け取り，債権回収をすることができるのです。

(8) 別除権者との交渉と別除権協定

しかし，実際に，ほのぼの銀行が抵当権の実行をすると，ロミオは事業を継
続するための基盤を失ってしまいます。こういう事態を避けるために，マクベ
ス社長はほのぼの銀行と交渉して，抵当権の実行をしないで手続に協力してく
れるようにお願いしなければなりません。ほのぼの銀行としては，抵当権の実
行をしないでほしいといわれたら，その代わりに，本社ビルの価格に見合った
金額を分割で支払うように求めてくるでしょう。そこで，マクベス社長として
は，本社ビルの価格相当の金額を全額払ったときには，ほのぼの銀行が抵当権
を抹消してくれるように，ほのぼの銀行の合意を得ておく必要もあります。こ
のように再生債務者と別除権者との間で交渉して締結された契約を別除権協定
と呼びます。別除権協定は民事再生法のどこにも出てきませんが，実際には，
別除権協定がうまく締結されるかどうかによって，実現可能な再生計画が成立
するかどうかも左右されるくらい重要な役割を果たしています。

(9) 担保権実行中止命令

別除権協定の締結に向けた交渉がうまくいかないこともあります。そこで用
意されているのが担保権実行中止命令です（⇨第3編第4章①1(3)）。たとえば，
⇒209頁

30 ● CHAPTER 2 　裁判所で行われる倒産手続

マクベス社長とほのぼの銀行の交渉が失敗に終わり，本社ビルに抵当権が実行されたとすると，ロミオとしては事業の継続に不可欠な財産を失うことになってしまいます。そこで，事業の継続に不可欠な財産について担保権の実行がされることを避けるため，再生債務者は裁判所に担保権の実行を中止する命令の発令を求めて申し立てることができるのです。これによって，担保権の実行が中止されている間に，別除権者とさらに時間をかけて交渉を継続することができます。

▌(10) 担保権消滅制度 ▌

それでも交渉がうまくいかないときは，担保権消滅制度という方法があります（⇨第3編第4章❶❷）。この方法は，ほのぼの銀行の債権が3000万円のところ，本社ビルの売却価格が2000万円である場合のように，目的物の価額が被担保債権額を下回る担保割れの場合に活用することができます。この方法を使うために，ロミオが裁判所に担保権消滅許可の申立てをし，本社ビルの価額2000万円を一括で裁判所に支払うと，裁判所の許可命令によりほのぼの銀行の抵当権は抹消されます。したがって，ロミオは，もう抵当権の実行をおそれることなく，本社ビルを自由に使うことができるのです。

▌(11) 再生計画案の決議・認可 ▌

再生計画案では，事業を見直すことによって今後どれくらいの収益が見込まれるのかという見通しを立てて，これを踏まえて，再生債権の免除率と債権カット後の債権をどれくらいの弁済期で何回に分けて支払うのかという権利変更の条件を記載します。たとえば，免除率は95％，弁済期間は5年間で年に1回ずつ支払うといった条件を定めるのです。再生計画に基づく弁済期間の上限は，10年となっています。

再生債権者が再生計画にしたがって弁済を受ける額は，再生債務者が仮に破産した場合に予想される配当額を超える額でなければなりません。これを「清算価値保障原則」といいます。

提出された再生計画案で進めていくことができるかどうかは，再生債権者による決議で決定されます。決議により再生計画案が可決されるためには，可決

要件を満たさなければなりません（⇨第3編第5章22，同23）。ロミオの再生計画案の中で再生債権は95％免除し，5年間をかけて年に1回ずつ弁済すると定めたとしましたが，チケット払戻請求権を有する350人の再生債権者，教室の賃料債権を有する20人の貸主などの再生債権者のうちの一定数が計画案に賛成する票を投じてくれなければ，この再生計画案は成立しないことになるのです。

可決された再生計画は，裁判所のチェックを受けることになります。不認可事由と呼ばれる事由がなければ，裁判所は認可決定をしますが，不認可事由がある場合には不認可決定がされます（⇨第3編第5章24）。

⑿　再生計画の履行確保と手続の終了

裁判所による認可決定がされると，再生債務者は再生計画を遂行しなければなりません。すなわち，再生債務者は再生計画の通りに事業の立て直しをしながら，再生債権者に対して弁済を継続していくのです。滞ることなく弁済が継続されるかどうか，再生計画の履行を確実にするために，再生債務者は認可決定後の3年間は監督委員の監督を受けます。再生計画が遂行されると，再生手続終結決定がされるのが原則ですが，監督委員による監督を受けている場合，3年間の監督期間が経過した時点で再生手続終結決定をすることが可能となっています。実務においてもっとも多いのは，監督委員による3年間の監督期間が経過したことを理由とする手続の終結です。

3　会社更生手続

▶ 株式会社が使えるもうひとつの再建型

⑴　会社更生手続の目的と特徴

会社更生手続は，株式会社のみを対象とした再建型の倒産手続です。同じ再建型である民事再生手続と比べると，さまざまな点で厳格かつ強力な仕組みが用意されています。これは，会社更生手続が主として規模の大きい株式会社の

再建を想定しているからです。会社更生手続については，第**3**編第**7**章で，⇒253頁
民事再生手続と比較しながら学びます。ここではある架空の会社が会社更生手続を利用して再建にいたるまでの物語をご紹介しましょう。

(2) P株式会社の破綻と自主再建へのチャレンジ

P株式会社は，冷蔵庫や洗濯機などの白物家電のパイオニアとして家電事業を展開してきた日本の大手電機メーカーです。P社は，さらに，半導体事業や医療機器事業など多くの分野に事業を拡大し，子会社・関連会社を多数抱えるPグループを築き上げ，その中核として発展してきました。ところが，P社が約1兆円にのぼる損失を隠すために利益を水増しする粉飾決算をしていたことが発覚し，これをきっかけにP社の経営が非常に苦しい状態であることが明らかとなりました。P社は，すでに債務超過に陥っていたのです。P社は，経営を立て直すために，もっとも損失が大きかった医療機器事業を他の会社に売却することによって，その代金を損失のうめあわせにあてて，債務超過を解消しつつ，家電事業と半導体事業はこれまで通り継続するという自主再建のプランを目指すことにしました。

(3) 会社更生手続申立ての決断

しかしながら，医療機器事業を売却することはできたものの期待するほどの高額で売ることができず，債務超過を解消するには十分ではありませんでした。次第に資金繰りが苦しくなってきたP社は，主要な取引銀行である3行に追加融資を求めましたが，どの銀行も追加融資はできないと回答しました。これを受けて，P社では，緊急の取締役会が開催され，法的な倒産手続の申立てについて検討されました。取締役の間では，経営陣がそのまま経営を継続することができる民事再生手続の申立てを望む意見もありました。しかし，P社の不動産に抵当権を有している銀行が協力的でないために，担保権者が別除権者として扱われる民事再生手続では，別除権者との交渉が難航するおそれがあるとの意見も出されました。また，多数の子会社や関連会社の処理が複雑であること，債権者の数も非常に多数にのぼることなどを考慮して，大規模な会社の再建により適した会社更生手続を申し立てる決定をしました。

3 会社更生手続 ● 33

⑷ 更生管財人の選任と経営陣の退陣

　P社は，顧問であるT弁護士を申立代理人として，東京地方裁判所に会社更生手続開始の申立てをしました。裁判所が手続開始決定をすると，U弁護士が更生管財人として選任されました。会社更生手続は，大規模な会社の再建を想定しているので，事業や財産をしっかり管理するために，必ず更生管財人が選任されるのです。また，債務者であるP株式会社は，手続開始後は，更生会社と呼ばれることになります。さらに，更生会社は財産管理処分権と事業を継続する権利を剥奪され，更生管財人がこれらの権利に基づいて事業の立て直しと手続の進行にあたります。これに伴い，P社の経営にたずさわってきた取締役等の経営陣は退陣することとなりました。

⑸ 銀行は更生担保権者に

　実は，主要取引銀行のひとつであるM銀行は，抵当権を実行して債権回収を図ることも検討していたのでした。しかし，会社更生手続では，担保権は更生担保権として扱われます。これは次の2つのことを意味します。ひとつめは，手続開始決定がされると，担保権の実行が禁止されるということです。手続開始決定による個別的権利行使禁止の対象に担保権も含まれるのです。したがって，M銀行をはじめとした担保権者はもう担保権の実行をすることはできません。ふたつめは，更生計画において更生担保権者の被担保債権についても減額したり弁済期を繰り延べすることが可能とされているということです。このように会社更生手続では担保権に対する制約の範囲が広く，民事再生手続に比べて，より強力に再建をバックアップする仕組みとなっています。

⑹ スポンサーの登場

　P社は，会社更生手続の開始申立てを検討していた頃，P社と異なり，テレビなどの家電事業に強いS社にスポンサーとして協力してもらえないか打診していたのでした。S社としては，P社の白物家電を主力とした家電事業を取り込むことによりさらにS社の従来の家電事業を充実させ，また，今後の発展が見込まれる半導体事業にも期待し，スポンサーとして協力することに前向

きです。具体的には，P社の家電事業をS社の子会社に買い受けさせるとともに，P社に出資して株主となることを申し出ました。このように会社更生手続では，事業譲渡や出資などさまざまな方法により，再建に向けてスポンサーの支援を得ることが一般的です。

(7) 事業譲渡の実現

P社は，家電事業をS社に事業譲渡し，その売却代金は，債権者への弁済資金にあてることとしました。本来，事業譲渡は，その具体的な内容を更生計画案に記載して，債権者の一定の同意を得なければ実行することができません。しかし，その事業譲渡がP社の再建のために必要なのであれば，裁判所の許可を得ることにより，更生計画案に記載しなくても実行することができます。P社はこの方法により，急いでS社に家電事業を譲渡しました。

(8) 株主の総入れ替え

また，P社は，資本金を100%減資して，現在発行されている株の価値をゼロにした後に，新たに増資をしてこれをS社に引き受けてもらうことにより，S社から出資を受けることにしました。これによりかつての株主からS社へと株主の総入れ替えがなされるのです。

(9) 更生計画案の作成

P社の再建に向けた計画は，更生計画案に記載されます。更生計画案の作成と裁判所への提出は，更生管財人であるU弁護士の職務です。更生計画案の中では，債権の免除率や弁済期の繰り延べのような債権者の権利内容の変更に関する条項のほか，更生会社の新しい取締役・執行役，弁済資金の調達方法，収益金の使途などに関する条項を定めることが求められています。更生計画案に基づく弁済期間の上限は，15年となっています。

P社の場合，一般の債権者である更生債権者の債権は95%免除，弁済金の弁済期間は5年間として年に1回9月末日に弁済すること，更生担保権者の債権はカットしないものの，弁済期間は5年間として年に1回9月末日に弁済すること，100%減増資を行い，S社から出資を受けることなどが記載されまし

3　会社更生手続　● 35

た。更生計画案は，裁判所に提出された後，付議決定がなされ，関係人集会での決議にかけられました。関係人集会で無事に可決要件を満たす賛成票を得て更生計画案が可決されると，裁判所による認可決定がなされました。

⑽ Ｐ社の再建

　更生計画の認可決定がされた後も，更生管財人であるＵ弁護士が，更生計画の遂行，事業の経営や財産の管理を継続します。家電事業が強化されたことと，半導体事業が好調であったことから，更生計画に従った債権者への弁済は滞りなく終えることができました。無事に５年間の更生計画が遂行されたことにより，裁判所から更生手続終結決定がなされ，これでＰ社の会社更生手続は終了したことになります。今後は更生管財人の手を離れ，Ｐ社が自ら事業を継続していくことになるのです。

EXERCISE ●演習問題

　英会話教室ロミオが会社更生手続を選択したとするとどのようなことが起きるのか，①マクベス社長と②ほのぼの銀行から質問を受けました。民事再生手続と比較しながら，アドバイスしましょう。

4 倒産処理手続の選択

▶ どのメニューにしますか？

SCENE 1-7 メニューのおさらい

正義くん：先生，これまでわが国の倒産処理手続をみてきましたが，たくさんの方法が用意されているのですね。

公平先生：そうですね。豊富なメニューをそろえて，その中から，自分に合ったものを選ぶことができるということができますね。

正義くん：でも，どれを選んだらよいのか迷ってしまいそうです。

公平先生：それでは，今日は，手続を選択するという観点から，この章で勉強したことをおさらいしてみましょう。

(1) 裁判所に行く？ 行かない？

倒産という危機を乗り越えるために最初に行うことは，弁護士のような専門家に相談することでしょう。専門家からは，裁判所で行われる法的倒産手続と裁判所の外で行われる私的整理のいずれかを選択する必要があると説明されることでしょう。私的整理では，弁護士のような中立の第三者に仲介してもらいながら，債権カットや弁済期の先送りに応じてもらうように債権者との交渉を進めていかなければならず，債権者の協力が不可欠です。

他方，裁判所で行われる倒産手続には，破産，民事再生，会社更生がありますが，いずれも裁判所の指揮監督の下で法律が定める手続に従って，それぞれの手続の目的を達成するために進められていきますので，私的整理よりも強力かつ厳格な手段であるということができます。

(2) 清算する？ 再建する？

　私的整理がうまく進む見通しがない場合，法的倒産手続を選択することになりますが，次に考えなければならないのは，清算型の手続と再建型の手続のいずれを利用するかということです。明らかに経済的に苦しい状態である場合，つまり，すべての債権者に対して継続的にほとんどの債務を弁済することが困難な状態＝支払不能にある場合には，破産手続の申立てを選択することになるでしょう。

　他方で，事業の内容や経済生活を見直せば，なんとか立ち直る余力があると判断できるならば，再建型の手続を選択することが可能です。企業でも個人でも，多くの場合，民事再生手続を選択することになるでしょう。個人の場合であれば，民事再生法の中に用意されている個人再生という手続を申し立てることもできます。

(3) 民事再生にする？ 会社更生にする？

　債務者が株式会社である場合には，再建を目指すとなると，民事再生手続と会社更生手続の2つの選択肢があります。これらの手続の大きな違いは，債務者がそのまま経営にたずさわることができるかという点と担保権者がどのように扱われるかという点にあります。

　民事再生手続は，原則として，DIP型ですから，再生債務者は財産管理処分権と業務遂行権を維持して，経営者の地位に残ることができます。このことが民事再生手続の債務者にとっての魅力です。これにより，債務者が少しでも早い段階で再建型の倒産手続への一歩を踏み出してくれるように期待されているのです。

　ただ，民事再生手続では，担保権は別除権として扱われ，別除権者はいつでも担保権の実行ができることになっていますから，再生債務者は別除権者と交渉し，別除権協定の締結のために努めなければなりません。

　他方，会社更生手続では，必ず更生管財人が選任されますので，多くの場合，役員は辞任しなければなりません。この点は，経営者にとっては苦渋の選択かもしれません。しかし，民事再生手続と違い，会社更生手続では担保権者への

38 ● CHAPTER 2 　裁判所で行われる倒産手続

制約が大きく，担保権の実行を控えてもらうように交渉する必要はありません。したがって，担保権者が協力的で別除権協定が成立する見込みがあるのであれば，民事再生手続を利用し，担保権者との交渉が成立しそうもないのであれば，会社更生手続を利用するという手続選択もありうるでしょう。また，債権者の顔ぶれも手続を選択する際のポイントとなることがあります。たとえば，債権者の種類が多く，また，債権者の数が非常に多い場合には，債務者自身が手続を進める民事再生よりは，更生管財人に任せることができる会社更生の方が向いているということもできます。

　このようにいくつかのポイントについて考慮しながら，手続を選択することになります。

CHAPTER

第 **3** 章

私的整理・倒産ＡＤＲ

　　倒産手続には，第 **2** 章で取り上げた裁判所で行われる手続（法的整理）のほかに，裁判外で行われる手続があります。実際の倒産手続の多くは，裁判外で行われる手続で処理されているといわれています。

　　本章では，第三者が介在せず，債権者と債務者が話合いによって再建や債務整理の合意を図っていく「私的整理」と，主として債務者の再建を目的に，裁判所以外の中立な第三者（機関）の手を借りながら再建等を進めていく「倒産 ADR（Alternative Dispute Resolution）」を取り上げ，解説していきます。

1 私的整理 ▷ 話合いによって債務を整理しよう

SCENE 1-8 株式会社ロミオ債権者説明会

マクベス社長：このような事態を招いて大変申し訳ない。ただ，今ここでロミオをつぶすわけにはいかない。みなさん，再建のチャンスをいただけないだろうか？

ほのぼの銀行：ロミオの再建計画を審査しました。当行は計画に賛成します。

あけぼの信組：メインバンクのほのぼの銀行さんが大丈夫だというなら，うちも再建計画に賛同しますよ。

ほんわか信金：我々としましても会社を再建できるのであればもちろんそうしてもらいたいです。

第**2**章で触れたように，裁判所で行う倒産手続は適正な倒産処理を行うためには不可欠な制度ですが，それ以外に，債務者が債権者と話し合い，自己の債務を整理する方法があります。実際には，多くの倒産事件でこの方式が活用されています。裁判所で行う倒産処理手続が**法的整理**と呼ばれるのに対して，裁判所の外で，第三者が介在せず，当事者の合意に基づいて行う倒産処理手続は**私的整理**（任意整理）と呼ばれています。

(1) 私的整理の進め方

私的整理は法定の手続ではないため，その進め方も当事者が自由に決められますが，主要な債権者，特に，メインバンクと呼ばれる銀行などが中心となって債権者委員会を設置し，債権者または弁護士を債権者委員長に選出して，その下で手続を進めていく方法が一般的です。

債務者の清算を目的とする私的整理の場合は，債務者の財産を処分し，債権者へ配当を行います。**SCENE 1-8** のように再建を目的とする私的整理の場合は，再建計画を策定し，債権者の合意を得た上で，その計画に基づいて従業員のリストラや債務の弁済猶予・一部免除などを行いながら再建を図ることになります。

1 私的整理のメリット・デメリット ────────●

(1) メリット

　それでは，裁判所を介しない私的整理には一体どんなメリットがあるのでしょうか。

　まず，何と言っても私的整理は速く終了します。私的整理では，裁判所で行われる法的整理のような法定の厳格な手続が課せられておらず，手続に関与する者も当事者に限定されることから，迅速処理が可能となります。特に，企業の再建を目指す場合，再建の鍵を握るのは手続のスピードです。確かに，裁判所で行われる倒産手続でも，民事再生手続は，かなり迅速に手続を進められるようになりましたが，それでも，大胆に手続の手順を省略できる私的整理のスピードにはかないません。

　次に，私的整理では，利用者の秘密を守ることができます。債務者は，倒産したことをあまり知られたくありません。特に，再建を目指す場合は，倒産したことが公表されると，企業イメージが損なわれ再建を実現できない可能性があります。法的整理の場合は倒産の事実を隠し通すことはできません。これに対して，当事者のみで手続を行う私的整理の場合は，倒産の事実を秘匿することが可能となるのです。

　さらに，私的整理は，法的整理に比べ手続費用を安く抑えることができます。裁判所を利用しない分，裁判所への手数料や管財人報酬等が発生しないからです。

(2) デメリット

　しかし，私的整理では，債権者が必ず手続に関与できるという保障があるわけではありません。そのため，債権者の地位に応じた平等な配当を受けられない可能性があります。結局，私的整理は，手続の仕切役となる債権者委員長の資質に依存するところが大きく，債権者委員長が自身や特定の債権者の利益を図ろうとすれば，それができてしまう手続なのです。その上，そのような状況に陥っていることを知る手立てが債権者に保障されているわけではないため，

最終的に一部の債権者のみが利益を得て，うやむやのまま手続が終了してしまうケースも出てきてしまいます。

2 私的整理ガイドライン ●
──私的整理の限界を乗り越えよう

(1) 誕生の背景

これまでみてきたように，私的整理には多くのメリットがある反面，問題点を抱えていることも分かっています。そこで，より適切な私的整理が実行されるよう，金融機関や産業界が協力して検討を重ねた結果，2001年9月に誕生したのが「私的整理に関するガイドライン（私的整理ガイドライン）」です。その頃，金融機関は多くの不良債権を抱え，企業は過剰債務問題に苦しんでいました。私的整理ガイドラインは，こうした問題を一体的・抜本的に解決するというねらいがあって策定されました。ガイドラインには，法的拘束力は認められてはいませんが，金融機関や産業界がこれを自発的に尊重し，遵守することが期待されています。

(2) 手続の流れ

それでは，私的整理ガイドラインは，どのような債務者を対象に，どのような手順で手続を進めるよう定められているのでしょうか。

まず，ガイドラインを利用できるのは，事業の再建を目指す債務者で，実際に，この手続を利用して債務の減免等を行えば，収益力が回復して再建できる可能性がある債務者に限定されています。

次に，ガイドラインの対象となる債権者（対象債権者）は，原則として再建計画において債務の支払の猶予や減免等の権利変更の対象となる金融債権を有する金融機関です。対象債権者の中でも債権額の多くを有する金融機関は主要債権者と呼ばれ，手続開始の段階から関与してもらうことにしています。

事業の再建を図ろうとする債務者は，①主要債権者に再建計画案を提示し，②債権者会議を開催する，という流れで手続を進めていきます。このように，手続の手順をガイドラインに定めることで，手続が不透明であるという私的整

1 私的整理 ● 43

理のデメリットの克服をねらっているのです。

(3) 主要債権者の役割

　ガイドラインを利用して私的整理を行いたい債務者は，主要債権者を味方につけるため，再建計画案を作成して，主要債権者に提示し，私的整理を申し出ます。

　主要債権者は，受け取った再建計画案の実現可能性を審査し，実現可能性があると判断したときは，債務者と連名で，私的整理の対象債権者に私的整理を呼びかけることになります。その呼びかけの際には，私的整理の手続が終わるまでは個別の権利実行を控えるようお願いする「一時停止通知」も同時に行います。

(4) 債権者会議

　通常は，通知から2週間以内に，第1回債権者会議を開催し，債務者が，私的整理に至った原因や債務者の財務状況のほか，再建計画案の内容を対象債権者に説明します。再建計画案の実現性については，専門家としてアドバイザーを選任し，調査にあたらせることもできます。

　第2回債権者会議では，対象債権者が再建計画案を受諾するかどうかの意思確認がされます。債権者の同意が得られた場合は，債権者全員の同意書の提出をもって再建計画が成立したことになります。一部でも債権者が反対すれば，再建計画は成立せず，その結果，多くは法的整理の申立てがなされることになります。

(5) 再建計画案の内容

　私的整理ガイドラインに基づく再建計画案では，債権者の平等・衡平を実現するよう求められます。さらに，計画案の信頼度を高めるため，債務者が債務超過に陥っている際に作成する再建計画案については，私的整理後3年を目処に債務超過を解消して黒字転換を目指すことが要求されています。ただし，再生計画案に求められる水準が極めて高くなっているため，ガイドラインの利用状況はあまり伸びていないのが現状です。

Column ❻　産業再生機構から地域経済活性化支援機構

　私的整理ガイドラインがあまり成果を上げなかったこともあり，不良債権処理が思ったより進まなかったことから，より強力に私的整理を進める仕組みの必要性が求められた結果，2003年4月に，国が公的資金を拠出して「産業再生機構」を設立しました。機構は5年間で業務を完了する時限的な機関とされ，作成された再建計画に合理性が認められれば，メインバンクを除く債権者の債権を買い取ったり，出資する権限が認められました。最終的には，2007年3月の解散までにカネボウやダイエーなど41件にものぼる支援を行い，予想以上の成果を挙げました。

　その後，リーマンショックの影響で，事業再生に対するニーズが高まり，2009年10月に国の認可法人として誕生したのが，「企業再生支援機構」です。これも，産業再生機構と同様5年の時限的な機関として設置され，JALの再建など28件を手掛けました。

　同機構はさらに2013年3月には，地域経済の低迷が続く中，地域の再生現場の強化や地域経済の活性化に資する支援を推進していくため，再生支援決定の期限を再延長し，地域経済の活性化に資する事業活動の支援を行うことを目的とする支援機関へ改組したため，現在は「地域経済活性化支援機構（REVIC）」と呼ばれる機関となり，新たに事業再生ファンドや地域活性化ファンドへの出資もできるようになっています。

2 倒産ADR　　　▶ 法的整理の代わりになる倒産処理

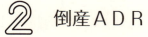

SCENE 1-9

公平先生：先週の講義で取り上げた「私的整理」だけれど，もし，自分たちで話し合うのが難しい場合は，どうしたらいいかな？

正義くん：先生，そうすると裁判所で手続する「法的整理」の途しか残されていないのではないですか？

法子さん：でも，確かJALの再建の場合は，裁判所以外の機関で，専門的な手続をしてくれるところが関わっていたとニュースで聞いたことがあります。

公平先生：そう，実は，裁判所ではないのに，裁判所の倒産処理の手続のようなことをしてくれるところがあってね。JALも，それを利用したのですよ。

SCENE 1-9で触れているように，法的整理ではないものの，中立な第三者が関与して行う裁判外の倒産処理手続があり，**倒産ADR**と呼ばれています。倒産ADRは，法的整理を利用することにより債務者が受けるダメージを緩和させ，私的整理のような手続の柔軟性を残しつつ，中立の第三者を介在させることによって手続の不公平性や不透明性という私的整理の課題もクリアしているため，その役割には注目が集まっています。

以下では，倒産ADRの中でも中心的な役割を果たしている，事業再生ADRと，特定調停を取り上げて解説していきます。

1 事業再生ADR

事業再生 ADR とは，民間の機関が，企業の早期再建を支援するために，事業再生の専門家を介在させて，金融機関等の債権者と債務者との間の調整を図りつつ，債務者の事業再建を進めていく倒産処理手続をいいます。

事業再生 ADR を実施することができるのは，法務大臣と経済産業大臣が認めた機関に限られています。現在，日本で，事業再生 ADR を実施できる機関として所定の基準を満たしているのは，事業再生実務家協会（JATP）しかありません。

(1) 手続の手順

事業再生実務家協会は，事業再生 ADR の手続を以下の手順で進めています。
① 債務者から事業再生 ADR の申立てを受けた場合，債務者作成の事業再生計画案を審査した上で，支援決定をします。
② 支援決定を行った場合は，債務者と連名で，債権者に，債権の取立てを行わないよう「一時停止」の通知を発します。このとき，一時停止通知の対象となるのは原則，金融機関や貸金業者等の金融債権者です。
③ 一時停止の通知から 2 週間以内に第 1 回債権者会議を開催して，事業再生計画案の内容を債権者に説明します。
④ 事業再生計画案を協議するために第 2 回債権者会議を開催し，計画案の妥当性や実現可能性について意見を述べます。
⑤ 事業再生計画案を決議するために第 3 回債権者会議を開催し，債権者全員が書面により合意すれば，事業再生計画が成立して，実行に移されます。

(2) 事業再生計画案の内容

さらに，事業再生計画案については，債務の弁済計画だけではなく，3 年以内の債務超過解消や赤字解消，さらには，債権者平等や清算価値保障を求めるなど，法的整理の際に求められる再建計画と引けをとらない内容にすることが求められています。

2 倒産ADR ● 47

信頼のおける手続を提供し，事業再生計画についても実効性の高いものが作成されることから，JAL やウィルコムのように法的整理に移行する前段階で事業再生 ADR が利用されたケースもありました。

2 特定調停

　日本において，バブル経済崩壊後に社会問題化した企業の不良債権処理や消費者の多重債務問題に応えてきたのは，「特定調停」と呼ばれる裁判所の調停手続です。特定調停は，民事調停法の定める民事調停の手続を，倒産処理ができる柔軟な手続にするため，1999 年に「特定債務等の調整の促進のための特定調停に関する法律（特定調停法）」により誕生した手続です。手続のベースとして従来の民事調停の形式を活用するため，利用者は，まずは民事調停を申し立て，特定調停による調停を求める場合は，そのような申出を個別にしなくてはいけません。

(1) 手続の流れ

　特定調停の手続は，裁判官と調停委員で構成される調停委員会で進められます。調停委員会は，申立人（債務者）や相手方（債権者）から事情を聴き取り，調停案を提示して，当事者全員が合意すれば調停成立，合意しないときは，調停は不成立となって，その後は法的な手続に委ねられることになります。基本的には民事調停の手続の流れと同一ですが，特定調停が実質的には倒産処理手続であることから，民事調停にはない特徴も兼ね備えています。

(2) 個別執行の停止

　倒産処理の目的を達成するためには，債権者が個別にその権利を実行することを認めるわけにはいきません。債務者の経済的再生を実現するためにも，債権者平等の原則を貫くためにも，特定調停では，個別執行の停止の範囲を民事調停より拡大しており，調停の円滑な進行を妨げるような場合には，個別執行を停止することが可能となっています。

48 ● CHAPTER **3** 私的整理・倒産ADR

(3) 集団的処理

　倒産処理であるというためには，複数の債権者に対する債務を一括処理できるシステムが必要となります。そこで特定調停では，民事調停における個別手続の原則を維持しつつも，集団的な処理ができるように，移送などに関する特則を設けて，できる限りひとつの裁判所に集中させて手続を進行できるようにしています。

(4) 専門家の関与

　倒産処理の手続をスムーズに進めるため，特定調停では，法律・税務・金融・財務等の専門家を調停委員に指定することが定められています。こうした専門家を手続に関与させることで，債権者である金融機関との話合いを円滑に進行させ，適切な調停条項案を作成する結果に繋がっているといえます。

(5) 調停条項の内容

　調停委員会が示す調停条項は，債権者を平等に扱い，債務者の経済的再生の可能性も考慮した合理性のあるものでなければなりません。これにより，実効性の高い債務弁済計画であることが保障され，調停の信頼性も高まります。

(6) 特定調停の成果

　こうした手続の特徴から，特定調停は，自然人・法人問わず広く利用されており，大企業や第三セクターの倒産処理にも活用され，一定の成果を挙げています。特に，企業が特定調停を利用するのは，私的整理における再建計画に一部の債権者のみが強行に反対している場合に，こうした債権者のみを相手に裁判所を介して手続を行うことで，膠着状態を抜け出し，合意を成立させたいというねらいもあります。この点は，法的整理のような厳格な手続ではない倒産ADRであるからこそ実現できる処理といえるでしょう。

❷ 倒産ADR　● 49

Column❼　経営者保証に関するガイドライン

　金融機関が中小企業に融資を行う際には，その経営者が保証人になるという「経営者保証」がこれまでは当然のように行われてきました。しかし，経営者保証は，中小企業が資金を円滑に調達できる手段という側面がある一方で，保証後に経営状況が厳しくなった場合には，保証債務の存在が経営者の決断を遅らせ，早期の事業再生を阻害する要因にもなっていました。このような課題に対応するために，2013年12月に，中小企業団体と金融機関の自主的・自律的な準則として策定されたのが，「経営者保証に関するガイドライン」です。

　ガイドラインでは，企業と経営者との関係を資産等により明確に区別でき，順調な返済が期待できるような経営状況の場合には，金融機関が経営者保証を求めないようにすることが定められています。これにより，企業は，経営者保証がなくとも金融機関から融資を受けることが容易になりました。

　加えて，ガイドラインは，経営者保証がある場合でも，経営者が早期の事業再生を決断し，金融機関にこのガイドラインに基づく債務整理の手続を申し出たときは，経営者に一定期間の生活費相当額や華美でない自宅を残すことを検討するよう金融機関に求めています。さらに，ガイドラインは，債務整理手続によって策定された弁済計画を履行しても，なお経営者の債務が残存するような場合には，原則としてこれを免除することも定めています。このような準則を定めることで，従来は経営者保証の責任が足かせになって早期の事業再生に着手することを躊躇していた経営者に，ガイドラインに基づく債務整理手続の申出を促し，企業と経営者が共倒れになる事態を回避することが期待されています。

3　消費者のための倒産ADR

SCENE 1-10　法テラスの電話相談

借田さん：私は現在クレジットカード会社と消費者金融，合わせて4社に借金があります。このままでは返済が厳しい状況なので，月々の負担を少し減らせると助かるのですが，個別に問い合わせてもなかなか応じてくれません。何かよい方法はありますか？

> 法テラス：簡易裁判所で行っている「特定調停」という手続であれば，裁判
> 官や弁護士さん，会計士さんが調停委員として，借田さんと金融機関
> との話合いに付いてくれて，返済計画も一緒に検討してくれますよ。

1　特定調停 ─────────────────────────●

(1)　特定調停の役割

SCENE 1-10 で借田さんがすすめられた**特定調停**は，多重債務者の債務整理の際にも，大きな役割を果たしています。

手続の流れや特徴はすでに ②**2** ⇒48頁 で紹介したとおりですが，多重債務者の手続の際に特に威力を発揮しているのが，調停委員の積極介入と取引履歴の開示です。

(2)　調停委員の介入

特定調停には，法律や税務・財務の専門家が選任されますが，多重債務者の手続の場合は，その専門家が，積極的に介入して手続を進めてくれます。専門的な知識のない債務者に代わって，利息の引き直し計算も引き受けてくれるのです。

(3)　取引履歴の開示

手続を利用する多重債務者は，実際には取引履歴を把握していないことが多く，現時点でどの程度が弁済され，元本に充当されているのか分からなくなっていることが多いのが現状です。これに対して，債権者は取引履歴を把握していますから，特定調停では，調停委員が債権者に対して，債権者が有している取引履歴記録の提出を求めることができます。理由なく提出に応じない場合は過料に処せられるため，大きな成果を挙げています。

3　消費者のための倒産 ADR　●　**51**

2 クレジットカウンセリング

確かに，特定調停は，今ある債務の処理について弁済計画を立て，その通りに弁済をしていけば，債務者の経済的再生を図ることができるはずですが，そもそも多重債務に陥った原因は，債務者が，その収入以上に支払が多い状態を繰り返すことにあり，根本を改めなければ，また同じ状況に陥りかねません。

その中で，近年注目されている手続が，クレジットカウンセリングです。

(1) 特 徴

クレジットカウンセリングは，特定調停と同様，債務の弁済計画を立てることに加えて，生活や家計を見直すため，弁護士とともに消費生活アドバイザーが手続に参加し，債務者の相談に対して適切な助言を与えることが大きな特徴です。これがうまく機能すると，経済的破綻の再発防止にもなります。すでに海外には，法的な手続を利用する前に，こうした手続の利用を推進する国もあるようです。

(2) 実 施 機 関

日本ではまだ馴染みがうすく，日本クレジットカウンセリング協会が中心となって，主要都市である東京・仙台・名古屋・大阪・福岡では常設のカウンセリングセンターを設置して手続を行っています。今後も手続を利用できる都市が増えれば，一層その役割に期待が集まる可能性があります。

3 個人版私的整理ガイドライン

(1) 誕生の背景

⇒43頁
①**2**で取り上げた私的整理ガイドラインが主として企業の再建を目的とした手続であったのに対して，東日本大震災の発生を契機に，個人や個人事業主を対象とした私的整理の必要性がクローズアップされるようになりました。その理由は，震災前に住宅ローンを借りていた個人や事業のための融資を受けていた個人事業主に，震災後は，これらの既存の債務も背負いながら，住宅再築や

事業再開のための新たな借入れによって二重の債務を負うという事態（二重債務問題）が発生したことにあります。このとき，法的整理を行って自己破産すれば，住宅も事業も失ってしまいます。そうした事態を回避し，被災者が自分の力で生活や事業の再建を図ることができるようにするために 2011 年 7 月に誕生したのが「個人債務者の私的整理に関するガイドライン（個人版私的整理ガイドライン）」です。このガイドラインを使えば，債権者の同意を得て返済の猶予や債務を減免する弁済計画を立てることが可能となります。

(2) 手続の流れ

このガイドラインを利用できるのは，東日本大震災の影響で，震災前に借り入れていた住宅ローンや事業資金の返済が困難となった個人や個人事業主です。この場合，福島原子力発電所の事故による被害を受けた者も対象となります。

また，ガイドラインの対象となる債権者は，弁済計画が成立した際にそれにより権利変更が予定されている債権者を指し，主として銀行や貸金業者等の金融機関が対象となりますが，対象となる債権者に含めることが妥当な場合は，住宅ローンの貸付を行う共済組合や取引債権者等が対象債権者となるケースもあります。

加えて，このガイドラインを中立・公正な立場から円滑に実施するため「個人版私的整理ガイドライン運営委員会」という第三者機関が設置されています。この機関は，手続に関与する弁護士や公認会計士等の専門家の適性を審査し，彼らに助言・指導を行うとともに，債務者が手続に必要な書類や弁済計画を作成するための支援や，弁済計画内容の債権者への説明・調整を行います。

ガイドラインを利用しようとする債務者は，①債権者に債務整理の申出を行い，②専門家の支援を受けながら弁済計画案を作成して，債権者に提示し，③債権者からの同意を得て弁済計画を成立させ，これを実行していく，という流れで手続を進めていきます。

ガイドラインの運用を開始した直後は利用件数が伸びず，課題もありましたが，導入から 2017 年までの 6 年で 1300 件以上の債務整理を成立させています。さらに，この枠組みは，2015 年 12 月に作成された「自然災害による被災者の債務整理に関するガイドライン（災害救助法で指定された災害の被災者に適用）」

にも引き継がれており，すでに 2016 年 4 月に発生した熊本地震の被災者に適用されています。

CHECK

① 私的整理と倒産 ADR と法的整理は手続にどのような違いがあるか。

② 私的整理と倒産 ADR のそれぞれの手続のメリットは何か。

第 2 編

破 産 法

CHAPTER
1　破産手続の開始
2　破産管財人と破産財団
3　破 産 債 権
4　破産と契約関係
5　担 保 権
6　相 殺 権
7　否 認 権
8　破産財団の管理・換価・配当と手続の終了
9　個人破産と免責

CHART 2.0.1 破産手続・免責手続の流れ

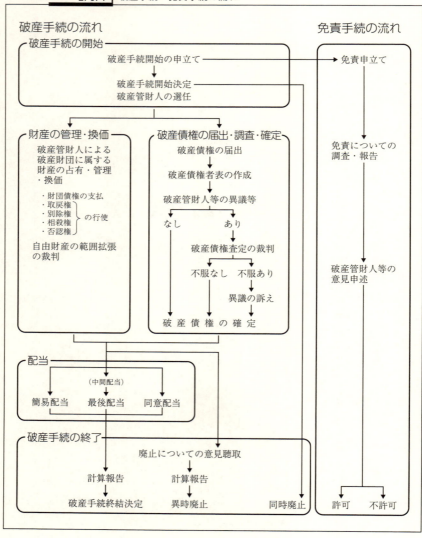

CHAPTER

第 1 章

破産手続の開始

　金融機関からお金を借りる場合，金融機関のことを「債権者」といい，お金を借りる人を「債務者」といいます。複数の債権者から借金をして，期限までに返済することができずに困っている人を多重債務者といいます。多重債務者が債務を免れるには，裁判所において免責許可決定（以下，免責といいます）を取得する必要があります。ただし，免責を取得するには，先に破産しなければなりません。これが破産法のルールです。では，破産するにはどうすればよいのでしょうか。

1 破産手続の特徴

　破産手続の特徴は，すでに説明しましたが（⇨第1編第2章1，⇒21頁），清算型手続という特徴のほかにも，①個人も法人も適用対象となる，②手続開始原因が支払不能と債務超過である，③破産管財人が関与する管理型の手続である，④担保権者が別除権者として扱われるという点があります。これらの特徴のうち，本章のテーマである破産手続の開始との関係で重要なのは，①と②です。破産法の適用対象となる資格のことを破産能力（⇨2）といいます。破産手続開始の原因のことを破産原因（⇨5，⇒60頁）といいます。

2 破産能力　　Ⅲ▶ 債務者になれるなら，破産もできます

> **SCENE 2-1　動物も破産するの？**
> タマ：先週，立て替えたドッグフード代の1000円返してニャン！
> ポチ：オレ，お金もってないから，破産して，免責してもらうんだワン。
> タマ：犬は，破産できニャイわよ。
> ポチ：ホント？　はやく人間になりた〜い！

　「能力」という言葉は，法律の世界では，「資格」を意味することがあります。民法の**権利能力**は，私法上の権利・義務の帰属主体となる資格ですし，民事訴訟法の**当事者能力**は，民事訴訟の当事者となる資格を意味します。

　破産能力とは，破産法の適用対象となる資格，つまり，破産する資格を意味します。民事訴訟法の当事者能力を有する者（個人，法人，権利能力のない社団・財団）には，破産能力が認められます。これが原則です。

　しかし，破産法は，個人・法人などだけでなく，相続財産と信託財産にも特別に破産能力を認めています。債務者が破産手続の開始後に死亡した場合でも

手続は終了せず，相続財産の破産として手続が進められることになります。

　現在では，私たちが破産能力をもつことは，あたりまえのことですが，明治時代には，フランスの影響を受けて，破産能力が商人に限定されていました。これを**商人破産主義**といいます。大正時代（1922〔大正11〕年）の破産法は，ドイツの影響を受けて，商人でない個人にも破産能力を認めることにしました。これを**一般破産主義**といいます。これ以降，破産法は，一般破産主義を採用しています。

　個人の破産能力は，日本国籍の有無を問いません。外国人であっても，日本において破産して，免責を取得することができます。

　法人には，株式会社，学校法人，医療法人などの種類がありますが，それらの法人は破産能力が認められます。ただし，国と地方自治体は，法人ですが破産能力が認められません。それらは，解散が予定されていないからです。

Column❽　第三セクターの破綻と自治体の破綻

　自治体は，民間企業と共同で第三セクターと呼ばれる法人を経営できます。第三セクターが破綻すると，自治体に巨額の経済的な負担が発生します。その結果，自治体も経済的に破綻する場合があります。北海道の夕張市など経済破綻した自治体の市民は，生活に深刻な影響を受けています。自治体は，破産できませんが，**財政再生団体**と呼ばれ，裁判所ではなく国の監督の下で自治体が主体的に財政再建を図ることになります。

CHECK

　空欄を補充して，破産能力に関する文章を完成させなさい。
　「破産能力は，民事訴訟法の当事者能力をもつ者に認められる。（　①　）（民3条）と（　②　）（民34条）は，権利能力をもつから当事者能力をもつ（民訴28条）。さらに，民事訴訟法29条は，法人でない社団・財団にも当事者能力を認めている。つまり，破産能力をもつのは，（　①　），（　②　），法人でない社団・財団である。破産法は，当事者能力のない相続財産（破222条）と信託財産（破244条の2）にも破産能力を付与している。ただし，国と（　③　）は，解散が予定されない本源的統治団体であるから当事者能力はあるが破産能力はない。」

2　破産能力　● 59

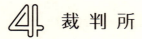
3 破産申立て

▶申立てなければ，破産なし

　裁判所に何かを申請することを，法律の世界では申立てといいます。破産手続開始の申立て（以下，**破産申立て**といいます）を受けると，裁判所は，審査の上，破産手続開始の決定をします。債権者または債務者は，破産申立てをすることができます。債権者は，債権回収のために破産申立てをします。債務者は，免責取得のために破産申立てをします。債務者が自分で破産申立てをすることを**自己破産**または自己破産申立てといいます。

　再生手続や更生手続が途中で廃止された場合，裁判所が職権で破産手続を開始することができます。これを**牽連破産**といいます。

Column ❾　「自己破産にもお金がかかる？　しかも前払？」（予納金）

　自己破産申立ての際にも，裁判所に予納金を支払う必要があります。「借金で困っているのに，破産が有料で前払とは！」と驚くかもしれません。予納金の額は，同時廃止事件と，管財事件とで大きく異なります。⇒154頁同時廃止事件は，債務者に財産がなく破産管財人がつかない事件をいい，予納金は，官報広告費など1万7千円程度です。これに対して，管財事件は，不動産などの財産がある場合で，破産管財人が選任される事件をいい，管財人の費用・報酬がかかり，予納金は20万円以上です。管財事件は，事件の規模に応じて予納金がさらに高額になります。いずれにしても，予納金を支払わないと破産手続が開始されませんから，「自己破産は，タダではない」ということです。

　なお，予納金を国が立替払する制度（国庫仮支弁制度）も用意されています。しかし，適用基準が厳しいため，国庫仮支弁はあまり期待できないようです。

---

4 裁判所

▶破産裁判所はどこにあるか

　破産裁判所という特別の裁判所がどこかに建っているわけではありません。

破産裁判所とは，破産事件が係属する地方裁判所を意味します。

地方裁判所は各地にあります。破産事件をどの地方裁判所が管轄するかは，債務者が個人の場合は住所，法人等の場合は主要な営業所の所在地を基準として決まります。破産法は，2つの事情がある場合に管轄を拡大しています。ひとつは，複数の債務者が相互に密接な関係をもっている場合です（破5条3項〜7項）。もうひとつは，大規模な破産事件をスムーズに処理する態勢が整っているかという裁判所の事情です（破5条8項〜10項）。

CHECK

以下の破産事件の管轄が拡大されているのは，次のA（債務者相互の密接な関連性）・B（裁判所の事件処理態勢）のどちらの事情ですか。

① 福岡に住む主債務者（弟）が福岡地方裁判所に破産申立てをしたので，保証人（兄）は，神戸で暮らしていたが，福岡地方裁判所に破産申立てをした。

② 沖縄県那覇市に主要な営業所がある会社が，東京地方裁判所に破産申立てをした。なお，債権者は，1000名であった。

---

5 破 産 原 因 　　⬛▶支払不能になると破産します

裁判所は，破産申立てを審査して，破産原因があれば，破産手続開始の決定をします。破産原因は，破産手続を開始する要件です。破産原因には，支払不能と債務超過の2つがあります。それぞれ詳しくみておきましょう。

1 支 払 不 能

(1) 支払不能の判定基準

支払不能とは，お金のやりくりができない状態（キャッシュフロー不足）のことです。破産法は，支払不能を，「債務者が，支払能力を欠くために，その債務のうち弁済期にあるものにつき，一般的かつ継続的に弁済することができない状態」としています（破2条11項）。借田金夫さんの事例で考えてみましょう。

POINT

借田さんは，住宅を購入し，毎月 30 日にローン代金 10 万円をほのぼの銀行に支払う約束をしました。借田さんは，勤務先から 1 月 20 日，給料 30 万円を受け取る予定でした。

ところが，勤務先から 1 月の給料の支払が 2 月 20 日になると連絡がありました。そこで，借田さんは，ローン支払のあてにしていた収入の受取りが遅れているので，ローン支払日を 1 か月先に延期してくださいとほのぼの銀行担当者の取田さんにお願いしましたが，なかなか延期に応じてくれません。

借田さんと勤務先との間の当初の約束（契約）が守られていた場合，借田さんは，支払期日（**弁済期**）よりも前に現金を手にしますので，支払不能になりません。現金の入手が遅れる場合，預金などがなければ，借田さんの資金繰りが困難になります。

そのような不測の事態が発生しても弁済期までに何らかの方法で現金を調達できれば，借田さんは，支払不能を回避できます。現金の調達方法は，株など資産の売却のほか，アルバイトをして稼ぐことや借金による調達でもかまいません。金融機関から借金して現金を調達することができる状態にある場合，借田さんにはまだ「信用がある」といいます。

以上のように，支払能力は，収入・資産・信用を考慮して判断されます。支払不能について重要な問題は，弁済期の到来の要否です。弁済期は到来していないが，多額の借金があるため弁済期が到来しても弁済できないことが確実な状態は，支払不能にあたるかという問題です。

(2) 支払停止

支払不能は，破産原因のひとつですが，債権者が債務者の収入や資産を把握して支払不能を証明することは実際上困難です。そこで，債務者の支払停止を証明すると，支払不能が推定されることになっています。

支払停止とは，債務者が，弁済期にある債務を一般的かつ継続的に弁済することができないことを外部に表示する行為をいいます。支払停止の具体例は，個人債務者から債務整理や破産申立ての委任を受けた弁護士が債権者一般に対して，債務整理等を受任した旨を通知することです。このほか，支払停止を告

げる紙を店頭に貼ること，手形の不渡りなどの行為も支払停止に該当します。

2　債務超過

　債務超過とは，「債務者が，その債務につき，その財産をもって完済することができない状態」をいいます（破16条1項）。債務者の財産と債務を比較して，債務が大きければ債務超過です。債務に弁済期未到来の債務も含まれる点が支払不能と大きく異なります。たとえば，1億円の融資を受けて1億円の本社ビルを購入した後，そのビルが3000万円に値下がりすると，1億円の弁済期限が到来していなくても債務超過となります。法人の破産原因は，支払不能と債務超過の2つです。

CHECK

空欄を補充して，以下の表を完成させなさい。

債務者の種類	破産原因	破産法
個人	（　①　）	15条1項
法人でない社団・財団	支払不能	15条1項
（　②　）	支払不能または債務超過	16条
相続財産	債務超過	223条
信託財産	支払不能または債務超過	244条の3

倒産手続の優先順位　　　▶破産はもっとも下です

　裁判所は，破産原因があれば破産手続を開始します。ただし，その債務者にすでに民事再生手続または会社更生手続が開始している場合，破産原因があっても破産手続は開始しません。債務者に複数の倒産手続が同時に適用されると混乱するからです。法律の規定から読みとれる倒産手続の優先順位は，①会社更生，②民事再生，③破産の順です。倒産手続が競合した場合，破産は最劣後です。

CHAPTER

第**2**章

破産管財人と破産財団

　破産した債務者の財産は，一体，誰が管理するのでしょうか。破産すると，その人は，本当に全財産を失うのでしょうか。

　破産した債務者の財産は，破産財団と自由財産に分かれます。

　財団というと，財団法人が思い浮かぶかもしれませんが，破産財団は，財団法人ではありません。ここでの財団とは，一定の目的をもった財産の集まりという意味です。破産財団は，債権者に対して配当するという目的をもった財産の集まりを意味します。破産財団は，破産管財人が管理します。

　自由財産は，破産手続開始後の債務者やその家族の生活維持と経済的再出発のために使うことができる財産です。差押禁止財産などが自由財産になります。自由財産は，破産者がそのまま管理します。

　では，他人の財産を預かった人が破産した場合，その財産を返還してもらうことができるでしょうか。

　他人の財産を預かっている債務者が破産した場合，破産管財人がその財産をいったんは破産財団として管理することになります。その場合，財産を預けていた人は破産管財人に対して，その財産が自分の財産であると主張して引渡請求することができます。これを取戻権といいます。

　本章では，破産管財人，破産財団，自由財産，および取戻権について考えます。

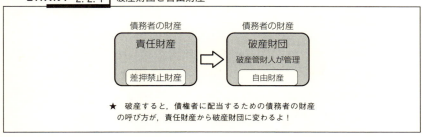

1 破産管財人　　　ⅠⅠ▶ 破産手続の中心人物！

> **SCENE 2-2** 破産した人の財産は，誰が管理する？
> 公平先生：破産財団は，誰が管理するでしょうか？
> 正義くん：裁判所かな？　裁判所に申立てをするのだから。それとも，債権者かな？
> 公平先生：答えは，破産管財人です。
> 法子さん：破産管財人は，裁判所の人だから，裁判所でも同じじゃないの？
> 公平先生：破産管財人は，裁判所が選任しますが，裁判所職員ではありません。

1 破産管財人の選任

破産管財人とは，破産手続において破産財団に属する財産の管理処分権を有する者をいいます。破産管財人は，管理処分権に基づいて財産を占有し，売却することができます。裁判所は，破産手続開始の決定と同時に，破産管財人を選任します。多くの場合，弁護士１名が破産管財人に選任されます。なお，破産手続開始時に破産財団になるべき財産が存在しない場合，破産管財人が選任されず，同時廃止となります（⇨第 **8** 章 ③**2**）。　⇒154頁

2 破産管財人の職務

破産手続が開始すると債務者の財産の大部分が破産財団となります。破産財団の管理処分権は、破産管財人に専属します。破産管財人の主な職務は、破産財団を換価することです。換価とは、財産を現金に換えることをいいます。破産財団には、不動産・動産・債権など、さまざまな財産が含まれますが、最終的に現金で債権者に配当します。そこで、破産財団に属する財産をすべて換価する必要があります。

破産管財人が破産財団の管理処分をするときは、破産者がもっていた権利を行使する立場に立ちます。なお、破産管財人は、破産者の立場だけでなく、差押債権者の立場に立って職務を遂行することがあります（⇨3(2)）。 ⇒73頁

破産管財人は、職務を遂行するにあたり、裁判所の監督に服します。たとえば、不動産等の高価な財産を売却するときは、裁判所の許可を得る必要があります。これは、破産管財人が不当に安い値段で財産を処分しようとしていないかなど不正行為を事前にチェックするための仕組みです。

3 破産管財人の義務

破産管財人は、**善管注意義務**（善良な管理者の注意をもって職務を行う義務をいいます）を負います。たとえば、破産管財人が売掛債権を回収すべきところ、うっかり消滅時効が成立して債権回収ができなくなって破産財団を減少させた場合は、善管注意義務違反になります。破産管財人が善管注意義務に違反すると、損害賠償義務を負います。

4 破産手続開始後の破産者の法律行為

破産者（⇨第1編第2章1(4)）は、破産財団に属する財産の管理処分権を失います。管理処分権を失った破産者がした**法律行為**[1]は、どのような効力を ⇒22頁

notes

[1] 法律行為は、思ったとおりの法的効果をもたらす行為の総称で、その典型例は、契約です。ここでは、

もつでしょうか。①破産手続開始後の破産者の法律行為，②破産手続開始後の登記・登録，③破産手続開始後の破産者への弁済という3つの場面をみていきましょう。

(1) 破産手続開始後の破産者の法律行為

破産手続開始後の破産者の法律行為は，破産手続との関係では，無効です。たとえば，破産者が破産手続開始後に破産財団に属する財産を売却する契約をしても，その買主は，破産管財人に対して所有権を主張できず，破産管財人にその財産を引き渡せと請求することができません。

(2) 破産手続開始後の登記・登録

破産手続開始後の登記・登録は，破産手続との関係では，原則として無効です。たとえば，破産手続開始前に不動産を売却して，その売買を原因として破産手続開始後に登記が移転された場合，その登記は，破産管財人に対して主張することができません。これは，登記・登録の制度がある財産について，真の所有者が正しく登記しない場合，正しく登記しなかった所有者が油断していたと扱われ，第三者に自分が真の所有者であることを主張できなくてもやむを得ないという民法のルール（対抗要件）があるからです。このルールによると，差押え前に債務者が財産を譲渡したが登記は移転していなかった場合，債権者が債務者名義の登記を信じてその不動産を差し押さえたときは，差押え後に登記を移転しても真の所有者は，所有権を主張できません。破産管財人は，この差押債権者と同じ第三者の地位に立つのです（⇒74頁 ⇒③(2)）。ただし，例外として，破産手続開始の事実を知らずに登記した場合，その登記は有効なものと扱われます。

(3) 破産手続開始後の破産者への弁済

破産者に債務を負担している人が，破産手続開始後に破産者に弁済した場合，その弁済は，破産手続との関係で，無効です。ただし，破産者が現金を受領し

---

notes

さしあたり契約をイメージしてください。

1 破産管財人 ● 67

た後，その現金を破産管財人に渡していた場合は，その限りで有効となります。

たとえば，家主が4月に破産したことを知っていたにもかかわらず，家主に5月分の家賃5万円支払った場合，賃借人は，後日，破産管財人から5月分の家賃を請求された場合，すでに家賃を支払ったと主張できず，破産管財人に改めて家賃5万円を支払わなければなりません。

破産の事実を知らずに破産者に弁済した場合は，有効となります（善意者の保護）。

 破産財団　　Ⅲ▶ 破産手続開始時に固定します

1　破産財団の意義

破産財団とは，破産者の財産であって，破産手続において破産管財人だけが管理処分権をもつものをいいます。破産法で使われている破産財団という言葉には，法定財団，現有財団，配当財団という3つの意味があります。**法定財団**とは，法が予定している破産財団をいいます。**現有財団**とは，実際に破産管財人が管理している財産をいいます。法定財団が破産財団の理想であり，現有財団は，破産財団の現実の姿です。**配当財団**とは，配当にあてる財産をいいます。

これらの言葉を使って破産管財人の職務を表現すると，「破産管財人の職務は，現有財団をできる限り法定財団に近づけて，配当財団を形成することである」ということができます。

2　破産財団の範囲

SCENE 2-3　破産したら，何を食べて暮らせばいいの？

正義くん：破産したら全財産没収されて，食べていけないから，破産したくないです。

公平先生：それは誤解です。3か月分の生活費など最低限の財産は，残してもらえます。

法子さん：でも，免責もらうまで給料が入ってこないなら，生活は，とても

苦しいはずよ。

公平先生：それも誤解です。破産の翌日以降に働いて得た給料は，全額が自由財産になって生活に使えます。破産財団は，破産した時の財産に固定されます。これを「固定主義」といいます。

正義くん：倒産法の試験範囲も今日で固定してください。固定主義です！

(1) 固定主義

　破産者が破産手続開始時において有する一切の財産（日本国内にあるかどうかを問いません）は，破産財団となります（破34条1項）。このように破産財団の範囲を破産手続開始時に固定することを**固定主義**といいます。なお，破産手続開始前の原因に基づく将来の請求権は，破産財団に含まれます。たとえば，賃借人が破産した場合，将来の敷金返還請求権は破産財団に含まれます。

　破産手続開始後の原因に基づく財産（**新得財産**といいます）は，自由財産となります。固定主義は，破産者が破産した後すぐに働いて得た収入を破産財団に含めず，すべて破産者の自由財産とする点で，破産者に勤労意欲が出るようにする制度です。固定主義の反対は，**膨張主義**といいます。膨張主義は，新得財産を破産財団に取り込む制度です。日本では，大正時代の破産法からずっと固定主義が採用されています。

　先ほど破産者が破産手続開始時において有する一切の財産が破産財団となると述べましたが，これには例外があります。99万円以下の現金は，破産財団に含まれません。現金以外の財産は，債権者が差し押さえることができる財産だけが破産財団に含まれます。逆に言うと，債権者が差し押さえることができない財産（以下，差押禁止財産といいます）は，自由財産となります。

3　自由財産

(1) 自由財産の趣旨

　破産者の財産のうち，破産財団とならないものは，自由財産となります。**自由財産**は，破産財団に含まれない破産者の財産をいいます。破産財団は破産管財人が管理処分しますが，自由財産は，破産者が破産前と同じく自ら管理処分

２　破産財団 ● 69

します。もしも，明日の生活費すら破産財団に含まれるとするならば，破産者
は，たちまち生活に困窮します。そこで，破産者およびその家族の生活保障と
経済的再出発のために，自由財産が認められています。

自由財産には，①新得財産，②99万円の金銭と差押禁止財産，③破産財団
から放棄された財産，④自由財産の範囲拡張の裁判によって拡張された財産の
4つの種類があります。破産手続開始時に破産財団に属する財産であったが，
手続開始後に自由財産となるケースが③と④の2つです。それぞれ，詳しくみ
ていきましょう。

⑵ 新得財産

新得財産とは，破産手続開始後の原因に基づく財産です。重要な点は，破産
手続開始前の原因に基づく将来の請求権は，破産財団に含まれるということで
す。たとえば，破産手続開始後に働いて得た給料は，自由財産ですが，破産手
続開始前に働いて，破産手続開始後に支払われた給料は，破産財団に含まれま
す（ただし，後述のように差押禁止部分は除外されます）。

⑶ 99万円の金銭と差押禁止財産

破産法は，99万円までの金銭を自由財産としています。民事執行法は，2か
月分の生活費として66万円を差押禁止と定めていますが，破産法は，1か月
分を上乗せして，99万円の金銭を自由財産としています（破34条3項1号）。

金銭以外は，差押禁止財産が自由財産となります（同項2号）。差押禁止財産
としては，民事執行法が定める差押禁止債権や差押禁止動産があります。差押
禁止債権の具体例は，労働債権です。給料等の債権は，4分の1が差押可能で，
4分の3が差押禁止となります。ただし，給料等の債権の4分の3の金額（差
押禁止部分）の上限額は，33万円（1か月分の生活費）です。33万円を超える部
分は，差押えが可能です。退職手当（退職一時金）は，上限の設定がなく，4分
の3が自由財産となります。

⑷ 破産財団から放棄された財産

破産財団は，債権者に配当するためにあります。そうすると，財産的価値が

70 ● CHAPTER 2 破産管財人と破産財団

ない財産は，管理費や固定資産税などの税金がかかって破産財団の負担になるだけです。そこで，破産管財人は，無価値な財産を破産財団から放棄することができます。**破産財団から放棄された財産**は，自由財産となります。つまり，債務者が財産の管理処分権を回復します。具体例は，ローン残高が不動産の価値を超えている状況の担保目的不動産（オーバーローン不動産）です。放棄された後にその不動産に生じる固定資産税は債務者の負担となります。

(5) 自由財産の範囲拡張の裁判

　裁判所は，破産者の生活状況，所持する財産の種類・額，収入の見込みその他の事情を考慮して，自由財産の範囲を拡張することができます（破34条4項）。**自由財産の範囲拡張の裁判**は，破産者が申し立てることもできますが，破産開始決定確定後1か月間という期間制限があります。

　たとえば，**預金**は，現金ではないので形式上，全額が破産財団に含まれます。そうすると，給料が銀行に振り込まれた後，預金を引き出す前に破産した人と，預金を引き出した後で破産した人とで99万円のアンバランスが生じます。そこで，自由財産の範囲拡張の裁判によって，合計で99万円までは，預金，敷金，退職金，保険解約返戻金などを自由財産として拡張してもらうことができます。

　このような財産の種類による不公平の是正の役割とは別に，破産者個人が通勤手段，病気の治療，扶養家族の状況など特別の事情を抱えている場合も，自由財産の範囲拡張の裁判によって，自由財産が拡張されます。

　たとえば，通院にどうしても必要不可欠という事情があれば，自動車が自由財産になるでしょう。特別の事情を個別に考慮する場合，99万円という枠にとらわれず，自由財産とすべきかどうかがケース・バイ・ケースで判断されるべきです。

CHECK

　空欄を補充して，破産財団の範囲に関する文章を完成させなさい。

　「破産者が破産手続開始時に有する一切の財産は，国内にあるかどうかを問わず，破産財団とされる。このように破産財団の範囲を破産手続開始時に限定することを

（　①　）という。破産手続開始前に生じた原因に基づく将来の請求権も、破産財団に含まれる。しかし、破産手続開始後の原因に基づいて得た新得財産、（　②　）円の金銭と差押禁止財産、破産手続開始後に破産管財人が破産財団から（　③　）した財産、および（　④　）によって拡張された財産は、すべて自由財産となる。」

EXERCISE ●演習問題

株式会社が破産した場合、会社に自由財産が認められますか。新得財産、差押禁止財産、破産財団から放棄された財産について、検討してみましょう。

参考文献：山本和彦『倒産処理法入門〔第 5 版〕』（2018 年）81 頁。

3　取戻権

▶ アルバイト代が消えた！

SCENE 2-4　アルバイト代で買った自動車を取り戻せる？

正義くん：親が破産して、せっかく夏休みのアルバイト代で買った自動車を破産管財人に持っていかれました。

公平先生：登録名義が自分名義だったら取り戻せるかもしれません。親名義だと難しいですね。

正義くん：僕の自動車なのに、親の名義だったら取り戻すことができないの？

(1) 取戻権

取戻権とは、破産者の財産ではない財産を、破産財団（現有財団）から取り戻す権利をいいます（破 62 条）。破産財団は、破産者の財産のみから構成されるべきですが、他人の財産が混ざることがあります。しかし、破産者が占有していた他人の財産は、本来、破産財団に含まれるべきではありません。そこで、その財産の所有者は、破産管財人が占有する財産を自分の財産であると主張して取り戻すことができます。

⑵　登記・登録制度のある財産

　ところが，登録名義を破産者名義にしていた場合，真の所有者は，取戻権を行使することができません。たとえば，自動車の登録名義人が破産した場合，その自動車の真の所有者は，破産管財人から自動車を取り戻せません。真の所有者が登録名義を備えない場合，正しく登録しなかった所有者が油断していたと扱われ，所有権を主張できなくてもやむを得ないという民法のルール（対抗要件）があるからです（⇨1️⃣4⑵）。この場面では，破産管財人は，差押債権者と同じ第三者の立場に立ちます。

Column❿　離婚と財産分与（別れた夫を信用していたなんて！）

　離婚する際，財産分与をすることがあります。仮に，夫名義で2000万円の不動産をもつ夫婦が，「夫は妻に金1000万円を支払う」という財産分与をして離婚したとしましょう。

　元夫が1000万円を支払わずに破産した場合，元妻の財産分与請求権は，取戻権ではなく，破産債権となります。元夫の破産事件の配当率を仮に1％とすると，10万円の配当を受け取ることしかできません。

　もしも元夫と元妻の共有名義とする財産分与をしておけば，元夫が破産しても共有持分が取戻権の対象となったはずです。不動産に抵当権設定登記をして担保権を取得しておけば別除権（⇨第5章1️⃣⑴）の対象となったはずです。

　お金だけ払ってもらってさっさと離れたい気持ちになるかもしれませんが，破産法を学ぶと，離婚のときこそ冷静な判断が求められることがわかります。

CHAPTER

第3章

破産債権

　旅行会社にツアーの申込みをして代金を振り込むと，航空券や宿泊券を渡せと請求することができます。申込者には旅行サービス請求権（債権）があるからです。この場合，旅行会社が債務者，申込者が債権者となります。

　では，申込者が航空券・宿泊券などを受け取る前に旅行会社（債務者）が破産してしまった場合，申込者（債権者）の権利は，どのように扱われるのでしょうか。

　債務者が破産すると，債権者のもつ債権のほとんどは破産債権と呼ばれます。破産債権は，破産法が定める手続に従って配当を受け取ることができる権利です。配当は，債権者に対して平等に分けられます（債権者平等の原則）。

　もっとも，破産手続を進めるには破産管財人の報酬などの費用がかかります。そこで，配当より先に費用にあてる資金を確保する必要があります。費用がかかり過ぎると配当資金がなくなるので，費用の範囲は，とても重要です。

　本章では，破産債権の特徴と費用の範囲を解説した後，破産債権の優先順位について考えていきます。

1 破 産 債 権

⇩▶ 発生原因が破産手続開始前にあれば破産債権です

SCENE 2-5　卒業旅行に行けなくなった？

法子さん：ネットでハワイ往復2万円の激安ツアーをみつけて，友人と申し込みました。

公平先生：卒業旅行にハワイですか？　楽しそうですね。

法子さん：旅行会社が破産したら，航空券を渡せという権利が破産債権になりますよね。

公平先生：ええ，そうです。旅行サービスを受ける権利が破産債権として扱われます。金額は，旅行代金相当額になるでしょう。

法子さん：実は，明日の出発なのにまだ航空券チケットが届かないんです。代金を振り込んだ後，急に電話が繋がらなくなって，とても不安です。

公平先生：それは，大変ですね。ちゃんと届くといいですが。

1　破産債権とは何か？

(1)　破産債権とは何か

　破産債権を有する者を**破産債権者**といいます（破2条6項）。破産債権者は，強制執行を禁止されますが，その代わりに，破産手続において平等に配当を受けることになります。実際に破産債権者が配当を受けるには，債権の届出・調査・確定という所定の手続が必要ですが，これは **3** で説明します。
_{⇒79頁}

　どのような債権が破産債権となるのでしょうか。**破産債権**とは，破産者に対して破産手続開始前の原因に基づいて生じた財産上の請求権で，財団債権（⇨②）でないものをいいます（破2条5項）。借金した人が破産すると，貸した
_{⇒81頁}
金銭を返せという権利が破産債権になります。弁済期が未到来でも，破産手続開始時に弁済期が到来したとみなされます（**現在化**といいます）。また，旅行サ

ービスを受ける権利のように金銭以外の請求権は，金銭評価されて破産債権になります（金銭化といいます）。

(2) 破産手続開始前の原因

破産手続開始後に債権が発生する場合であっても，債権の発生原因が破産手続開始前に存在していれば，破産債権です。未発生の権利としては，たとえば，停止条件付債権や将来の請求権があります。**停止条件付債権**の具体例としては，家の明渡しを条件とする敷金返還請求権があります（⇨第 **4** 章 ②**2**(2)）。^{⇒94頁}**将来の請求権**の具体例としては，保証人の主債務者に対する将来の求償権があります（⇨**2**(3)）。^{⇒78頁}

(3) 債権者平等の原則

破産債権者を平等に扱うことを**債権者平等の原則**といいます。債権者平等の原則に基づいて，破産債権は，債権額に比例して平等に配当されます。たとえば，破産債権者が 3 人いて，それぞれ 500 万円，300 万円，100 万円の破産債権をもっているとしましょう。仮に破産財団には配当資金 90 万円があるとしますと，この 3 人の破産債権者に対してどのように配当することになるのでしょうか。

まず配当率を決めます。破産財団の価額÷破産債権総額×100＝配当率（％）となるので，破産財団の価額 90 万÷破産債権総額 900 万×100＝10 となり，配当率は 10％ です。これに基づいて，500 万円の債権者に 50 万円を，300 万の債権者に 30 万円を，100 万円の債権者に 10 万円をそれぞれ配当します。このように債権額に応じて按分して配当することを**プロラタ**といいます。なお，破産債権はその種類ごとに優先順位が定められているため，債権者平等の原則は，同順位の債権を平等に扱うという意味にとどまります（債権の順位について，⇨**3**）。^{⇒83頁}

2　手続開始時現存額主義 ─────────────────●

債権者は，債権回収を確実にするために，保証人を付ける場合があります。

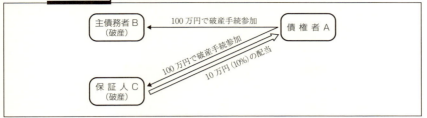

主債務者と保証人がいる場合，主債務者と保証人がどちらも破産すると，債権者は，それぞれの破産手続において，どのように破産債権を行使することができるでしょうか。

(1) 手続開始時現存額主義

主債務者・保証人がそれぞれ破産した場合，破産債権者は，それぞれの破産事件において破産手続開始時の破産債権額をもってそれぞれの破産手続に参加することができます（破104条1項）。これを**手続開始時現存額主義**といいます（破104条1項）。

債権者Aが主債務者Bに100万円の貸金債権をもっていて，Cをその保証人としていたところ，BとCがどちらも破産した場合を考えてみます。この場合，債権者Aは，Bの破産手続において100万円の破産債権を行使できますが，Cの破産手続においても100万円の破産債権を行使することができます。

ポイントは，一方の破産手続において配当を受け取っても，他方の破産手続においては，破産手続開始時の破産債権額を減額する必要がないという点にあります。CHART 2.3.1の例ですと，債権者Aは，Bの破産手続開始後にCの破産手続において10万円（10%）の配当を受け取っても，Bの破産手続において100万円の破産債権を90万円に減額されることはないということです。

(2) 主債務者の破産と保証人の一部弁済

主債務者が破産したが，保証人は破産していないという場合にも，手続開始時現存額主義が妥当します。

たとえば，債権者Aが主債務者Bの破産手続開始後に保証人Cから10万円の弁済を受けた場合，Bの破産手続においてAは，100万円の破産債権を行

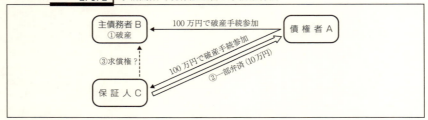

使することができ，90万円に減額する必要はありません。Bの破産手続の配当率が10%だとしますと，Aは，Cからの弁済10万円，Bの配当10万円の合計20万円を受領することができます。

このように保証人よりも債権者になるべく多くの配当を得させようとしている点で，手続開始時現存額主義は，債権回収が困難になる場合に備えてリスクを分散させていた債権者を保護するものといえます。

(3) 保証人の求償権

主債務者Bの破産手続開始後に保証人Cが債権者Aに100万円のうち10万円を弁済した場合（⇨CHART 2.3.2），Cは，主債務者Bの破産手続において10万円の求償権をもちます。では，このCの求償権は，破産債権として行使することができるでしょうか。

AがBの破産手続に100万円全額で破産債権を行使している場合，Cは，求償権を行使することができません。Cが求償権を行使するには，まずAに対して100万円全額を弁済する必要があります。Cの求償権行使を認めてしまうと，AとCとで合計して110万円の破産債権となって10万円の破産債権が二重に行使されていることになり，他の破産債権者との関係で不公平になるからです。

以上は，主債務者と保証人の例ですが，複数の連帯債務者[1]のケースや主債務者と物上保証人[2]のケースでも，同様に手続開始時現存額主義が妥当します。

notes
[1] 連帯債務は，数人の債務者が同一の債務をそれぞれ独立して負担し，一人が債務を弁済すれば全員の債務が消滅する債務をいいます。
[2] 物上保証人は，主債務者のために自分の財産を担保に提供した人をいいます。

EXERCISE ●演習問題

　債権者Ａが，Ｂに対して，20万円の債権と80万円の債権の2口の債権をもつ場合，Ｂの破産手続開始後に債権者Ａは，保証人Ｃから20万円を受領し，その20万円を20万円の債権の弁済に充当しました。この場合，保証人Ｃは，20万円の求償権を行使することができるか，検討してみましょう（最判平成22・3・16民集64巻2号523頁・百選45事件）。

3　破産債権の届出・調査・確定

　破産債権者が配当を受け取るには，その破産債権を確定させる必要があります。ここでは，破産債権の確定のための手続の流れをみていきましょう。

(1)　破産債権の届出

　破産債権者は，債権届出期間内に，所定の事項を裁判所に届け出なければ破産手続に参加できません（破111条1項）。届出のあった破産債権を**届出破産債権**，その届出破産債権をもつ債権者を**届出破産債権者**といいます。

　主な届出事項は，破産債権の金額，原因および順位（優先的破産債権，劣後的破産債権または約定劣後破産債権の別）です。破産債権者の届出に基づいて**破産債権者表**が作成されます。なお，破産債権の届出には，消滅時効の完成を猶予する効果があります（民147条1項4号）。

(2)　破産債権の調査

　破産債権の調査には，期間方式と期日方式の2つがあります。期間方式とは，破産管財人が**認否書**を作成する方式をいいます（破117条1項）。認否書は，届出破産債権について，破産管財人が破産債権者表に記載された額・順位などを所定の調査期間内にチェックし，破産債権者表に認否（認めるまたは認めない）を記載した書面のことをいいます。届出破産債権者は，認否書に記載された他の届出破産債権の内容を確認して，異議があれば書面で異議を述べることができます。

1　破産債権　● 79

期日方式とは，調査期日という特定の日時に裁判官の面前で破産管財人が口頭で届出破産債権について認否を陳述する方式をいいます（破121条1項）。届出破産債権者は調査期日において他の届出破産債権について異議を述べることができます。

(3) 破産債権の確定

　破産債権の調査（調査期間または調査期日）において破産管財人が認め，他の届出破産債権者からも異議がない場合は，その破産債権は確定します（破124条1項）。

　破産債権の額等について破産管財人が認めない，または他の届出破産債権者から異議がある場合は，その異議等のある破産債権を有する破産債権者は，破産債権の額等の確定のために，破産管財人および異議を述べた届出破産債権者（以下，異議者等といいます）の全員を相手方として，裁判所に**破産債権査定申立て**をすることができます（破125条1項）。裁判所は，破産債権査定決定をしますが，査定決定に不服がある場合は，破産債権査定異議の訴えを提起することができます。こうして査定申立てと異議の訴えという2段階で債権確定がされます。

Column⓫　査定決定と異議の訴えという2段階システムのねらい

　判決で決着がつく通常の民事訴訟手続を判決手続といいます。これに対して，決定で決着がつく手続を決定手続といいます。決定手続は，口頭弁論という厳格な手続を省略することができるため，判決手続よりも迅速に手続が進むという利点があります。

　届出破産債権について争いがある場合，すべて判決手続で争うとすると，債権確定に時間がかかります。そこで，第1段階として，査定申立て（決定手続）によって，裁判所に債権額を決定してもらいます。第2段階として査定決定に対する異議の訴え（判決手続）があります。この異議の訴えは，当事者が査定決定では納得できないという場合に，通常の民事訴訟と同じ判決手続によって争う権利（裁判を受ける権利）を保障する役割を果たします。2段階システムのねらいは，第1段階の査定決定で定められた債権額で当事者に納得してもらって迅速に債権を確定させる点にあります。

---

80 ● CHAPTER 3　破産債権

以上の手続を経て破産債権が確定すると，破産債権者は，配当を受け取ることができます。なお，確定した破産債権の内容は，破産債権者の全員に対して確定判決と同一の効力をもちます。

 財団債権

▶ 賃金を確保してもらわないと，働きません

SCENE 2-6　勤務先の破産と給料の未払
正義くん：先月から給料が払われないといって，親が非常に困っていたのですが，先日，親の勤務先が破産しました。未払の給料は，弁済してもらえるのでしょうか？
公平先生：未払の給料が1か月分であれば，たぶん大丈夫です。破産管財人が優先的に支払ってくれる財団債権になります。
正義くん：破産手続開始前の給料債権は，破産債権になると思ってました。
公平先生：破産法は，労働債権を一定の範囲で財団債権として保護しています。
正義くん：何か月分まで保護されますか？　退職金は大丈夫ですか？

1　財団債権とは何か

　破産法は，破産管財人が破産債権に優先して随時支払うことができる債権として**財団債権**[3]というものを定めています。財団債権には，本質的財団債権と政策的財団債権があります。本質的財団債権とは，破産手続を進めるために必要不可欠な費用をいいます。これを優先して支払わないと，破産手続が進まないからです。
　政策的財団債権とは，手続費用ではなく，本当は破産債権となるべきものが

―――――――――――――――――――――――――――――――― notes
[3]　財団債権という名称は，破産だけで用いられる名称で，民事再生や会社更生では，共益債権と呼ばれます。

政策的理由によって財団債権とされているものをいいます。たとえば，租税債権および労働債権は，一定の範囲で，財団債権に格上げされています。主な財団債権としては，①破産管財人の報酬など，②租税債権：納期限が未到来または納期限から1年以内のもの（破148条1項3号），③労働債権：手続開始前の3か月分の給料およびその額に相当する退職金（破149条）があります。

財団債権は，ほかにもありますが，それらは関連する章で説明します。

2　財団債権の行使方法 ————————————●

財団債権は，破産債権の配当よりも優先して随時弁済を受けられます（破2条7項，151条）。つまり，財団債権は，順位で破産債権に優先するだけでなく，配当日まで待たずに支払を受けることができます。

(1)　破産財団の不足と財団債権の平等

破産手続開始後に破産財団が極めて少なくて，財団債権さえも全額支払うことができないことが判明するときがあります。この場合は，破産財団の不足が判明した時点での財団債権に対して平等に弁済しますが，所定の担保権をもつ財団債権者は担保権を行使できます（破152条1項）。

(2)　財団債権の平等の例外

破産財団が不足する場合に財団債権をすべて平等に扱うことにしますと，報酬を受け取れないリスクが生じるため，破産管財人を引き受けようとする人がいなくなり，破産手続が進められない状況に陥ります。そこで，例外として，破産管財人の報酬は，他の財団債権よりも優先して弁済することになっています（破152条2項）。こうして破産管財人の報酬を他の財団債権よりも優先させることで，破産財団が少ない場合でも破産手続が破産管財人によって進められるように工夫しているのです。

82 ● CHAPTER 3　破産債権

> **Column⓬ 未払賃金の立替払制度と財団債権の代位弁済**
>
> 　労働債権については，独立行政法人労働者健康安全機構が未払賃金の立替払をする制度があります。このように労働債権が第三者によって弁済された場合，弁済による代位によって代位弁済者が破産財団に対して行使する権利が財団債権とされるか，それとも破産債権とされるかが問題となります。
>
> 　もともと財団債権であった労働債権がたまたま代位弁済されたことによって，財団債権ではなくなって，破産債権者の配当が増える結果になるとするのは，おかしいと考えれば，財団債権としての優先性が保持されるべきであるといえます。
>
> 　判例も，財団債権の弁済による代位の場合，財団債権としての優先性が保持されるとしています（最判平成23・11・22民集65巻8号3165頁・百選48①事件）。

3 債権の優先順位　　　▶公平に分けるとは？

> **SCENE 2-7　英会話教室が破産した？**
>
> 法子さん：英会話教室の入門講座を申し込みました。授業料を一括で前払すると，100万円の受講料が30万円割引になる「超とくとくコース」があったので，それにしました。でも，先月から急に予約が取れなくなって困っています。まだ授業が半分も残っているのに。
>
> 公平先生：それは，残念ですね。英会話教室が破産すると，授業を受ける権利が破産債権になります。受講料相当額70万円の未受講分はその半分で破産債権は約35万円ですね。
>
> 法子さん：外国人講師の先生もみんな給料が払われていないって怒っていました。
>
> 公平先生：その状況だと，受講料は税金や給料より順位が下になるから，あなたへの配当は，とても少なくなるかもしれません。残念ですが。
>
> 法子さん：えっ，破産債権はみんな平等じゃないのですか！　不公平だなあ〜。

1 債権者平等の原則

債権者平等の原則は，あらゆる債権を完全に平等に扱うことを意味するのではありません。債権の順位に応じて平等に扱うという意味です。破産法は破産債権を4つの順位に分けています（⇨**CHART** 2.3.3）。ここでは，どのような債権がどの順位になるかをみていきましょう。

2 優先的破産債権

(1) 優先的破産債権の種類

優先的破産債権とは，一般の先取特権その他一般の優先権がある破産債権をいいます（破98条1項）。優先的破産債権は他の破産債権に優先します。一般の先取特権付債権には，給料債権，退職金債権など雇用関係によって生じた労働債権が含まれます。租税債権は，一般の優先権がある債権に該当し，優先的破産債権となります。

もっとも，財団債権について説明したとおり（⇨**21**）^{⇒81頁}，納期限が未到来または納期限から1年以内の租税債権と，破産手続開始前の3か月分の給料債権およびその額に相当する退職金債権は，財団債権となるため，優先的破産債権にはなりません。

(2) 租税債権と労働債権の優劣

優先的破産債権相互の順位を確認しておくと，租税債権と労働債権とでは，租税債権が優先します。優先的破産債権相互の順位は，民法などのルールで決まります。破産法は，民法などのルールで決まっている順位を尊重しているだけです。

これに対して，財団債権は，優先権の有無に関係なく平等に扱われるため，財団債権となる租税債権と，財団債権となる労働債権は，破産財団が不足する場合，同順位で平等に弁済されます（⇨**CHART** 2.3.3）。

CHART 2.3.3 債権の優先順位

		破産管財人の報酬など	
財 団 債 権		租税債権（納期限未到来・納期限後1年以内）	手続開始前3か月分の給料債権とその額に相当する退職金債権
破産債権	優先的破産債権（順位あり）	納期限後1年を超えた租税債権	
		手続開始前3か月分以外の給料債権・退職金債権その他の労働債権	
	（一般の）破産債権	上記または下記に該当しない債権	
	劣後的破産債権	手続開始後の利息・損害金，罰金等	
	約定劣後破産債権	劣後化の合意をした債権	

3 劣後的破産債権

劣後的破産債権は，破産債権に劣後する債権です（破99条1項）。劣後的破産債権は，配当を受けることができない場合がほとんどです。破産手続開始後の利息・損害金などがこれにあたります。破産手続開始後の利息や損害金などの債権を破産債権に含めておくことで，個人破産の場合に免責の対象になるという意味があります（破産者のメリットになります）。

なお，罰金等の請求権も劣後的破産債権とされますが，その趣旨は，上記と異なります。罰金は，破産者本人に対する制裁ですから，破産管財人ではなく破産者本人が弁済することに意味があります。そこで，破産法は罰金等の請求権を，免責の対象から除外しつつ，劣後的破産債権としています。

4 約定劣後破産債権

(1) 劣後化の合意の有効性

約定劣後破産債権とは，劣後的破産債権に劣後する旨の合意がある債権をいいます（破99条2項）。ある債権者と債務者との間で他の債権者より自分の債権を優先させる合意は，他の債権者を害するので無効となりますが，他の債権者より劣後させる合意をしても他の債権者を害することはないので，有効な合意として扱われます。

3 債権の優先順位 ● 85

CHECK

空欄を補充して，債権の優先順位に関する文章を完成させなさい。

「一般の先取特権のある債権など一般の優先権のある債権は，（ ① ）となり，他の破産債権に優先する。たとえば，労働債権や租税債権がこれにあたる。また，手続開始後の利息や損害金，罰金などは（ ② ）となり，破産債権よりも劣後するが，（ ③ ）よりも優先する。（ ③ ）は，債権者と債務者との合意によって生じるものである。

破産管財人の報酬など手続の費用は，（ ④ ）となり，破産債権よりも優先して随時に弁済される。また，労働債権や租税債権は，（ ① ）となるが，政策的に，一定の範囲で（ ④ ）として保護されている。

CHAPTER

第 4 章

破産と契約関係

　契約には，片務契約と双務契約があります。片務契約の場合は，一方の当事者のみが債務を負担しますが，双務契約の場合は，双方の当事者が相互に対価的関係にある債務を負担します。

　たとえば，売買契約は，売主が商品引渡義務を負担し，買主が代金支払義務を負担する双務契約です。賃貸借契約や請負契約も双務契約です。

　これらの双務契約の当事者の一方が破産すると，契約をどのように扱うことが相手方当事者および他の破産債権者との関係で公平といえるでしょうか。

1 未履行双務契約の扱い

▶ 破産法 53 条が重要です

1 一方のみ未履行の双務契約

> **SCENE 2-8　バイク店の破産**
> 法子さん：昨日，バイク店「JM（ジュリアス・モータース）」の店頭に並んでいたバイクを買い，代金を全額現金で支払って，1 週間後の納車日にバイクを受け取る契約をしました。でも，今日のニュースで JM が破産したことを知りました。来週の納車日にちゃんとバイクを渡してもらえるか心配です。
> 公平先生：売主の破産時に代金を全額支払済みのケースでバイクを引き渡してもらうのは，難しいでしょう。代金もほぼ返金されないでしょう。かわいそうですが。
> 法子さん：代金ぐらい，きちんと返ってこないの？　私のバイト代を，私の夏休みを返して～！

双務契約の当事者の一方が破産した場面は，債務の履行の有無を基準として 3 つに分けられます。①破産者の債務のみが未履行の場合，②相手方の債務のみが未履行の場合，③破産者と相手方の双方の債務が未履行の場合です。③がもっとも重要ですが，まず，①と②の扱いを確認しておきます。

(1) 破産者の債務のみ未履行

破産者の債務が未履行の場合とは，要するに，相手方が破産者に対して債権をもつ場合です。この場合，相手方の債権は，破産債権（⇨第 3 章）となります。これを売主が破産した SCENE 2-8 にあてはめると，売主の破産時に買主が代金を全額支払済みで，売主がバイクをまだ引き渡していないケースでは，

買主のバイク引渡請求権が**破産債権**となります[1]。破産債権は，通常，わずかな配当しか受け取ることができません。

(2) 相手方の債務のみ未履行

相手方の債務が未履行の場合とは，破産者が相手方に対して債権をもつ場合です。この場合，破産管財人が，破産者の債権を破産財団（⇨第**2**章）に属する財産として行使します。売主の破産の **SCENE 2-8** と逆のケースですが，売主が破産した時に，売主がバイクを引渡し済みであり，買主がまだ代金をまったく支払っていないケースでは，バイク店がもつ代金支払請求権が**破産財団に属する財産**となります。破産した売主に代わって破産管財人が，買主に対して代金の支払を請求します。

2 双方未履行の双務契約

> **SCENE 2-9** バイクが引渡し前で，代金が未払の場合は？
>
> 正義くん：先週，JM にバイクを買いに行きました。その時，お金がなかったのでバイクの納車時に，代金をまとめて支払う契約にしました。法子さんみたいに，バイクは受け取れないのでしょうか？ 契約してしまったら代金を請求されますか？
>
> 公平先生：正義くんのケースは，双方未履行の双務契約といって，助かるケースです。バイクが受け取れるかどうかはわかりませんが，いずれにしても正義くんの場合，法子さんのように悲惨なことにはなりません。

破産者と相手方の双方の債務が未履行の場合の双務契約を，**双方未履行の双務契約**といいます。双方未履行の双務契約の場合，破産管財人が代金を全額受け取りつつ，買主のバイク引渡請求権が破産債権として扱われることにすると，契約当事者双方（売主と買主）に不公平が生じます。

— **notes**

[1] 厳密には，破産債権は，金銭債権に変化することから，バイク代金相当額の金銭支払請求権が破産債権の内容となります。

(1) 履行・解除の選択権

そこで，破産法は，双方未履行の双務契約について，原則として破産管財人に履行または解除の選択権を与えています。**破産法53条1項**は，「双務契約について破産者及びその相手方が破産手続開始の時において共にまだその履行を完了していないときは，破産管財人は，契約の解除をし，又は破産者の債務を履行して相手方の債務の履行を請求することができる」と規定しています。破産管財人は，破産財団の利益を考慮して，売買契約の履行か解除かを選択します。

(2) 履行選択

破産管財人が**履行選択**すると，破産管財人は，相手方の債権を履行して，破産者の債権（破産財団に属する財産）の履行を求めます。履行選択の場合，相手方の債権は，**財団債権**（⇨第**3**章②1 ⇒81頁）として扱われます（破148条1項7号）。相手方の債権が破産債権ではなく財団債権となることによって，**契約当事者双方の公平を確保**しています②。

売主の破産の**SCENE 2-9**にあてはめると，破産管財人は，バイクの売却が破産財団にとって有利と判断すれば，売買契約の履行を選択します。履行選択すると，破産管財人は，買主から代金を受領し，買主にバイクを引き渡します。

(3) 解除選択

破産管財人が**解除選択**する場合，双方の債務が消滅します。解除によって相手方に損害が生じた場合，相手方は，損害賠償請求権を破産債権として行使することができます（破54条1項）。

売主の破産の**SCENE 2-9**にあてはめると，破産管財人は，契約の解除が破産財団にとって有利と判断すれば，売買契約の解除を選択します。契約を解

---
notes

② 契約当事者双方の公平の確保とは，破産前であれば同時履行の抗弁権（商品を受け取るまで代金を支払わないと主張する権利）があるにもかかわらず，破産後に，その抗弁権がないような扱いをすることをいいます。

除すると，双方の債務（代金支払債務とバイク引渡債務）が消滅します。解除によって買主に駐車場の解約金5万円の損害が発生した場合，買主の損害賠償請求権が破産債権となります。

(4) 履行も解除もしない場合

破産管財人が双方未履行の双務契約の履行も解除も選択しない場合がありますが，このままですと，相手方は，不安定な状況が続きます。売主の破産のSCENE 2-9 にあてはめると，破産管財人が履行選択するかどうかはっきりしない限り，買主（正義くん）が別のバイク店でバイクを買うかどうかが，いつまでも決められないままで不安定ということです。

そこで，相手方（正義くん）は，破産管財人に対して，相当の期間を定めて，履行か解除かの確答催告をすることができます。破産管財人がその期間内に確答をしない場合は，契約を解除したものとみなします。

(5) 解除権の制限

双方未履行の双務契約を解除することによって，相手方に著しく不公平な状況が生じるような場合には，破産管財人は，破産法53条1項に基づく解除権を行使することができません（最判平成12・2・29民集54巻2号553頁・百選80①事件）。この判例の事案は，預託金を預けてゴルフクラブ会員となった者が破産した事案です。本来は，入会後10年経過した後に返還するはずであった預託金を，ゴルフクラブ会員が破産して，その破産管財人が会員契約を解除して，ゴルフ場経営会社に対して入会後10年経過前にもかかわらず預託金の返還を請求した事案です。ゴルフクラブ会員契約を解除しても破産者は，ゴルフ場を使えなくなるだけですが，ゴルフ場経営会社は，他の会員との関係上，ゴルフ場施設を常に利用しうる状況にしておかなければならないにもかかわらず，ゴルフ場の整備費に充てられる予定の預託金全額の即時返還を強いられる結果となります。この点を，判例は，著しく不公平な状況ととらえました。解除が相手方に著しく不公平かどうかは，種々の要素を総合的に考慮して判断されます。

3　一部履行済みの双務契約

> **SCENE 2-10** 代金の一部を支払っていた場合はどうなる?
>
> 　正義くんの友人から，公平先生に次のようなメールが届きました。
> 　「先週，JM で，バイクの売買契約を締結しました。契約時に代金 10 万
> 円のうち 3 万円だけ支払い，バイク納車日に残代金 7 万円を支払う約束で
> した。その日に 3 万円支払いましたが，バイク納車日の 3 日前に JM が破
> 産したので，残代金 7 万円は，支払っていません。僕の場合はどうなりま
> すか?」

　債務の一部が履行済みでも，履行が完了していなければ，双方未履行の双務
契約と同じ扱いです（破 53 条 1 項参照）。つまり，破産管財人が契約の履行ま
たは解除の選択権をもちます。

(1)　履行選択の場合

　破産管財人が履行選択すると，破産管財人と相手方の双方が残債務を履行す
ることになります。**SCENE 2-10** のように代金の一部を前払したケースでは，
正義君の友人は，残代金 7 万円を支払って，破産管財人からバイクを受け取り
ます。

(2)　解除選択と原状回復請求権

　相手方が一部履行済みの状況で契約の解除が選択された場合，双方の債務が
消滅しますが，相手方は損害賠償請求権（破産債権。破 54 条 1 項）とは別に，
履行済み部分について原状回復請求権をもちます。**原状回復請求権**とは，契約
がなかった状態に戻せと請求する権利をいいます。

　たとえば，売買契約の売主が商品の引渡し前に破産して，相手方が代金を一
部支払済みのケースでは，相手方がもつ前払金返還請求権（原状回復請求権）は，
財団債権とされます（破 54 条 2 項）。財団債権は，破産債権に優先して弁済を
受けることができます（⇨第 **3** 章 **21**）。ここで重要なのは，相手方の原状回復
請求権が，破産債権よりも保護されるという点です。

⇒81頁

92 ● CHAPTER **4**　破産と契約関係

SCENE 2-10 にあてはめると，破産管財人の解除によってバイク引渡請求権が消滅するため，正義くんの友人は，バイクを受け取ることができません。しかし，JM の破産前に正義くんの友人が JM に支払った前払金 3 万円は，財団債権となります。正義くんの友人は，破産管財人から，破産債権に優先して 3 万円を返還してもらうことができます。

  賃貸借契約の扱い

▶ 賃借人を保護する特則があります。

1 賃借人の破産

　賃借人が破産した場合，破産法 53 条が適用されます。破産管財人が賃貸借契約の履行・解除の選択権をもちます。履行選択の場合，破産管財人は，賃貸人に賃料を支払って，不動産を使用します。解除選択の場合，破産管財人は，不動産を明け渡します。

　破産手続開始前に賃料を滞納していた場合，賃貸人の賃料債権は，破産債権です。これに対して，破産手続開始時から明渡時までの間の賃料は，破産管財人が破産手続開始後に使用して発生した賃料ですから，財団債権です（破 148 条 1 項 8 号）。

2 賃貸人の破産

SCENE 2-11　賃貸アパートの家主が破産した!?
法子さん：私たちの住むアパート「めぞん有斐閣」の家主が破産しちゃった。
正義くん：すぐに引っ越さないといけないのかな？　敷金は全額返還されるかな？
法子さん：2 階の取田さんは，「大丈夫です。家主が変わるだけです」って言ってたよ。
正義くん：心配だから，公平先生に相談してみよう。

賃貸借契約は，賃借人が賃料債務を負担し，賃貸人が使用収益させる債務を負担する双務契約です。ところが，賃貸借契約の場合，賃貸人が破産するケースは，賃借人が破産するケースと異なって，破産法56条に特則が定められています。

(1) 賃借権の保護

 賃貸人が破産した場合，賃借人が賃借権について第三者に対抗することができる要件（以下，**対抗要件**といいます）を備えているか否かで異なります。対抗要件を具備する場合とは，たとえば，土地の場合，借地上に賃借人が自己名義の登記をした建物を所有していることです。土地の賃貸人（土地所有者）が第三者に土地を譲渡しても，対抗要件を具備する賃借人の借地権（土地賃借権）は維持されます。建物の場合，賃借人に建物の引渡しがされていることが対抗要件です。賃貸人（家主）が建物を第三者に譲渡しても，賃借人の建物賃借権は維持されます。

 賃貸人が破産しても，破産法53条は，対抗要件を具備する賃借人との賃貸借契約に適用されません（破56条1項）。つまり，賃貸人が破産しても，破産管財人は，賃貸借契約を履行しなければなりません。賃借人の使用収益権は，財団債権となります（破56条2項）。

 賃貸人が破産した場合，対抗要件を具備する賃借権を消滅させないようにするために，破産管財人の解除権が制約されるのです。こうして対抗要件を具備する賃借権をもつ賃借人は，賃貸人が破産しても保護されます。

(2) 敷金の保護

 賃貸人が破産した場合，敷金 [3] は全額返還されるのでしょうか。

 敷金返還請求権とは，賃貸借契約終了後，不動産の明渡しの時に未払賃料等の賃借人の債務の額を控除した残額の返還請求権をいいます（民622条の2第1項1号参照）。賃貸人が破産すると，賃借人の敷金返還請求権は，破産債権にな

notes

[3] 敷金とは，いかなる名目によるかを問わず，賃料債務その他の賃貸借に基づいて生ずる賃借人の賃貸人に対する金銭の給付を目的とする債務を担保する目的で，賃借人が賃貸人に交付する金銭をいいます。民法622条の2第1項柱書。

ります。敷金返還請求権が賃借人の明渡し時に発生する債権であることから，賃借人が退去前に賃料債務と未発生の敷金返還請求権とを相殺（⇨第**6**章）$^{⇒113頁}$することはできません。

　その代わり，将来の明渡し後の相殺に備えて，弁済額を寄託してくださいと破産管財人に求めることができます（**寄託請求**）。ここでの**寄託**は，破産管財人がいったん受領した賃料を，あとで賃借人に返金する目的で他の破産財団と区別して管理することです。

　寄託請求をしておくことで，賃借人は，退去後に，賃料債務と敷金返還請求権を相殺して，寄託金を返還してもらうことができます（⇨第**6**章$^{⇒117頁}$ **Column⓮**）。こうした制度によって，実質的に敷金が保護されています。

3　請負契約の扱い　　　▸建築中の建物はどうする？

　請負契約は，請負人が仕事完成債務を負担し，注文者が報酬支払債務を負担する双務契約です。請負契約には多種多様なものがありますが，実際には，建築請負契約の事例が重要です。建築請負契約を素材に考えてみましょう。

1　請負人の破産 ────────────────────────●

> ### SCENE 2-12　建物が未完成のまま請負業者が破産した
>
> 　建築請負業者のシーザー建設は，注文者のハムレット物産と建築請負契約を結びました。その契約では，シーザー建設が建物の完成義務を負い，ハムレット物産が6000万円の報酬支払義務（2000万円ずつ3回分割払）を負うことになっていました。ところが，ハムレット物産が2000万円を支払った後にシーザー建設が破産しました。建築工事は，半分しか進んでいません。これから，ハムレット物産の締結した請負契約は，どうなるでしょうか。建築工事は，続行されなるでしょうか。工事が中止となった場合，2000万円は，返還されなるでしょうか。

　請負人が破産した時に，建物が完成しておらず，報酬が未払であれば，その

3　請負契約の扱い　●　95

CHART 2.4.1 出来高が前払金より大きい場合

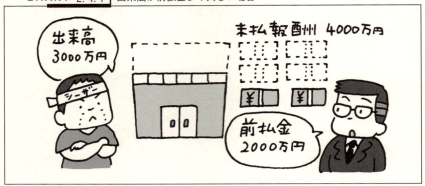

　請負契約は，双方未履行の双務契約です。報酬が一部支払われていた場合や建物が建築中の場合も，双方未履行の双務契約に含まれます。請負人の破産の場合，破産法53条が適用され，破産管財人が請負契約の履行・解除の選択権をもちます。

(1) 履行選択の場合

　履行選択の場合，破産管財人は，建築工事を続行して建物を完成させて注文者に引き渡し，注文者に対して報酬を請求します。SCENE 2-12にあてはめると，シーザー建設の破産管財人が建物を完成させて，ハムレット物産が未払報酬4000万円を破産管財人に支払うことになります。

(2) 解除選択と出来高清算

　解除選択の場合，破産管財人の仕事完成義務と注文者の報酬支払義務が消滅します。さらに，建築中の建物（出来形部分）の価値（以下，出来高といいます）とすでに支払った前払金とが清算されます。これを**出来高清算**といいます。
　出来高が前払金より大きいか小さいかによって，出来高清算後の処理が異なります。それぞれの場合について，どのような扱いになるか考えてみましょう。

(3) 出来高が前払金より大きい場合

　出来高が前払金より大きい場合，出来高清算の後，破産管財人が注文者に対して不足分の未払報酬を支払請求します。SCENE 2-12にあてはめると，出

CHART 2.4.2 出来高が前払金より小さい場合

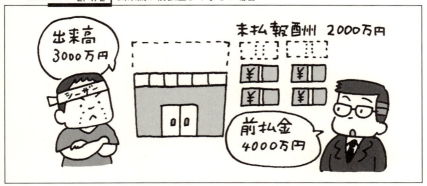

来高清算により1000万円が不足分の報酬額となります（⇨**CHART** 2.4.1）。シーザー建設の破産管財人は，ハムレット物産に対して不足分未払報酬1000万円を請求します。

(4) 出来高が前払金より小さい場合

　出来高が前払金よりも小さい場合，注文者は，出来高清算後の残額の前払金返還請求権をもちます。注文者の前払金返還請求権は，原状回復請求権と考えると財団債権となります（破54条2項）。もっとも，出来高清算後の残額の前払金返還請求権の性質について，一方のみ未履行の状態とみることができ（民634条1項柱書参照），破産債権として扱うべきであるという見解もあります。

　SCENE 2-12 を，ハムレット物産が4000万円（2000万円×2回）を前払した後にシーザー建設が破産したケースに変更して考えてみましょう（⇨**CHART** 2.4.2）。出来高清算すると，ハムレット物産が1000万円の報酬の払い過ぎとなります。この場合，ハムレット物産は，破産管財人に対して，前払金1000万円の返還請求権を財団債権として行使することができます。

(5) 建物の所有者

　ところで，破産管財人が解除を選択した場合，出来高清算することになりますが，建築中の建物は，誰のものになるでしょうか。建築中の建物は，それに見合うだけの報酬を支払った注文者の所有物になります。つまり，請負人が破産した場合，請負契約が解除されたときは，注文者は，建物の所有者となり，

別の建築請負業者と契約して，途中で止まってしまった建築工事を続行してもらうことになります。

2 注文者の破産

　注文者が報酬を未払であり請負人が仕事を完成する前に注文者が破産した場合，破産管財人と仕事完成前の請負人の双方に契約の解除権が与えられます（民642条1項[4]）。請負人に解除権を与えた趣旨は，破産手続開始後の仕事の報酬を支払ってもらえるかどうかわからないという不安定な状況において仕事を続けることを望まない請負人が，自らの判断によって，請負契約から解放されるようにするためです。仕事完成後の請負人に解除権はありません（民642条1項ただし書）。

(1) 履行選択の場合

　破産管財人と仕事完成前の請負人の双方が解除権を放棄して履行選択した場合に限り，請負契約が履行されます。履行選択の場合，注文者の破産管財人は，請負人に対して未払報酬を財団債権として支払い，請負人に仕事の完成と引渡しを請求することができます。

(2) 解除選択の場合

　破産管財人または仕事完成前の請負人のいずれかが解除選択することができます。解除選択の場合，出来高清算をして，出来高より前払金が小さい場合，請負人は，不足分の未払報酬請求権を破産債権として行使します（民642条2項）。なお，注文者破産において，破産管財人が解除選択した場合，請負人は，破産管財人に対して損害賠償請求することができる点で破産法53条と同じですが，請負人が解除選択した場合は，破産管財人は，請負人に対して損害賠償請求することができません（民642条3項）。

notes

[4] 破産法53条の特則が民法642条に定められています。破産法の特則が民法にあるのは，ちょっと奇妙な感じがしますが，使用者の破産（民631条），委任の終了（民653条2号）なども破産法53条の特則です。

98 ● CHAPTER 4 破産と契約関係

出来高より前払金が大きい場合，破産管財人は，請負人に対して出来高清算後の残額の前払金の返還を請求します。なお，出来高清算後，建築中の建物は，破産財団に属する財産となります。

CHECK

空欄を補充して，双方未履行の双務契約に関する文章を完成させなさい。

「双方未履行の双務契約の当事者の一方が破産する場合，破産管財人が，その契約の履行または（ ① ）の選択権をもつ（破 53 条 1 項）。履行選択の場合，相手方の債権は，（ ② ）として扱われる。解除選択の場合，相手方の損害賠償請求権は，破産債権となり，原状回復請求権は，取戻権または（ ② ）となる。

破産法 53 条には，いくつかの特則がある。たとえば，賃貸人破産の場合，破産管財人は，対抗要件を具備する賃借人との賃貸借契約を（ ③ ）することができない（破 56 条 1 項）。注文者破産の場合，請負人の仕事完成前であれば，破産管財人だけでなく，（ ④ ）にも契約の解除権が与えられる（民 642 条 1 項）。」

 各種の契約の扱い

▶ 契約いろいろ，ルールもいろいろ

1 雇用契約

SCENE 2-13　勤務先が破産した

シーザー建設が破産しました。シーザー建設とその従業員との間の雇用契約は，どのように扱われるでしょうか。未払の給料や退職金はどのように扱われるでしょうか。

(1) 使用者の破産

シーザー建設のような勤務先のことを民法では使用者といい，従業員のことを労働者といいます。使用者が破産した場合，雇用に期間の定めがあるときで

も，労働者または破産管財人は，解約の申入れをすることができます（民631条。この場合，各当事者は，相手方に対し，損害賠償請求をすることができません）。破産管財人は，破産して事業が廃止された場合，労働者の雇用を継続することは現実的に不可能といえますし，労働者は，破産した使用者にいつまでも拘束されるより，早期に転職できたほうがよいと考えられるからです。

破産管財人が解雇する際，労働基準法20条の適用があり，30日以上前に解雇を予告するか，30日分以上の平均賃金を**解雇予告手当**として支払う必要があります。

労働者の給料債権，退職金債権が未払の場合は，一定の範囲で財団債権，優先的破産債権として保護されます（⇨第**3**章 **2**，同 **32**）。
^{⇒82頁} ^{⇒84頁}

▌(2) 労働者の破産▐

労働者が破産しても，労働契約は，一身専属的な契約とされているため，破産法53条は適用されません。労働契約は，破産手続開始後も使用者と破産者の間でそのまま継続され，労働者の地位は破産管財人に移転しません。つまり，破産管財人は，労働契約を解除することができないのです。なお，使用者が労働者の破産を理由に解雇することも許されません。

労働者の将来の退職金債権は，労働契約が終了していなくても，破産手続開始時における退職金債権の差押可能部分が破産財団に含まれると考えられています。破産手続開始後の労働の対価としての給料債権・退職金債権は，破産財団に含まれず，自由財産となります（⇨第**2**章 **23**）。
^{⇒69頁}

2 委任契約 ●

委任は，委任者が報酬債務を負担し，受任者が委任事務処理義務を負担する双務契約です。委任契約の当事者（委任者または受任者）が破産すると，委任が終了します（民653条2号）。会社と取締役との関係は委任ですが，会社が破産した場合，会社と取締役の委任が終了するか否かについて議論があります。

3 保険契約

　実際に生じることが多い生命保険の保険契約者（保険加入者）の破産について説明します。保険契約者が破産すると，破産法53条が適用されます。破産管財人は，保険契約を解除し，解約返戻金を保険会社に請求することができます。ただし，破産管財人が保険契約を解除した場合，解除の効力が保険会社への通知時から1か月経過後に生じます。解除の効力発生までの1か月間，親族や被保険者（保険金受取人）には，解約返戻金相当額を破産管財人に支払うことによって解除の効力発生を阻止して保険契約を継続する機会が与えられます（保険金受取人の介入権）。この介入権は，病気等のため保険の解約後に新たな生命保険に加入することが困難なケースに役立ちます。なお，解約返戻金の金額が少ない場合は自由財産の範囲拡張の裁判によって解約返戻金が自由財産と扱われます（⇨第**2**章㉓）。

EXERCISE ●演習問題

(1)　注文者Ａと請負人Ｂは，報酬1億円で建物を建築する請負契約を締結しました。その後，不況のため，Ｂが破産した。Ｂの破産手続開始時において，建物の出来高は，5000万円相当でした。Ａは，破産手続開始前，Ｂに前払金7000万円を支払っていました。

　　Ｂの破産手続において，本件請負契約は，どのように扱われるでしょうか。Ｂの破産手続におけるＡの権利の扱いを含めて説明しなさい。

(2)　注文者Ａと請負人Ｂは，報酬1億円で建物を建築する請負契約を締結しました。その後，不況のためＡが破産しました。Ａの破産手続開始時に，建物の出来高は5000万円相当でした。Ａは，破産手続開始前，Ｂに前払金4000万円を支払っていました。

　　Ａの破産手続において，本件請負契約は，どのように扱われるでしょうか。Ａの破産手続においてＢの権利がどのように扱われるかを含めて説明しなさい。

4　各種の契約の扱い　● 101

CHAPTER

第 5 章

担 保 権

　銀行から融資を受けて住宅を購入する場合，その住宅に担保を設定します。その後，住宅ローンの返済ができなくなった場合，銀行は，担保権に基づいて住宅を売却して，その代金を住宅ローンの返済にあてることで，住宅ローン債権を優先的に回収することができます。

　では，担保権は，破産手続においても優先的な回収が認められているのでしょうか。本章では，破産手続において担保権がどのように扱われるかをみていきます。担保権にはいくつかの種類がありますが，まず，抵当権を素材にして説明します。抵当権の扱いを理解しておくことで，その他の担保権の破産手続における扱いもスムーズに理解することができるからです。

1 担保権　⠀⠀⠀⠀⠀⠀Ⅲ▶ 財産の価値から優先的に回収します

1 破産手続において担保権はどのように扱われるか？──●

(1) 担保権と別除権

担保権者は，債務者が債務を履行しない場合，担保権を行使することができます。では，債務者が破産すると担保権は行使できるのでしょうか。担保権者は，債務者の破産手続開始後も破産手続によらずに，担保権を行使することができます。このような権利を**別除権**といいます（破65条1項）。

破産法は，別除権となる担保権として，特別の先取特権，質権または抵当権を挙げています（破2条9項）。では，担保権の行使とは何を意味するのでしょうか。まず，担保権，被担保債権，担保目的財産の言葉の意味を確認しましょう。

担保権は，担保目的財産を換価して優先的に弁済を受ける権利をいいます。**被担保債権**は，担保権によって担保される債権という意味で，債務者に融資をすると発生する貸付金債権などがこれに該当します。ここでは，担保権と被担保債権は区別しなければならないということに注意してください。**担保目的財産**[1]は，担保権が設定されている財産，つまり担保権の対象財産を意味します。

(2) 担保権の行使

担保権の行使とはどのような内容をいうのでしょうか。担保権の行使の内容は，担保権ごとに若干違いがあります。担保権のうち，抵当権は，不動産（土地・建物）に設定される担保権としてよく利用されることから，抵当権を例に説明します。抵当権の場合，次の3つの行使方法があります。①担保権の実行

─────────────────────────────── **notes**

[1]　目的物，目的財産または担保目的と呼ばれることも多いのですが，いずれも担保目的財産と同じ意味です。

としての競売, ②担保不動産収益執行, ③物上代位です。それぞれ次のような特徴があります。

(3) 担保権の実行としての競売

担保権の実行としての競売は, 民事執行法に基づいて担保目的不動産を差し押さえて, 競売にかけ, 最高値をつけた人に売却する手続です。担保権者は, 売却代金から優先的に満足を得ます。

(4) 担保不動産収益執行

担保不動産収益執行は, 民事執行法に基づいて担保目的不動産を差し押さえて, その不動産から生じる収益（賃料など）を裁判所が選任する管理人が受け取り, 担保権者に優先的に弁済します。

(5) 物 上 代 位

物上代位は, 民法に規定があり, 担保目的財産の売却, 賃貸, 滅失または損傷によって債務者がもつ金銭債権に対して担保権を行使することを意味します。たとえば, 賃貸不動産の賃料債権ですとか, 建物が火事で焼失した際に受け取る火災保険金請求権などです。物上代位は, 債務者が実際に賃料や保険金を受け取る前にその権利（保険金請求権や賃料債権）を差し押さえておく必要があります。

(6) 破産管財人の換価権

以上のように, 担保権者は, 債務者の破産手続開始後も破産手続によらずに担保権を行使することができます（別除権）。担保権者は, 強い立場にあるといえますが, 担保権者が担保権をいつまでも行使しないでいると破産手続に次に述べるような支障が生じるため, 一定の制約を受けることとされています。

まず, 担保目的財産の価値が被担保債権の額よりも大きい場合（以下, 担保余剰がある場合といいます）, 担保権者が債務者の破産後, 長期間にわたり担保権を行使しないと, 担保目的財産が換価されません。本来は, 担保目的物の換価金で被担保債権を全額弁済して, その換価金の残額を他の破産債権者に配当

104 ● CHAPTER 5 担保権

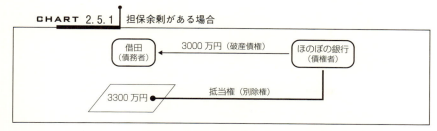

CHART 2.5.1 担保余剰がある場合

すべきです。にもかかわらず，担保目的財産がいつまでも換価されないと，残額を配当することができません。

CHART 2.5.1の例でいうと，担保権が行使されると300万円の残金が発生して，その300万円が破産財団に組み入れられて，破産債権者に配当されるべきです。また，被担保債権の額が担保目的物の価値よりも大きく残金が発生しない場合（CHART 2.5.2の例のように担保目的物が2500万円の場合。以下では，オーバーローンの場合といいます）でも，不動産を長期にわたり保有すると管理費用や固定資産税などの負担が発生しますが，これらは破産財団から支払うべき費用と考えられていて，破産財団が減少する要因になります。

このように破産手続の進行遅延や破産財団の減少など破産債権者に不利益な状況が生じることを回避し，早期に担保目的財産を換価するために，**破産管財人の換価権**が認められています（破184条2項）。破産管財人は，別除権者の代わりに民事執行法等で定められている手続に基づいて担保目的財産を換価することができます。破産管財人は，換価権を行使して，担保余剰を配当したり，固定資産税等の負担を回避したりすることができます。

2　別除権者の破産債権行使

(1) 担保権者の破産債権行使

抵当権者は，担保権の実行としての競売によって，担保目的財産の売却代金から優先的に満足を得ることができます。しかし，担保目的財産の価値と被担保債権の額とを比べて担保目的財産の価値の方が小さい場合，被担保債権を全額回収することはできません。そこで，その場合は，担保権者は，被担保債権のうち担保権を行使しても不足する額（不足額）について破産債権として権利行使することができます。これを**不足額責任主義**といいます（破108条1項）。

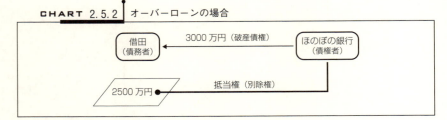

不足額は担保権の行使などの方法によって証明する必要があります。

CHART 2.5.2 ですと，抵当権者は，抵当権の実行としての競売によって担保目的財産を売却して，その売却代金2500万円を被担保債権の回収にあてることができます。この結果，被担保債権3000万円のうち500万円が不足します。抵当権者は，不足額500万円を破産債権として行使することができます。

(2) 担保目的財産の任意売却

ところが，実際には，破産管財人が担保目的財産を任意売却することによって換価することが多いと言われています。破産管財人は，担保目的財産を競売手続ではなく，任意売却するために担保権者に同意を求めることがあります。そして，担保権者は任意売却に同意することがしばしばあります。その結果，担保目的財産の任意売却によって破産管財人が受領した売却代金から抵当権者が弁済を受けることになります。

SCENE 2-14 破産管財人とほのぼの銀行との会話

管財人：借田の破産管財人です。担保目的不動産の任意売却の件でうかがいました。

ほのぼの銀行：借田様の住宅は，競売ですと約2500万円でしょう。被担保債権は3000万円なので，500万円の不足が見込まれます。

管財人：ところが，2900万円で購入するという買い手候補がみつかりました。抵当権抹消登記にご協力していただければ，2900万で売却することができそうです。

ほのぼの銀行：では任意売却して，2900万円弁済していただけますか？

管財人：競売価値は2500万円ですが，いろいろと探してやっとみつけた買い手候補です。150万円を破産財団に組み入れてもらえますか？

ほのぼの銀行：任意売却の価格は2900万円ですね。では，組入金29万円でどうでしょうか。

管財人：売却価格の1％ですか？　それでしたら，勝手に競売を申し立て
　　　　てください。
　ほのぼの銀行：では，譲歩して，組入金116万円でどうでしょうか？
　管財人：売却価格の4％の116万円ですね。それでお願いします。
　ほのぼの銀行：では，任意売却代金2900万円のうち組入金116万円を
　　　　控除した2784万円を支払って下さい。その金額の受取時の抹消登
　　　　記に協力することをお約束します。

(3)　破産管財人と抵当権者との合意

　SCENE 2-14では破産管財人と銀行は任意売却に合意をしています。なぜ
担保権者は，破産管財人の任意売却に合意するのでしょうか。多くの場合，破
産管財人による任意売却のほうが，競売手続によるよりも高い値段で不動産を
処分することができるからです。破産管財人にとっても，オーバーローンの場
合でも担保目的不動産を高く売却することで，その売却代金の一部を破産財団
に組み入れて破産財団を増やすことができます。なお，売却代金のうち破産財
団に組み入れる部分を**組入金**といいます。

　競売手続では2500万円と予想される価格が任意売却によれば2900万円で処
分できるというケースですから，抵当権者は，任意売却であれば自分で競売を
進めるよりも回収額が大きくなるため，任意売却してもらう代わりに売却代金
の一部を組入金にしてもよいと考えるでしょう。競売予想価額と任意売却価額
との差額を担保権者と破産管財人で分け合うことで抵当権者にとっても破産財
団にとっても利益になる結果が生じるため破産管財人と抵当権者との間に合意
が成立するのです。

3　担保権消滅制度

(1)　後順位担保権者

　CHART 2.5.3の例のように非協力的な後順位担保権者[2]がいる場合には，
先ほどの破産管財人と抵当権者との合意が成立しない場合があります。競売手
続においては，後順位担保権者は，先順位担保権者が被担保債権全額の満足を

1　担　保　権　● 107

得るまで弁済を受けることができません。つまり先順位担保権者の被担保債権が 3000 万円で担保目的財産の価値が 2500 万円の場合（オーバーローンの場合），後順位担保権者の受け取ることができる額（配当額）は競売手続において 0 円となります。

ところが，競売手続ではなく，民法のルール（抵当権の不可分性。民 372 条・296 条）によって担保権を消滅させようとすると，担保権者全員の合意を得るか，全員に被担保債権を全額弁済するかのいずれかが必要です。先順位担保権者と合意して担保権を抹消してもらっても，後順位担保権者の担保権は，合意を得るか被担保債権全額を弁済するかしない限り消滅させることができません。

競売手続では配当額が 0 円になると考えた後順位担保権者が少額の金銭を受領する代わりに抵当権設定登記抹消に合意すれば（この場合の金銭をハンコ代と呼ぶことがあります），競売予想価値 2500 万円と任意売却価値 2900 万円の差額 400 万円を先順位抵当権者，後順位抵当権者，破産管財人の三者間で分け合うことができるでしょう。たとえば，2900 万円の配分方法としては，先順位抵当権者 2784 万円，後順位担保権者 10 万円，破産管財人 106 万円という合意ができるでしょう。

しかし，後順位担保権者がもっと高額のハンコ代として 400 万円を要求してくるかもしれません。そうすると，どうなるでしょうか。競売予想価値と任意売却価値との差額全額を後順位担保権者に渡すことになると，競売手続による場合と比べて先順位抵当権者と破産管財人にまったくメリットがありません。したがって，後順位担保権者が高額なハンコ代を要求する場合，三者間の合意が成立しないという問題が生じます。

(2) 担保権消滅制度

後順位担保権者による高額なハンコ代の要求という問題を回避して，なるべくスムーズに担保目的財産が任意売却されるようにするために担保権消滅制度が存在します。担保権消滅制度は，破産管財人が任意売却の売買代金と破産財

notes

[2] 抵当権は，1 個の不動産に順位を付けて複数の抵当権者から融資を受けることができます。その場合の順位が高い抵当権者を先順位担保権者といい，順位が低い抵当権者を後順位担保権者と呼びます。

108 ● CHAPTER 5 担保権

CHART 2.5.3　ハンコ代が問題になる場合

団への組入金を示して，裁判所に担保権消滅許可を申し立てて，買受人が金銭を納付すると担保権が消滅する制度です。

　売却代金が競売価値よりも低いなど不服のある担保権者は，担保権を実行して競売にかけることによって，破産管財人による担保権消滅を阻止することができます[3]。ただし，競売手続を進めることができるのは，売却代金から配当を受ける見込みがある担保権者に限定されるため，配当を受ける見込みのない後順位担保権者は，競売によって担保権消滅を阻止することはできません。

　担保権消滅制度のお陰で，後順位担保権者との交渉がスムーズに進められるようになり，別除権協定が成立しやすい環境が整えられています。

　なお，民事再生法や会社更生法にも担保権消滅制度がありますが，名称が類似する制度でもそれぞれ目的と仕組みが大きく異なります。民事再生法における担保権消滅制度については，第3編第4章1❷（⇒210頁）を参照してください。

CHECK

　空欄を補充して，以下の文章を完成させなさい。
　特別の先取特権，質権，（　①　）は，債務者が破産しても破産手続によらないで行使することができる。これは（　②　）と呼ばれる。担保権者は，（　②　）を行使して優先的に債権を回収することができる。オーバーローンの場合，担保権者は担保権を行使しても被担保債権に不足する部分が生じる。この場合，不足額を証明すれば不足額は（　③　）として破産手続において行使することができる。これを（　④　）主義という。

---

notes

[3]　より高い値段で買う別の買主を探してその買主に売却せよと求めることもできます。

2 担保権の種類　　▶典型担保と非典型担保？

1 別除権とされる担保権は何か？

　破産法で別除権と定められている担保権は，特別の先取特権，質権または抵当権です。これらは，典型担保[4]です。

(1) 特別の先取特権

　特別の先取特権は，破産手続において別除権となります。特別の先取特権にはいろいろありますが，代表的なものとしては，動産の売主が売買代金債権を被担保債権として動産を担保目的とする**動産売買先取特権**があります。
　抵当権と動産売買先取特権とを比べますと，動産売買先取特権は登記制度がないので，目的財産である動産が転売されると，動産の譲受人に対して動産売買先取特権を行使することができません。そこで，転売代金債権に対して**物上代位**による差押えをすることが重要な意味をもちます。動産買主が破産した後であっても，動産売主は転売代金債権に対して物上代位による差押えをすることができます。しかし，転売代金債権が破産管財人に弁済されると転売代金債権が消滅して物上代位による差押えはできなくなります。

(2) 留置権

　留置権には民法上の留置権（**民事留置権**）と商法および会社法に定められている留置権（**商事留置権**）があります。商事留置権は，特別の先取特権とみなされることで別除権として扱われますが，民事留置権は，破産手続においては効力を失います（破66条）。

---

notes

[4]　民法に規定がある担保を**典型担保**といい，それ以外の担保を**非典型担保**といいます。

2 非典型担保も別除権として扱われるか？ ──────●

非典型担保にはいろいろありますが，破産手続との関係では譲渡担保，所有権留保，ファイナンス・リースなどが重要です。では，これらの非典型担保は，破産手続において別除権として扱われるのでしょうか。

(1) 譲渡担保

債務者が機械などの動産を担保に提供して融資を受けたいが，それを使って事業を継続したいと考える場合，そうしたニーズに応える担保権が典型担保にありません。そこで，動産の使用・収益を債務者に許しつつ動産を担保にとるための仕組みとして用いられるのが動産譲渡担保です。譲渡担保では，債務者の動産を担保権者に形式的に譲渡することで担保権者が形式上の所有者となりますが，債務者が担保権者に借金を返済すると形式上の所有権が債務者に戻ります。担保権者が形式上所有者となるため，債務者が破産した場合，譲渡担保を取戻権と扱うべきか，別除権と扱うべきかが議論されてきましたが，別除権として扱うのが現在の一般的な見解です。また，譲渡担保の担保目的財産が動産ではなく債権（債権譲渡担保）の場合も同様です。

さらに，在庫など入れ替わりがある動産を担保目的財産にする場合を集合動産譲渡担保といい，将来の売掛金債権など未発生の債権を担保目的財産にする場合を将来債権譲渡担保（または集合債権譲渡担保）といいます。これらも別除権として扱われますが，破産手続においてどの時点の財産が担保目的財産となるかについて議論があります。

(2) 所有権留保

自動車の販売においてしばしば利用されるのが所有権留保売買です（以下，所有権留保といいます）。所有権留保は，売主が買主に財産を売却するにあたり，形式上の所有権を自分に留保したまま財産を引き渡す売買契約のことです。買主は商品を受け取りますが，代金は分割払にする代わりに形式上の所有権を売主に留保します。所有権の移転は，売買代金の完済時となります。

形式上の所有者が売主であるため，買主が破産した場合に，売主の権利（留

保所有権）が取戻権になるか別除権になるかが議論されてきましたが，別除権として扱うのが多数の見解です。判例も自動車の留保所有権を別除権として扱っています（民事再生について最判平成22・6・4民集64巻4号1107頁・百選58事件，破産について最判平成29・12・7民集71巻10号1925頁）。

なお，破産手続の場合は，取戻権と別除権との相違が少ないため，実際上問題とならないのですが，民事再生においては，担保権は一定の場合に制約されますし，会社更生においては原則として担保権が制約されます（⇨第1編第2章③(5)）。そのため，非典型担保が民事再生や会社更生において取戻権となるか否かがとても重要な問題となります。
⇒34頁

Column⓭　ファイナンス・リースは別除権か？

　工場に機械を新たに導入する場合に，手元に十分な購入資金がないとします。その場合，所有権留保によって機械を購入する方法もありますが，ファイナンス・リースを利用することが多くあります。

　ファイナンス・リースは，リース会社がユーザーに財産を貸してリース料を受け取るという形式をとります。ファイナンス・リースの特徴は，財産の購入代金と利息に相当する手数料からリース料の総額が算出されている点にあります。資金の少ない会社は，リースによって高額な財産を利用できるようになりますから，実質的にはリース会社から融資を受けていることと変わりません。

　ユーザーが破産した場合に，ユーザーがリース会社から財産を借りる形式であることに着目してリース契約を賃貸借契約のように双方未履行の双務契約と扱うべきか，実質に着目してリース会社の権利を非典型担保とみて別除権とすべきかが問題となります。最近は，リース会社の権利を別除権として扱う見解が多数です。

CHAPTER

第6章

相 殺 権

　銀行は，多くの企業に対して融資をしますが，それと同時に，銀行は，多くの企業から預金を預かります。そうすると，銀行は，ある企業に対する貸付金債権をもつとともに，その企業に対して預金債務を負担するケースがでてきます。このようなケースで，その企業が貸付金の返済をしない場合，銀行は，貸付金債権と預金債務とを相殺することができます。

　銀行は，企業が破産した場合にも，貸付金債権と預金債務とを相殺することができます。この銀行の権利を相殺権といいます。もし銀行が相殺することができないとすると，貸付金債権はわずか数パーセントの配当しか受けられないにもかかわらず，預金は全額が破産財団に入ってしまいます。これでは，預金債務と相殺して貸付金債権を回収することができるという相殺の期待を裏切ることになります。このような相殺の期待を保護するために破産の場面においても相殺権が認められています。

　本章では，まず，破産法における相殺権の内容を確認します。次に，破産法が一定の場合に相殺を禁止している趣旨を学びます。最後に，相殺禁止の具体例について検討します。

1 相殺権　　▶担保権と同じぐらい安心です

SCENE 2-15　相殺は，どう読むの？

1 相手が破産しても相殺することができるか？

(1) 相殺の担保的機能

　お互いに債務を負担しあっている場合に，一方が相殺する意思を示すと，双方が債務の負担を免れます（民505条以下参照）。相殺には，①簡易決済機能と

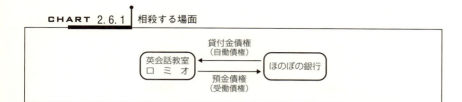

CHART 2.6.1 相殺する場面

②担保的機能がありますが,破産の場面で重要なのは,**担保的機能**です。

たとえば,英会話教室ロミオがほのぼの銀行に100万円の預金をしており,同行から100万円を借りていたとします。この場合 CHART 2.6.1のように,ほのぼの銀行が英会話教室ロミオに対して貸付金債権をもち,預金債務を負います。

ほのぼの銀行に対して期限までに100万円の弁済がされなかった場合,ほのぼの銀行は,どうすればよいでしょうか。この場合,ほのぼの銀行は,貸付金債権100万円と預金債務100万円を相殺することができます[1]。相殺すると,預金債務と貸付金債権が同額で消滅します。その結果,貸付金債権を回収したのと同じ効果が得られます。

相殺という方法があることを前提に考えると,債権者は,いざとなったら,相殺して債権回収することができると期待するでしょう。上記の例にあてはめると,ほのぼの銀行は,預金を担保目的財産として期待しているということです。この期待のことを**相殺の担保的機能**あるいは**相殺の期待**といいます。

(2) 相殺の期待の保護

お互いに債務を負担しあっている状況で,一方が破産した場合,破産債権者は,破産手続によらないで,破産債権と自己の負担する債務とを相殺することができます(**相殺権**。破67条1項)。破産法は,破産債権者の相殺の期待を保護しています。

CHART 2.6.1でいうと,ほのぼの銀行は,英会話教室ロミオについて破産手続が開始された後でも,破産手続によらないで,貸付金債権と預金債務を相殺することができます。

―― notes

[1] 相殺する者がもつ債権を自働債権といい,相手方のもつ債権を受働債権といいます。

仮に預金債務と相殺できない場合は，預金全額を破産管財人に返還しなければならないにもかかわらず，貸付金について数パーセントの配当しか得られない状況になるのですから，相殺権は破産債権者にとって重要ということができます。

2 こんな場合も相殺できるよ！ ●

(1) 返済期限前の債権との相殺

破産債権者のもつ債権が破産手続開始時に返済期限の到来前であっても，破産債権者は相殺することができます（破67条2項前段）。民法は，債権者が相殺することができる債権を返済期限到来後のものに限定しています（民505条1項）。これは，期限前の債権で相殺されると，相手方（債務者）にとっては，期限前の債務を強制的に返済させられたのと同じ状況になって不利益となるからです。

しかし，相手方がすでに破産したにもかかわらず，債権が期限前だから相殺させないというのでは，期限前の債権の期限が債務者の破産手続開始時に到来したものとみなす破産債権の現在化（⇨第3章⓵1）の扱いと矛盾します。そこで，破産法は，破産債権者が期限前の債権で相殺することを認めています。

(2) 停止条件付債務との相殺

破産債権者の負担する債務が破産手続開始時に停止条件付[2]の場合も，破産債権者は，破産債権と停止条件付債務を相殺することができます（破67条2項後段）。

たとえば，火災保険会社が保険加入者に対して貸付金債権をもっており，保険加入者が火災発生前に破産したケースを考えてみましょう。保険会社の保険金支払債務は，火災事故の発生を条件として生じる債務（停止条件付債務）です。破産手続開始前に火災が発生しない限り，破産手続開始時に保険金支払債務は

notes ●
[2] 債務の発生が将来発生するかどうか不確実な事実にかかっている場合の債務を停止条件付債務といいます。

116 ● CHAPTER 6 相殺権

未発生です。しかし，火災の発生が破産手続開始後であっても，保険会社は，貸付金債権（破産債権）と保険金支払債務を相殺することができます（最判平成17・1・17民集59巻1号1頁・百選63事件）。

> **Column⓮　寄託請求**
>
> 　破産債権が停止条件付の場合は，寄託請求という制度によって，破産債権者の相殺の期待が保護されます（破70条）。
> 　賃貸人Aが破産した後，賃貸借契約が継続されている場合の敷金返還請求権を例に考えてみましょう。賃借人Bは，敷金返還請求権をもつと同時に，賃料支払義務を負担しています。敷金返還請求権は，賃貸借契約の終了後，不動産の明渡しの時に未払賃料等を控除した残額の返還請求権（停止条件付債権）です。Bは，不動産の明渡し前に敷金返還請求権（破産債権）と賃料債務とを相殺することができません。敷金返還請求権は，明渡し前に発生しないから相殺できないのです。
> 　ところが，Bは，賃料を弁済する際に，破産管財人に，将来の明渡し後の相殺に備えて弁済額を保管してくださいと求めること（寄託請求）ができるのです（破70条後段）。Bが，明渡し後に敷金返還請求権と賃料債務を相殺すると，すでにBが支払った賃料債務は，遡って消滅します。そのため，Bは，寄託金を返還してもらうことができます。このように破産法は，破産債権が停止条件付債権である場合は，寄託請求によって，相殺の期待を保護しています。

2　相殺禁止　　▷破産法は債権者の公平を大切にします

1　どうして相殺を禁止するのか？

(1)　債権者の公平

　破産法は，一定の場合に相殺を禁止しています。相殺禁止の趣旨は，債権者の公平の確保にあります。たとえ破産手続開始時に破産債権者が債務を負担していても，相殺禁止に該当する行為によって生じたものであれば，債権者の公

CHART 2.6.2 破産法 71 条と 72 条の対比

71条1項　**破産債権者**は，次に掲げる場合には，相殺をすることができない。	72条1項　**破産者**に対して**債務を負担する者**は，次に掲げる場合には，相殺をすることができない。
① 破産手続開始後に破産財団に対して債務を負担したとき。	① 破産手続開始後に他人の破産債権を取得したとき。
② 支払不能になった後に契約によって負担する債務を専ら破産債権をもってする相殺に供する目的で破産者の財産の処分を内容とする契約を破産者との間で締結し，又は破産者に対して債務を負担する者の債務を引き受けることを内容とする契約を締結することにより破産者に対して債務を負担した場合であって，当該契約の締結の当時，支払不能であったことを知っていたとき。	② 支払不能になった後に破産債権を取得した場合であって，その取得の当時，支払不能であったことを知っていたとき。
③ 支払の停止があった後に破産者に対して債務を負担した場合であって，その負担の当時，支払の停止があったことを知っていたとき。ただし，当該支払の停止があった時において支払不能でなかったときは，この限りでない。	③ 支払の停止があった後に破産債権を取得した場合であって，その取得の当時，支払の停止があったことを知っていたとき。ただし，当該支払の停止があった時において支払不能でなかったときは，この限りでない。
④ 破産手続開始の申立てがあった後に破産者に対して債務を負担した場合であって，その負担の当時，破産手続開始の申立てがあったことを知っていたとき。	④ 破産手続開始の申立てがあった後に破産債権を取得した場合であって，その取得の当時，破産手続開始の申立てがあったことを知っていたとき。

平が害されるので相殺が禁止されます。

　たとえば，すでに債務者が，支払不能，支払停止，または破産申立て後のように破産の直前の時期（以下，**危機時期**といいます。**CHART** 2.7.4 も参照）[⇒131頁]にあるとしましょう。債務者が危機時期にあると知りつつ債権者が，債務者の財産を購入して代金債務を負担して，破産債権と代金債務とを相殺することはできません。債権者は，自己の債権が回収困難になると知りつつ，危機時期に債務を負担したのですから，抜け駆け的な債権回収をしたといえるからです。危機時期における抜け駆け的な債権回収は，債権者の公平を害する行為として，破産法が禁止しています。

2 相殺禁止の条文を比べてみよう！

(1) 相殺禁止の2つのパターン

　まず，前頁のCHART 2.6.2で条文を比べてみましょう。相殺禁止の規定は，破産債権者が債務を負担して相殺する破産法71条と破産者に対して債務を負担する者が破産債権を取得して相殺する破産法72条に分かれます。相殺禁止の対象となるのは破産債権者による相殺ですが，債務の負担時期と債権の取得時期のどちらが先かによって適用される条文が違います。さらに，時期区分として，それぞれ，破産手続開始後（1項1号）の時期と，危機時期（1項2号〜4号）とに大きく区別されます。

CHECK

　空欄を補充して，以下の文章を完成させなさい。
　破産債権者が破産手続開始時に破産者に対して債務を負担するときは，破産手続によらないで（　①　）することができる（破67条1項）。これは相殺の（　②　）機能を保護するためである。破産債権者の負担する債務が停止条件付の場合であっても，破産手続開始後に相殺することができる（破67条2項後段）。
　しかし，債務者の危機時期において債権の取得または債務の負担をした場合は，原則として相殺が禁止される。これは，（　③　）を害するため，相殺の期待が合理的といえないからである。

---

3 相殺禁止の具体例

　　　　　　　　　▶ その相殺の期待は合理的ですか？

SCENE 2-16 不動産の購入代金を貸付金債権と相殺したら？

マクベス社長：英会話講師など従業員の給料が払えないので，急いで不動産を売りたいのですが，なかなか買い手がみつからなくて。
カシマス金融：支払不能でお困りですね。不動産を5000万円で買ってあ

げましょうか？

マクベス社長：本当にありがとうございます。いつも助けてくれて本当に助かります。

　ところが数日後の電話で……。

マクベス社長：まだ，代金が振り込まれないのですが。一体どうしたのですか。

カシマス金融：あ～，あの代金は，貸付金 5000 万円と相殺しましたよ。借金をいつまでも返さないあなたが悪いのです。

マクベス社長：もっぱら相殺する目的だったのか！　助ける気なんてなかったたな！

1　具体例でみる相殺禁止とその例外 ————————————●

▌(1)　破産手続開始後の債務負担 ▌

　破産債権者が破産手続開始後に破産財団に対して債務を負担しても，破産債権とその債務を相殺することはできません（破 71 条 1 項 1 号）。破産手続開始時に破産者に対して債務を負担していなかったということは，そもそも相殺権の対象外といえるからです（破 67 条 1 項参照）。たとえば，破産手続開始後に破産管財人が銀行に預金した場合でも，その銀行は，破産債権と預金債務を相殺することができません。

　ただし，前述のように破産手続開始時に停止条件付債務を負担しており，破産手続開始後に停止条件が成就して債務を負担することとなった場合は，破産手続開始後の債務負担に含まれず，相殺することができます（破 67 条 2 項後段）
⇒116頁
（⇨❶❷(2)）。この点は，誤解しやすいので注意が必要です。

▌(2)　危機時期における債務負担 ▌

　危機時期の債務負担による相殺は，債権者の公平を害する行為ですから，相殺が禁止されます（破 71 条 1 項 2 号～4 号）。支払不能・支払停止・破産申立てが基準となります。

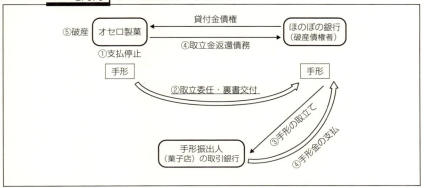

CHART 2.6.3 手形の取立委任・裏書交付

とくに，支払不能は，債権者の公平を確保すべき時期と考えられています[3]。もっとも，支払不能後の債務負担による相殺が禁止されるのは，SCENE 2-16のように「専ら破産債権をもってする相殺に供する目的で破産者の財産の処分を内容とする契約を破産者との間で締結」した場合に限定されています（破71条1項2号）。

CHART 2.6.3のケースで支払停止後の債務負担について考えてみましょう。

CHART 2.6.3の時系列は次のとおりです。
① オセロ製菓が支払停止となる。
② オセロ製菓が手形の取立委任・裏書交付をする。
③ ほのぼの銀行が手形金を取り立てる。
④ ほのぼの銀行に手形金が支払われる。
  ほのぼの銀行がオセロ製菓に対して，取立金返還債務を負担する。
⑤ オセロ製菓の破産手続が開始する。

(3) 手形の取立委任・裏書交付

オセロ製菓は，取引先である菓子店から菓子の売買代金の支払手段として約束手形[4]（手形といいます）を取得します。オセロ製菓は，ほのぼの銀行にそ

―― notes

[3] 支払不能は，第7章で説明する偏頗行為否認の基準としても重要な役割を果たします。

の手形の取立てを委任して譲渡裏書のうえ交付します（取立委任・裏書交付といいます）。ほのぼの銀行は，支払期日（満期といいます）に手形に記載の銀行に手形の取立てをします。ほのぼの銀行は，手形の取立金を受領すると，オセロ製菓に対して取立金の返還債務を負担します。

(4) 支払停止後の債務負担

　時系列にあるように上記のケースでは，ほのぼの銀行は，オセロ製菓の支払停止の後で，オセロ製菓から手形の取立委任・裏書交付を受けました。その後，手形が満期となり，ほのぼの銀行が手形金を手形の振出人である菓子店から取り立てて，ほのぼの銀行は，オセロ製菓に対して取立金返還債務を負担しました。この取立金返還債務は支払停止後に負担したものですから，ほのぼの銀行は，その債務負担のときにオセロ製菓の支払停止を知っていたときは，オセロ製菓に対して有する破産債権とオセロ製菓に対する取立金返還債務との相殺が禁止されます（破71条1項3号）。

(5) 危機時期における債務負担による相殺禁止の例外 [5]

　次に，オセロ製菓が危機時期となる前に，ほのぼの銀行が手形の取立委任・裏書交付を受けていたケースを考えてみましょう。

　相殺禁止の例外となるケースの時系列は次のとおりです。
① オセロ製菓がほのぼの銀行に手形の取立委任・裏書交付をする。
② オセロ製菓が支払停止となる。
③ ほのぼの銀行が手形金を取り立てる。
④ ほのぼの銀行に手形金が支払われる。
　ほのぼの銀行がオセロ製菓に対して，取立金返還債務を負担する。

notes ──

[4]　約束手形の仕組みは，全国銀行協会の「動物たちと学ぶ手形・小切手のはなし」（http://www.zenginkyo.or.jp/education/free-publication/pamph/pamph-04b/）を参照してください。
[5]　相殺禁止の例外は，破産法71条1項2号～4号にのみ適用されて，同項1号には適用されません（破71条2項柱書）。本書では，71条2項2号の事例を扱っていますが，同2項1号には，「法定の原因」，同項3号には「破産手続開始の申立てがあった時より1年以上前に生じた原因」という2つの相殺禁止の例外が規定されています。

122 ● CHAPTER 6　相殺権

⑤　オセロ製菓の破産手続が開始する。

　手形の取立委任・裏書交付の後，オセロ製菓が支払停止となった場合は，オセロ製菓の支払停止後に，手形を取り立てて取立金返還債務を負担したとしても，ほのぼの銀行は破産債権と取立金返還債務を相殺することができます（破71条2項2号）。これは，支払停止・破産申立てという危機時期より「前に生じた原因」に基づいて，危機時期に債務負担が生じた場合であり，危機時期前にすでに合理的な相殺の期待があったといえるからです（最判昭和63・10・18民集42巻8号575頁・百選64事件参照）。

　まとめると，①支払停止・破産申立て→②手形の取立委任・裏書交付→③手形取立て→④手形金返還債務の負担→⑤破産手続の開始の順ですと相殺禁止となりますが，①手形の取立委任・裏書交付→②支払停止・破産申立て→③手形取立て→④手形金返還債務の負担→⑤破産手続の開始の順ですと相殺することができます。

2　破産者に債務を負っている者による破産債権の取得 ──●

(1)　破産手続開始後の他人の破産債権の取得

　破産手続開始後に他人の破産債権を取得しても，破産手続開始時に負担する債務と相殺することはできません（破72条1項1号）。破産手続開始時に破産債権者でなかったということは，そもそも相殺権の対象外といえるからです（破67条1項，最判平成28・7・8民集70巻6号1611頁参照）。

(2)　危機時期における破産債権の取得

　危機時期（支払不能・支払停止・破産申立て後）に，破産債権を取得した場合，原則として相殺禁止となります（破72条1項2号～4号）。

(3)　危機時期における破産債権の取得による相殺禁止の例外 ⑥

　破産債権の取得が，破産者に対して債務を負担する者と破産者との間の契約であれば，危機時期の破産債権取得の場合であっても，相殺禁止となりません

（破 72 条 2 項 4 号）。

　たとえば，ほのぼの銀行は，オセロ製菓が危機時期と知りつつ，オセロ製菓に対して融資をして貸付金債権を取得した場合，以前からあった預金債務と相殺をすることができます。ほのぼの銀行は，オセロ製菓が危機時期にあることを知っていても，いざというときは危機時期前からある預金債務と相殺すればよいと考えて融資することができれば安心ですし，危機時期にあるオセロ製菓にとってもスムーズな資金調達ができて助かります。これは，ほのぼの銀行が融資時点において預金債務を担保目的財産と同視して融資をしているとみることができるからです。これを**同時交換的行為**といいますが，同時交換的行為については，否認権の章で説明します（⇨第 **7** 章 **2⃣3⃣**）。
⇒138頁

Column⓯　破産管財人は相殺することができるか？

　破産管財人が相殺すると，特定の債権に対する偏頗的な行為となるため，原則として破産管財人による相殺は許されません。しかし，相殺権をもつ債権者がいつまでも相殺権を行使しないと破産手続が進みません。そこで，債権者に相殺するか否かの決断を促す制度として，破産管財人による催告という制度があります（破 73 条）。

　さらに，双方ともに破産しているような場合，配当率の高い破産事件の破産管財人は，配当率の低い破産事件の破産管財人に対して相殺したほうが有利になります。たとえば，予想配当率 30％ の破産事件の破産管財人は，予想配当率 10％ の破産管財人に対して相殺すべきです。なぜなら，互いの破産債権が100 万円とすると，30％ 配当予定の破産管財人は相殺しないと，相手方の破産管財人に 30 万円配当して，10 万円の配当を受け取ることになりますが，相殺すると，20 万円の破産財団減少防止になるからです。そこで，破産法は，このような場合に，破産管財人が裁判所の許可を得て，相殺することができると定めています（破 102 条）。

---

notes

⑥　相殺禁止の例外は，破産法 72 条 1 項 2 号〜4 号にのみ適用されて，同項 1 号には適用されません（破 72 条 2 項柱書）。本書では，72 条 2 項 4 号の事例を扱っていますが，他に 72 条 2 項 1 号〜3 号には，71 条 2 項 1 号〜3 号と同様の相殺禁止の例外が規定されています。

EXERCISE ●演習問題

　A 社が破産手続開始決定を受ける前，Y 銀行は，B 社との間で A 社が B 社に負担する債務について保証人となっていました。この保証契約は，A 社から委託を受けたものではありませんでした。A 社の破産手続開始決定後，Y 銀行が B 社に対する保証債務を履行することによって，Y 銀行は，A 社に対して求償権を取得しました。A 社の破産管財人 X が Y 銀行に対して預金の払戻しを求めたところ，Y 銀行は，求償権と預金債務とを相殺する旨の意思表示をしました。

　Y 銀行のした相殺は相殺禁止に該当するかどうか検討してみましょう（最判平成 24・5・28 民集 66 巻 7 号 3123 頁・百選 69 事件）。

CHAPTER

第 **7** 章

否 認 権

　債務者は，破産する前に不当に安い値段で財産を売却すること（廉
価売却といいます）があります。廉価売却のように，債務者が自らの
財産を減少させることによって債権者の利益を害する行為を詐害行為
といい，詐害行為によって利益を受けた第三者を受益者といいます。

　債務者から受益者に流出した財産を破産財団に返還させるには，詐
害行為を取り消す必要があります。破産法は，詐害行為を取り消すた
めに，破産管財人に否認権を付与しています。破産管財人は，受益者
に対して否認権を行使して，詐害行為を取り消します。

　否認権は，このような詐害行為のほかにもいくつかの行為を取り消
すことができますが，否認権の対象行為ごとに要件が異なります。本
章では，否認権について破産法の規定の順序で解説していきます。否
認権の基礎を知らないと理解しにくい規定が途中で登場します。それ
らに【応用】マークを付しましたので，それらをスキップして，本章
を最後まで読んだ後で，【応用】に戻ってチャレンジしてください。

1 詐害行為の否認 ▮▶ わざと財産を減少させるなんて！

> **SCENE 2-17 不動産の廉価売却**
> マクベス社長：この不動産は，1億円の価値があるけれど，債務超過だか
> ら，1000万円でジュリエットに譲渡するよ。
> ジュリエット：債務超過で大変ね。1000万円で購入するわ。

1 詐害行為と偏頗行為の違いは何か？

　否認対象行為のうち重要なものは，詐害行為と偏頗行為の2つです。詐害行為の否認の要件をみる前に，詐害行為と偏頗行為の違いを確認しましょう。

(1) 詐害行為の意義

　詐害行為とは，破産債権者を害する行為をいいますが，多くの場合，債務者が，自分の債務超過状態[1]を自覚しながら，財産を第三者（受益者といいます）に安価で譲渡することによって破産財団の価値を減少させる行為を意味します。**CHART** 2.7.1で考えてみましょう。

　債務超過のマクベスは，破産する前に1億円の不動産をジュリエットに1000万円で売却しました。その後，マクベスが破産したときの破産財団の価値は，1000万円でした。仮に不動産を<ruby>廉価<rt>れんか</rt></ruby>**売却**[2]しなければ，破産財団の価値は1億円であったはずです。このような廉価売却が詐害行為の典型例です。マクベスの破産管財人は，受益者ジュリエットに対して否認権を行使して売却（詐害行為）の効力を取り消すことによって，ジュリエットに対して破産財団への不動産の返還を請求することができます。ジュリエットは，支払った1000万円の返還を請求することができます。

― notes

[1] ⇨第1章5**2** ⇒63頁
[2] 本来の価値よりも安い価格で売却することを廉価売却といいます。

CHART 2.7.1 詐害行為

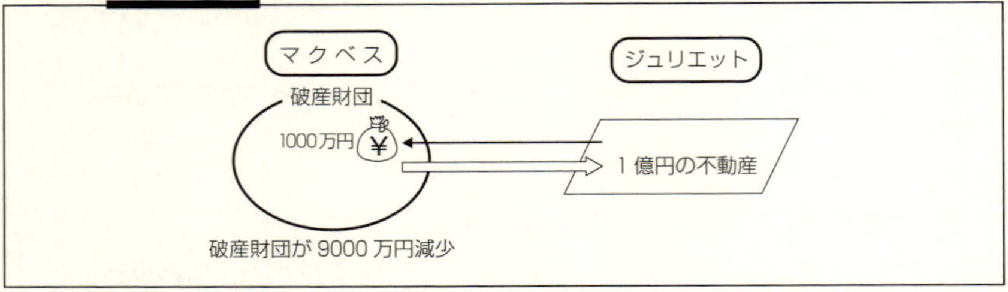

マクベス　　　　　　　ジュリエット

破産財団
1000万円　後　¥　← 1億円の不動産

破産財団が9000万円減少

SCENE 2−18　偏頗弁済

マクベス社長：この間はありがとう。ついに，支払不能になってしまって，もうすぐ破産するからジュリエットから借りていた1000万円は，今のうちに返済するよ。

ジュリエット：支払不能で大変なのに私にだけ返済してくれて，ありがとう。

---

(2)　偏頗行為の意義

　偏頗行為とは，既存の債務についてされた担保の供与または債務の消滅に関する行為[3]をいいます。以下では，債務者が，**支払不能状態**にありながら，ある特定の債権者に弁済したという例で考えてみましょう（⇨**CHART** 2.7.2）。

　マクベスは，1500万円の財産をもっていて，その当時，マクベスに1000万円の債権をもつ債権者が3名いたとしましょう（ジュリエット，ほのぼの銀行，カシマス金融）。マクベスは，支払不能となったにもかかわらず，ジュリエットにだけ1000万円を弁済しました。その後，マクベスは，破産しました。マクベスの破産財団の価値は，弁済の結果，500万円となり，ほのぼの銀行とカシマス金融は破産手続において，それぞれ250万円のみを受け取ることになります（ジュリエットは全額の弁済を受けて破産債権者になっていません）。仮にマクベスがジュリエットに弁済していなければ，ジュリエット，ほのぼの銀行，カシマス金融は，それぞれ500万円を受け取っていたはずです。

　このように債権者の平等を害する行為が偏頗行為です。破産管財人が否認権

---

notes

[3]　担保の供与の典型例は，抵当権の設定で，債務の消滅に関する行為の典型例は，弁済です。

128 ● CHAPTER 7 否認権

CHART 2.7.2 偏頗行為

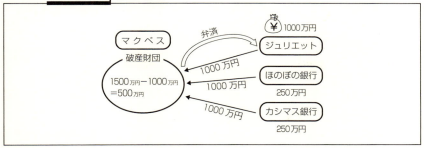

を行使することによって，ジュリエットに弁済金の返還を請求することができます。ジュリエットは弁済金を破産財団に返還すると破産債権者にもどります。以下では，否認の要件，効果の順に説明しますが，まず，詐害行為の否認の要件を学んでいきましょう。

2 詐害行為否認の趣旨は何か？

(1) 責任財産の回復

債権者は債務者の財産から弁済を受けることを期待しています。その期待を裏切って債務者が廉価売却などによって責任財産[4]を減少させると，債権者の利益が害されます。詐害行為否認の趣旨は，減少した責任財産を返還させることによって，債権者の利益を保護する点にあります。詐害行為否認は，民法の詐害行為取消権（民424条）と同じ趣旨の制度です。詐害行為取消権は，債権者が行使しますが，否認権は，破産管財人が行使する点に違いがあります。

3 詐害行為否認の要件は何か？

(1) 偏頗行為の除外

破産法160条1項は，詐害行為から「担保の供与又は債務の消滅に関する行

---- notes

[4] 責任財産とは，債務者の財産のうち，債権者が差し押さえることができる財産をいいます。債務者が破産すると責任財産は破産財団と呼ばれます。**CHART** 2.2.1参照。

為」を除いています。これは，偏頗行為を詐害行為と明確に区別する趣旨です。

(2) 詐害意思のある詐害行為

詐害行為の否認の要件は，①**詐害意思のある詐害行為**（破160条1項1号）と②**支払停止または破産申立て後の詐害行為**（同項2号）の2つです。①は，破産者が破産債権者を害することを知ってした行為です。破産債権者を害することを知っていたことを**詐害意思**といいます。詐害意思というと，積極的に危害を加える意図のように思いますが，ここで詐害意思とは，債務者が自らの債務超過⑤と財産の減少を認識していることを意味します。

ただし，受益者が，その行為の当時，破産債権者を害することを知らなかったとき⑥は，否認できません（破160条1項1号ただし書）。たとえば，マクベスが，自らの債務超過を認識しつつ，ジュリエットに不動産を廉価売却しても，ジュリエットがその当時，マクベスの債務超過について善意の場合，この廉価売却を否認することはできません。善意の受益者を保護する趣旨です。

(3) 支払停止または破産申立て後の詐害行為

②は，破産者が支払停止⑦または破産申立て（以下では，支払停止等といいます）の後にした詐害行為です。支払停止等の後は，破産手続の直前の時期（危機時期と呼ばれます。⇨CHART 2.7.4）ですので，詐害意思の有無を問わずに否認することができます（もっとも，実際には詐害意思があることが多いでしょう。⇨CHART 2.7.3）。

ただし，受益者が，その行為の当時，支払停止等があったことおよび破産債権者を害することについて，善意のときは，否認されません（破160条1項2号ただし書）。2つの詐害行為否認の要件は，CHART 2.7.3のようになります。

---

notes

⑤ 本書では，破産法の概念である「債務超過」という用語を用いますが，民法の詐害行為取消権では，「無資力」と呼ばれています。

⑥ 法律用語で，「知らないこと」を善意といいます。反対に，「知っていること」を悪意といいます。日常用語と異なるので注意してください。→62頁

⑦ 支払停止については，⇨第1章§1(2)。

130 ● CHAPTER 7 否認権

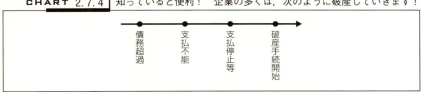

条　文	160条1項1号	160条1項2号
時　期	債務超過後	支払停止または破産申立て後
債務者の主観的要件	詐害意思	不要
受益者の善意の対象	詐害の事実	支払停止，破産申立ておよび詐害の事実

CHART 2.7.3 160条1項1号と2号の対比

CHART 2.7.4 知っていると便利！ 企業の多くは，次のように破産していきます！

債務超過 → 支払不能 → 支払停止等 → 破産手続開始

4 【応用】過大な代物弁済の否認

では，次の行為は否認できるでしょうか。

(1) 過大な代物弁済

マクベスが1000万円の債権をもつ債権者ジュリエットに対して，価値が1億円の不動産で代物弁済[8]した場合，代物弁済は債務消滅行為にあたるため，破産法160条1項の詐害行為否認の対象外です。代物弁済したときに，マクベスがすでに支払不能になっていれば，後述の偏頗行為否認の規定によって代物弁済を否認することができるので，不動産の返還を求めることができます。

しかしながら，マクベスがまだ支払不能になっていない場合などには代物弁済を偏頗行為として否認することができません。問題は，過大な代物弁済によって9000万円相当の価値が破産財団から減少している点です。

(2) 過大部分のみの否認

そこで，破産法160条2項は，破産者がした債務消滅行為で，債権者の受け

―― notes

[8] 代物弁済とは，契約で定めた弁済と異なる財産で弁済することをいいます。たとえば契約では金銭で弁済するはずのところを不動産で弁済することです。

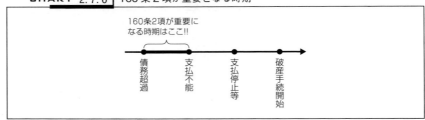

た給付の価額が当該行為によって消滅した債務の額より過大である場合は，過大部分に限り，詐害行為として否認することを認めています。

実際に代物弁済の過大部分を否認するには，破産法160条1項各号の詐害行為否認の要件をみたす必要があります。たとえば，マクベスに詐害意思があれば，過大部分を否認することができます（破160条1項1号）。

(3) なぜ代物弁済か

ところで，破産法160条2項が同法162条1項柱書と異なって債務消滅行為のみを挙げていて，担保の供与を挙げていないのは，なぜなのでしょうか。これは，過大な担保の供与をしても，担保権の実行後の過大部分（担保余剰）は民法上の返還義務があり，否認する必要がないからです。そのため，過大な債務消滅行為のみが否認対象となります。

5 無償行為否認

(1) 無償行為否認の要件

無償行為は，破産者が支払停止等の後またはその前6か月以内にした行為の

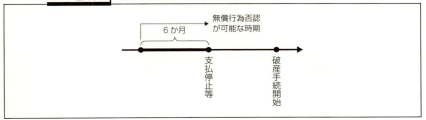

場合，否認することができます（破160条3項）。無償行為とは，たとえば，債務者が自らの不動産を配偶者に贈与[9]する場合です。なお，無償行為と同視すべき有償行為も，無償行為と同様に扱われます。たとえば，1億円の不動産を1円で売却する行為は，無償行為と同視されるでしょう。

(2) 要件緩和の根拠

無償行為否認の要件は，前述の支払停止等後の詐害行為（破160条1項2号）と比較すると，時期が6か月前倒しされ（⇨CHART 2.7.7），受益者の善意・悪意を問わないで，否認することができる点に特徴があります。このように支払停止等後の詐害行為否認と比較すると，要件が緩和されていることがわかります。

無償行為否認の要件が緩和されている根拠としては，①無償行為は，有償行為よりも詐害性が強いこと，および②対価を払っていない受益者を保護する必要性が低いことが挙げられます。

EXERCISE ●演習問題

(1) 中小企業に銀行が融資をする際に，中小企業の経営者を保証人または物上保証人にすることがあります。このような融資において，経営者が破産すると，保証債務の負担や物上保証としてされた抵当権の設定行為が無償行為として否認されることがあります。経営者が自ら経営する企業のために保証人・物上保証人になる際に，銀行から保証料を受け取ることはないのが通常ですから，無償行為となるのです。

――――notes

[9] 贈与とは，財産を無償で譲渡する契約をいいます（民549）。

判例（最判昭和 62・7・3 民集 41 巻 5 号 1068 頁・百選 34 事件）は，この
ような保証債務の負担や抵当権の設定は，無償行為に該当するとして無償行為否
認を認めました。しかし，判例に反対する見解も有力です。
　判例や学説を調査して，①無償とは，誰にとっての無償か，②保証人が取得す
る求償権は対価といえないか，③経営者の一族が株主である会社（同族会社）の
場合も無償といえるかといった点について，議論してみましょう。
(2)　A 社は，B 社の Y に対する債務を保証するために 2018 年 2 月に無償で保証
　　人となりました。その後，A 社は，同年 5 月に債務超過となり，同年 6 月に破
　　産手続開始の申立てをしました。A 社の破産管財人は，B 社のために保証人と
　　なった保証契約を無償行為として否認することができますか。無償行為が債務超
　　過よりも前であることに注意しつつ検討してみましょう（最判平成 29・11・
　　16 民集 71 巻 9 号 1745 頁。法学教室 450 号 141 頁〔杉本和士〕）。

6　【応用】相当な対価による財産処分の否認 ●

　これまで詐害行為は，廉価売却など債務者が破産財団の価値を減少させる行
為について考えてきました。では，以下のように相当な対価を得ているケース
は，どうでしょうか。

(1)　従来の判例

　債務者マクベスは，価値が 1 億円の不動産をジュリエットに譲渡しましたが，
その売却代金は 1 億円でした。その後，マクベスが破産した場合，上記の売却
行為を否認することができるでしょうか。不動産が金銭に変更されたけれども，
破産財団を減少させていないため，否認できないと思われます。

　ところが，現行破産法が制定される以前の判例は，不動産を金銭に変更する
取引が実質的な財産減少行為になると考えてきました。この従来の判例の考え
方に対しては，債務超過の企業が不要な不動産を処分して資金を調達しようと
する場合に，リスクのある物件（その企業が破産すると否認されるかもしれないと
いう危険のある物件）とみられて敬遠され，買い手がみつけにくく，不動産のス
ムーズな売却が困難であるという批判がありました。

134 ● CHAPTER 7　否認権

⑵ 3つの要件

そこで，破産法は，債務者が財産を処分した受益者から相当の対価を取得している場合は，次の3つの要件を定めて，それらの要件をすべてみたす場合に限り，否認を認めることにして，取引の安全に配慮しました。

① 財産の種類の変更

不動産の金銭への換価など財産の種類の変更により，隠匿・無償の供与など破産債権者を害する処分（以下，隠匿等の処分といいます）をするおそれを現に生じさせる行為であること。

② 隠匿等の処分の意思

債務者が，その当時，対価として取得した金銭などについて，隠匿等の処分をする意思を有していたこと。

③ 受益者の悪意

受益者が，その当時，債務者が隠匿等の処分をする意思を有していたことを知っていたこと。ただし，受益者が法人の役員，親会社，親族等のように内部者である場合は，受益者の悪意が推定される。

相当な対価による財産処分の場合，破産管財人は，上記3つの要件すべてをみたす場合に限り，否認することができます。したがって，債務者が隠匿等の処分の意思をもっていたとしても，受益者に対して，異なる説明をしていた場合には，否認権を行使することはできません。

CHECK

次の①，②のケースで，Aがその後に破産したとする。Aの破産管財人は，Bへの不動産売却を否認することができるか。

① Aは，自らが債務超過であると認識しつつ，1億円相当の不動産を1000万円でBに売却した。売却の当時，Bは，Aが債務超過であると知っていた。

② Aは，自らが債務超過であると認識しつつ，1億円相当の不動産を1億円でBに売却した。売却の当時，Aは，Aの妻であるCに代金1億円を贈与するのが目的であった。もっとも，売却の当時，Bは，Aが債務超過であると知っていたものの，代金1億円の使途は，従業員の給料・退職金の支払であるとの説

1 詐害行為の否認 ● 135

明を受けており，Aの妻Cへの贈与が目的であるとは知らなかった。

 偏頗行為の否認

⬢ 支払不能になったら，みんな平等！

SCENE 2-19 債権者平等と債務の弁済はどっちが大事？
ジュリエット：この前，破産法の専門書を読んだわ。支払不能になった後，私だけ弁済を受けても，あとで破産管財人に返還しないといけないのでしょう。
マクベス社長：君にはとてもお世話になったから迷惑をかけたくなかったんだ。債権者に弁済するのは債務者の義務だから，否認されないと思ってたけど？
ジュリエット：でも，弁護士に相談したら「支払不能になった債務者が特定の債権者にだけ弁済するのは，偏頗行為と言って否認権の対象になります」と言ってたわ。
マクベス社長：支払不能になったら義理人情より債権者平等のほうを大事にしなさいということか。すまない。

1 偏頗行為の否認の趣旨は何か？

(1) 債権者平等の確保

　破産手続が開始すると，債権者は強制執行が禁止されて，平等に配当を受け取る立場になります。こうして破産手続が開始すると，債権者平等が確保されます。
　では，債務者が，破産手続開始前にすでに支払不能となっているにもかかわらず，特定の債権者のみに弁済する行為は，どう考えるべきでしょうか。これを許すと債務者の倒産状態をいち早く察知した債権者や親族である債権者だけが抜け駆け的に債権回収して完全な満足を得る一方で，まったく事情を知らな

CHART 2.7.8 非義務行為

3つの非義務行為	典型例	否認可能時期
① 行為自体が義務ではないもの	担保の提供	支払不能前30日以内
② 時期が義務ではないもの	期限前弁済	支払不能前30日以内
③ 方法が義務ではないもの	代物弁済	支払不能後

かった債権者は，出遅れてしまって，破産手続ではほとんど配当を受けられないという状況が生じます。これでは，たとえ破産手続において債権者の平等が確保されているといっても，債権者平等を実質的に確保しているとはいえないでしょう。

　そこで，債務者が支払不能になった後に特定の債権者だけが弁済を受けた場合，その弁済の効力を取り消して，債権者の不平等を是正する制度が必要になります。これが偏頗行為否認です。つまり，偏頗行為否認の趣旨は，債務者の支払不能後における債権者平等を確保する点にあります。偏頗行為否認は，相殺禁止（⇨第**6**章②）^{⇒117頁}と同趣旨の制度です。

(2) 支 払 不 能

　破産手続開始前に債権者の平等を尊重するというルールを定めるとして，どの時点で倒産状態とするか，債権者平等を妥当させる基準時とするか，を決めなければ，相手方は安心して弁済や担保の提供を受けることができません。破産法は，偏頗行為否認の基準時を**支払不能**と定めています。支払不能は，債務者が，支払能力を欠くために，その債務のうち弁済期にあるものにつき，一般的かつ継続的に弁済することができない状態をいいます（破2条11項。⇨第**1**章§1(1)）^{⇒61頁}。つまり，破産法は，債務者に対して，支払不能になったら債権者の平等を確保しなさいと命じているのです。なお，支払不能は，支払停止（⇨第**1**章§1(2)）^{⇒62頁}によって推定されます（破162条3項）。

(3) 債権者の悪意の証明責任

　偏頗行為を否認する場合，債権者が支払不能または支払停止について知っていたことを原則として破産管財人が証明します。ただし，債権者が内部者[10]の場合または非義務行為の場合は，支払不能または支払停止について善意である

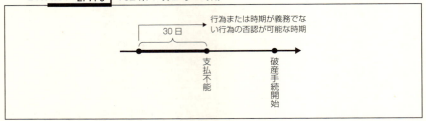

ことを債権者が証明する必要があります。非義務行為には，**CHART** 2.7.8 に掲げる3つがあります（破162条1項1号，2項2号）。

2 【応用】支払不能前30日以内の非義務行為の否認

CHART 2.7.9のように前述した3つの非義務行為のうち，行為または時期が義務でない行為（**CHART** 2.7.8の①または②の行為）は，債権者が善意の証明責任を負担するだけでなく，支払不能前30日以内であっても否認することができます（破162条1項2号）。偏頗行為否認の対象となる時期を前倒しする理由は，債務者がもうすぐ支払不能になることが確実であると予見する債権者が，期限前の弁済や担保の提供を迫って抜け駆け的に債権回収を図ることを防止するためです。

3 同時交換的行為

(1) 既存の債務

偏頗行為否認の対象となる担保の供与または債務の消滅に関する行為は，「既存の債務」についてされたものに限られます。これは，同時交換的行為を偏頗行為否認の対象から除外する趣旨です。**同時交換的行為**とは，商品と引換えに現金で支払う売買（現金取引），あるいは融資を受けると同時に担保を設定する場合などをいいます。

たとえば，支払不能後に債務者が銀行のために不動産に抵当権を設定したと

---
notes

[10] 内部者とは，破産した会社の取締役，親会社，破産者の親族などです。

しても，その銀行から融資を受けると同時に抵当権を設定している場合は，融資した銀行は，その債務者の経済状態を信用したのではなく，不動産の価値を信用して融資したと考えられます。

このように一度も債務者を信用していない債権者と，債務者を一度は信用した債権者とを同じに扱うべきではありません。

CHECK

以下の①②の場面において，Ａ社の破産管財人Ｘは，Ｂ銀行に対して否認権を行使して，抵当権の設定行為を否認することができるか，それぞれ検討しなさい。
① Ａ社は，Ｂ銀行から1000万円の無担保融資を受けていた。Ｂ銀行は，2016年10月にＡ社が支払不能となったことを知った。11月1日，Ｂ銀行は，Ａ社に対してＡ社の所有不動産について，抵当権を設定するように求めた。Ａ社は，やむをえず，Ｂ銀行のために不動産に抵当権を設定した。その後，Ａ社は，11月中旬に破産を申し立てて，11月下旬に破産手続が開始され，破産管財人Ｘが選任された。
② Ａ社は，2016年10月中旬に支払不能になった。11月1日，Ａ社は，従業員の給与を支払うため，Ｂ銀行から1000万円の融資を受けると同時にＢ銀行のために所有不動産に抵当権を設定した。Ａ社は，12月中旬に破産を申し立てて，12月下旬に破産手続が開始され，破産管財人Ｘが選任された。

 ## 否認権の行使とその効果

▶ 譲渡した財産が破産財団に復帰します

1 否認権の行使方法

(1) 否認権の行使方法

否認権は，破産管財人が行使します。否認権の行使方法には，①訴え，②否認の請求，③抗弁の3つがあります。このうち②否認の請求は，決定手続で進められますが（破174条），否認の請求を認容する決定に対しては，異議の訴えを提起することができます。否認権の簡易迅速な行使のために決定手続を用意

しつつ，判決手続によって争う権利を保障するために，異議の訴えを利用できるようにしています（2段階システムについて，⇨第**3**章 **1 3 Column ⑪**参照）。
_{⇒80頁}

⑵　否認権の行使期間

　否認権の行使期間は，破産手続開始の日から2年です。また，否認対象行為の時から10年を経過した場合も，行使することができません。

2　否認の効果

⑴　詐害行為否認の効果

　否認権を行使すると，破産財団は原状に復することになります（破167条）。詐害行為否認では，譲渡された財産が破産財団に復帰します。

　否認権を行使すると，受益者が支払った代金の返還請求権は財団債権（⇨第
3章 **2 1**）となります。ただし，受益者が破産者の隠匿等の処分をする意思について悪意の時（⇨本章 **1 6⑵**）は，代金の返還請求権は，財団債権ではなく，破産債権となります。
_{⇒81頁}
_{⇒135頁}

　たとえば，破産者から1億円の不動産を1000万円で取得した受益者に対して否認権が行使されると，受益者は，破産管財人に不動産を引き渡します。その代わり，受益者は，破産管財人に対して財団債権として1000万円の返還請求権をもちます。ただし，受益者が破産者の1000万円の隠匿等の処分をする意思を知っていた場合は，受益者のもつ1000万円の返還請求権は，財団債権ではなく破産債権に格下げされます。

⑵　価額償還請求

　すでにその財産が転売されてしまっている場合など，受益者がその財産を返還することができない場合は，破産管財人は受益者に対して**価額償還請求**をすることができます。たとえば，破産者から1億円の不動産を1000万円で取得した受益者がすでにその不動産を転得者に転売している場合，破産管財人は，受益者に対して1億円の金銭支払請求をすることができます[1]。なお，価額償還請求の場合，その財産のどの時点の価額を返還すべきかについては，争いが

140　● **CHAPTER 7** 否認権

ありますが，判例は，否認権を行使した時の財産の価額としています。前述の不動産を返還する場合と同じく，受益者が支払った代金の返還請求権は 1000 万円の財団債権または破産債権となります。

(3) 差額償還請求

破産管財人は，受益者がその財産を保持している場合でも，財産を返還してもらう代わりに，受益者に対して，財産の価額から代金額を控除した額の償還を請求することができます（破 168 条 4 項）。これを差額償還請求といいます。差額償還請求は，破産管財人が財産を換価する費用や時間を節約することができるという利点があります。

(4) 偏頗行為否認の効果

偏頗行為が否認されると，受益者に対する弁済または担保の供与がなかったことになります。その結果，破産管財人は，受益者に対して，受領した金銭または担保目的物を返還請求することができます。受益者が受領した金銭を返還した場合，受益者の債権が復活して破産債権となります（破 169 条）。

たとえば，支払不能後に 1000 万円の弁済を受けていた受益者に対して，その弁済が偏頗行為であるとして破産管財人が否認権を行使すると，受益者は，1000 万円を破産管財人に返還しなければなりません。受益者が 1000 万円を返還すると，弁済によって消滅したはずの 1000 万円の破産債権が復活します。こうして，受益者は，破産債権者としてその破産債権を行使することができます。

---

notes

[11]　所定の要件を満たせば，転得者に対して否認権を行使して不動産の返還を求めることもできます。破産法 170 条参照。受益者と転得者のいずれに対して否認権を行使するかを破産管財人が選択します。

4 対抗要件の否認権

⇒ 登記しないと危ないよ！

売主が不動産の譲渡契約を締結したのが，売主の経済状況に問題がない時期（危機時期前）であったため，その契約は，詐害行為否認や偏頗行為否認の要件をみたさず，否認することができないとしましょう。その後，売主の支払停止等の後（危機時期後）にその不動産の所有権移転登記がされた場合，破産管財人は譲渡契約自体ではなく，登記を否認することができるでしょうか。

(1) 否認の要件

支払停止等の後に対抗要件具備行為をした場合に，その対抗要件具備行為が原因行為の日から15日を経過した後，支払停止等のあったことを知ってしたものであるときは，これを否認することができます（破164条1項本文）。ただし，支払停止等の前にした仮登記に基づいて，支払停止等の後に本登記をした場合は，その本登記を否認することはできません（同項ただし書）。

対抗要件否認のポイントは，基準時を**支払停止等**（支払停止または破産申立て）としている点です。支払停止の意味と具体例については，第1章⑤1(2)で確認 ⇒62頁 してください。

(2) 15日の猶予期間

売買契約の締結など原因行為をしてから実際に登記など対抗要件を具備するまでに数日間かかる場合があります。そこで，対抗要件否認の要件には，15日の猶予期間が認められています。

対抗要件の否認の目的は，原因行為後，すみやかに対抗要件を具備するべきであるにもかかわらず，長期間，対抗要件を具備しないでいて，債務者が支払停止等になったと知って，急いで対抗要件を具備する行為を禁止する点にあります（秘密取引の防止）。どこからが秘密取引なのかという線引きは，難しい問題ですが，破産法は，対抗要件具備行為が原因行為から15日経過後であった

142 ● CHAPTER 7 否認権

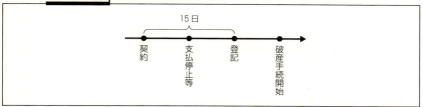

CHART 2.7.10 対抗要件否認の猶予期間

か否かを基準としています。

(3) 対抗要件否認の効果

> **Column ⓰ 支払停止後の行為が否認されなくなるとき**
>
> 支払停止後の行為は，いつまでも破産管財人に否認される可能性があるのでしょうか。破産法は，破産申立ての日から1年以上前にした行為（無償行為を除きます）は，支払停止後にされたものであることまたは支払停止を知っていたことを理由として否認することができないと定めています。これは，支払停止後の行為の否認を一定期間に区切ることで取引の安全を図るものです。

　対抗要件具備行為が否認されると，破産手続開始時に対抗要件を具備していない者と同じ扱いになります。たとえば，所有権移転登記を否認された不動産の買主は，破産手続開始後にその不動産の所有者であることを主張してその不動産を取り戻すことができなくなります（⇨第**2**章③(2)）。
⇒73頁

> **EXERCISE ●演習問題**
>
> ① 法人債務者が事業再生を図るため，金融機関などの債権者に対して債務免除・支払猶予を要請する行為または事業再生ADRの申請を通知する行為は，支払停止に該当するでしょうか。判例・学説を調べて議論してみましょう。
> 参考判例：東京地決平成23・11・24金法1940号148頁
> ② 支払停止等の後の対抗要件具備行為は，対抗要件否認（破164条）の要件をみたせば否認されます。では，支払停止等の前の対抗要件具備行為について，詐

害行為否認や偏頗行為否認の規定に基づいて否認することができるでしょうか。
判例・学説を調べて議論してみましょう。

参考判例：東京地決平成 23・11・24 金法 1940 号 148 頁

CHAPTER

第**8**章

破産財団の管理・換価・配当と手続の終了

　　債務者が破産すると，破産管財人は，破産財団を管理処分して配当します。破産財団は，もともと破産者の財産ですから，破産管財人は，破産者の財産状況を調査して，破産者から破産財団に属する財産を実際に引き渡してもらう必要があります。そして，破産管財人は，破産財団に属する財産を換価して，破産債権者に対して配当します。配当は，金銭で行います。

　　配当が終了すると，破産手続が終了します。しかし，財産が少ない場合など破産手続が配当に至らずに終了することもあります。

　　本章では，破産管財人による破産財団の管理・換価・配当について解説した上で，破産手続の終了について説明します。

1 破産財団の管理・換価　⫸丁寧に説明しましょう

1 破産財団の管理

　破産手続が開始すると，破産管財人は，直ちに破産財団に属する財産の管理にとりかかります。破産財団の範囲については，すでに第 **2** 章 ② で説明しました。ここでは，破産管財人が破産財団に属する財産を実際にどのようにして管理するのかについてみていきます。

(1) 封　　印

　破産管財人が破産者から引渡しを受けた財産は，現金であれば預金で，預金であれば通帳と印鑑等を破産管財人の事務所で管理します。しかし，建物や現地で保管せざるを得ない動産は，「破産管財人の占有下にある」旨の表示をするのが通常です。破産財団に属する財産について第三者による不法占有や持去りのおそれがあるときは，破産管財人は，裁判所書記官等に，その財産に封印 [1] をさせることができます（破155条1項）。

(2) 引渡命令

　破産者が占有する財産は，破産管財人に対して破産者が任意に引き渡すべきです。仮に破産者が破産管財人の引渡請求に応じない場合，裁判所は，破産者に対して，破産財団に属する財産を破産管財人に引き渡せと命じることができます（引渡命令，破156条）。破産管財人は，引渡命令があれば破産者の占有する財産に対して強制執行することができます。引渡命令の制度は，本来，訴訟手続によって判決を取得しなければできないはずの強制執行を，破産管財人が簡易迅速にできるようにしたものです。

notes

[1]　封印は，対象物件に「封印を破棄又は無効にした者は刑罰に処せられる」と記載された封印票を貼って，見やすい場所に「破産手続開始決定に基づき破産者の占有を解き，破産管財人の占有に移転した」と記載された公示書を公示する方法である。

146 ● **CHAPTER 8** 破産財団の管理・換価・配当と手続の終了

2 破産者の義務

> **SCENE 2-20　破産管財人による調査**
>
> 管財人：きっちり説明していただかないと，説明義務違反として，処罰され
> 　　　　たり，免責不許可となったりしますから注意してください。不動産は
> 　　　　所有していますか？
> 借田さん：はい。
> 管財人：どの銀行に預貯金がありますか？
> 借田さん：ほのぼの銀行です。
> 管財人：じゃあ，退職金債権はありますか？
> 借田さん：退職金？　退職はしていないですが。
> 管財人：仮に退職したら受け取ることができる退職金を計算する必要があり
> 　　　　ます。

(1) 重要財産開示義務

　破産財団の管理において，破産財団に属する財産の状況を早く正確に把握することが大切です。そこで，破産者に対して**重要財産開示義務**を課しています。重要財産とは，不動産，現金，有価証券，預貯金その他裁判所が指定する財産をいいます。破産者は，破産手続開始の決定後遅滞なく，重要財産を記載した書面を裁判所に提出する必要があります（破41条）。

(2) 説明義務

　破産管財人から説明を求められた場合，破産者は，必要な説明をしなければなりません（**説明義務**）。この説明義務は，破産者だけではなく，破産者の代理人，破産した会社の取締役等および裁判所の許可があれば破産者の従業者に課されます（破40条1項各号）。

Column ⓘ　手紙とメールはどっちが安全？　郵便物等の転送嘱託

　裁判所は，必要に応じて，郵便物等を破産管財人に転送するように郵便局等に嘱託することができます。破産管財人は，受け取った破産者宛郵便物等を開

1 破産財団の管理・換価 ● 147

いて見ることができます。これにより，破産者の偏頗行為や隠匿財産などを発見することができる場合があります。なお，破産者は，破産管財人に対して，破産管財人が受け取った郵便物等の閲覧または破産財団に関しない郵便物等の交付を求めることができます。

　電子メール等の通信手段の発達が著しいため，財産状況の把握の実効性の観点からは，通信手段の多様化への対応が課題ですが，反対に，基本的人権の尊重の観点からは，破産したことのみを理由として通信の秘密（憲21条2項）を当然に制限してよいかという疑問が残ります。

3　役員に対する責任追及

(1)　役員責任査定決定

　会社の取締役などの役員が会社に対して損害を与えた場合，その役員は，会社に対して損害賠償責任を負います。会社が破産した場合，破産管財人は，会社が役員に対して有する損害賠償請求権を行使することができます。この損害賠償請求権は，破産財団に属する財産となるからです。

　役員の損害賠償責任の有無またはその賠償金額について争いがある場合，破産管財人は，通常の訴訟手続によって決着をつけることもできますが，**役員責任査定決定**という決定手続を利用して簡易迅速に裁判所の判断を仰ぐことができます。

(2)　異議の訴え

　役員責任査定決定に不服がある者は，異議の訴え（判決手続）を利用することができます（2段階システムについて，⇨第3章 **13 Column ⑪**参照）。たとえば，^{⇒80頁}
破産会社の取締役が，役員責任査定決定で定められた金額に不服がある場合，その取締役は，異議の訴えで争うことができます。役員責任査定決定がされても異議の訴えで徹底して争う役員の場合，役員責任査定決定の簡易迅速性というメリットが失われます。

4 破産財団の換価

破産管財人は，破産財団に属する財産の価値を評価します（財産評定）。財産評定は，どのような財産がどれくらいの価値があるかを把握する作業です。破産管財人は，財産評定に基づいて財産目録等を作成し，裁判所に提出します。

(1) 任意売却

破産管財人は，破産財団に属する財産を**任意売却**（裁判所の手続を介さない一般の市場における売却）の方法によって換価します。ただし，不動産・知的財産権もしくは一定の価値を超える動産などを任意売却するとき，または事業譲渡するときは，裁判所の許可が必要となります（破78条2項各号・3項）。破産管財人が不当な安値で財産を処分すると，事後的に善管注意義務（⇨第2章 1 3／⇒66頁）違反の責任を問われますが，不適切な任意売却を防止するために，一定の財産の売却について事前に裁判所の許可を受ける仕組みになっています。

(2) 競売手続

破産管財人は，民事執行法上の競売手続によって換価することもできますが（破184条1項），時間がかかる割に売却価格が安いという欠点があるため，破産管財人は，競売手続を利用せず，任意売却によって換価することがほとんどです。

なお，担保目的財産の換価については，第5章 1（⇒103頁）を参照してください。また，価値のない財産や管理費用の負担が生じる財産は，破産財団から放棄することができます（⇨第2章 2 3 (4)／⇒70頁）。

配当の手続

1 配当の種類にはどのようなものがあるか？

配当には，中間配当，最後配当，追加配当，簡易配当，および同意配当の5

つがあります。これらのうち，もっとも基本となるのは，最後配当です。時間的な順でみると，最後配当の前が中間配当で，最後配当の後が追加配当です。簡易配当と同意配当は，最後配当を簡易迅速化したものです。以下では，それぞれの配当の特徴をみていきましょう。

2　最　後　配　当

　破産管財人は，破産財団に属する財産の換価が終了すると，裁判所書記官の許可を得て，最後配当を実施します。最後配当の手続の流れについては，**CHART**2.8.1を参照してください。最後配当の対象となる債権は，すでに確定した破産債権です。

(1)　最後配当の除斥期間

　最後配当の除斥期間は，配当の公告の効力が生じた日（官報掲載の翌日）または配当の通知の到達に係る届出の日から2週間です。**停止条件付債権**または**将来の請求権**は，最後配当の除斥期間内に，条件成就等によって行使可能な債権となっていなければ，配当を受けられなくなります。また，担保権者は，最後配当の除斥期間内に，**不足額を証明**しなければ，配当を受けられなくなります。ただし，根抵当権者の場合は，極度額を超える部分は，不足額の証明が間に合わない場合でも，不足額として扱われます（破198条1項〜4項）。

(2)　争いのある債権

　破産債権の額に争いがあって**破産債権査定手続等が係属中の破産債権**については，配当額が供託[2]されます（破202条1号）。

(3)　配当の方法

　破産法193条2項は，破産債権者が，破産管財人の事務所で配当金を受領す

---

notes

[2]　供託とは，金銭等を供託所に保管してもらうことをいいます。ここでは，破産管財人が一定の債権者のために配当金を供託所に供託することを意味します。

150 ● **CHAPTER 8**　破産財団の管理・換価・配当と手続の終了

るように定めていますが，かえって煩雑ですから，実際は，破産管財人が債権者の届け出た銀行口座に配当金を振り込みます。

3　中間配当と追加配当

(1)　中間配当

　破産財団に属する財産に配当に適した金銭があるときは，最後配当に先立って配当を実施します。この配当を中間配当といいます。

　中間配当においては，破産債権査定手続等が係属中の破産債権，停止条件付債権・将来の請求権，担保権者の不足額の疎明があった債権等は，配当額が破産管財人に寄託③されます（破214条）。中間配当において寄託された配当額は，最後配当から除斥される場合（最後配当の除斥期間内に停止条件付債権の条件が成就しなかった場合など），他の破産債権者の配当に充てられます。最後配当において配当額が供託される場合（破産債権査定手続等が係属中の破産債権の場合など），中間配当において寄託された配当額も供託されます（破202条）。供託によって配当実施の効果が生じるため，破産手続を終了させることができます。

(2)　追加配当

　例外的ですが，破産管財人が最後配当の後に破産財団に属する財産を発見する場合があります。そのような場合，破産管財人は，裁判所の許可を得て，配当を実施します。この配当を追加配当といいます（破215条）。追加配当は，破産手続が終了した後であっても，することができます。

4　簡易配当と同意配当

(1)　簡易配当

　簡易配当は，最後配当を簡易化した配当手続です。簡易配当を利用すること

notes
③　寄託とは，相手のために物を保管することをいいます。ここでは，破産管財人が一定の債権者のために破産財団として金銭を保管することを意味します。

2　配当の手続　● 151

ができる場合は，①配当することができる額（配当総額）が1000万円未満の場合（少額型），②破産手続開始決定時に簡易配当による旨を明らかにして，届出破産債権者から異議がない場合（開始時異議確認型），③簡易配当によることが相当であるとして裁判所の許可を得て，配当段階で簡易配当による旨を破産債権者に通知して，届出破産債権者から異議がない場合（配当時異議確認型）の3つです（破204条1項各号）。簡易配当の手続の流れについては，CHART 2.8.1 を参照してください。最後配当と比較した場合の簡易配当の特徴は，①配当額の通知を省略して届出破産債権者に対する通知の段階であらかじめ配当見込額を通知しておく点，②除斥期間が2週間から1週間に短縮される点，および③配当表に対する異議申立てについての裁判に対して即時抗告が許されない点の3つです。

(2) 同意配当

破産管財人は，届出破産債権者の全員が，破産管財人の定めた配当表，配当額および配当の時期・方法について同意している場合，同意配当をすることができます（破208条）。破産管財人が同意配当をするには，裁判所書記官の許可が必要です。

3 破産手続の終了

1 破産手続終結決定

(1) 計算報告

破産管財人は，最後配当または簡易配当が終了すると，裁判所に計算報告書を提出し，計算報告のための債権者集会（計算報告集会）の招集を申し立てます。計算報告集会において破産管財人が計算報告して，それに対する異議がなければ計算が承認されたものとみなされます。

債権者集会の代わりに書面による計算報告をすることも可能です。破産管財人が裁判所に計算報告書を提出して，書面による計算報告をする旨の申立てを

CHART 2.8.1 最後配当と簡易配当の手続の流れ

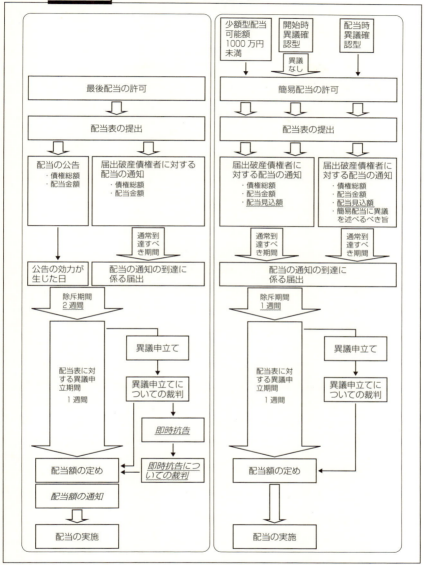

※最高裁判所事務総局民事局作成資料を参考にして作成。

すると，裁判所は，計算報告書の提出があった旨および異議があれば所定の期間内に異議を述べるべき旨を公告します。一定期間内に破産債権者から異議がなければ計算が承認されたものとみなされます。

(2) 破産手続終結決定

裁判所は，計算報告集会が終了したとき，または書面による計算報告の所定の期間が経過したときは，破産手続終結の決定をします（破220条1項）。これによって，破産手続が終了します。

2 同時廃止 ●

> **SCENE 2-21　開始と同時に廃止する？**
>
> 借田さん：破産管財人がつかない場合もあるとききました。
>
> 納屋美弁護士：ええ。住宅など数十万円以上の財産を持っていない場合などは，破産手続と同時に破産手続が廃止されます。同時廃止の場合は，破産管財人が選任されません。
>
> 借田さん：私は住宅など数十万円以上の財産を所有していたから，破産管財人が選任されたのですね。
>
> 納屋美弁護士：そうですね。でもオーバーローンの状況ですから，破産債権者への配当があるかどうかわかりません。配当できなければ，異時廃止といって配当せずに破産手続が終了することになります。

(1) 同時廃止

同時廃止とは，破産財団をもって破産手続の費用を支弁するのに不足する場合に，破産手続開始の決定と同時に破産手続廃止の決定をすることをいいます（破216条1項）。消費者破産では，債務者が免責を取得するために，債務者自らが破産を申し立てるケース（自己破産申立て）が多くあります。消費者は，不動産などの高額な資産を持っていないことが多いことから，同時廃止となるケースが多いといわれます。

(2) 同時廃止の特徴

　同時廃止となっても，破産手続開始の効果は残ります。したがって，免責を取得することが可能となり，また，資格制限の効果が生じます（⇨第9章^{⇒157頁}）。しかし，破産財団が形成されないため，破産管財人が選任されず，債権者に対する配当がないまま，破産手続が終了します。

　同時廃止の場合，破産管財人が選任されないため，その報酬が不要となり，破産申立て時に必要な予納金はかなり低くなります（⇨第1章3 Column ❾^{⇒60頁}）。一方で，破産管財人による調査がされないため，免責不許可事由に関する調査が不十分になるおそれがあるという問題もあります（⇨第9章11**2**(2)参照^{⇒160頁}）。

3　異 時 廃 止 ─────────────────────────●

(1) 異 時 廃 止

　異時廃止とは，破産手続開始の決定があった後，破産財団をもって破産手続の費用を支弁するのに不足する場合に，破産手続廃止の決定がされることをいいます。

(2) 同時廃止との比較

　同時廃止は破産手続開始決定時に破産財団の不足が明らかな場合の廃止ですが，異時廃止は，破産手続開始決定後に，破産財団の不足が明らかになった場合に，廃止する点が異なります。異時廃止で終了する事件は，破産手続開始決定時に破産管財人が選任される点は同時廃止と異なりますが，破産債権者に配当がされないという点は同時廃止と同じです。

Column ⓲　管財事件と同時廃止事件の振り分け基準

　破産管財人が選任されるかどうかは，報酬の要否ひいては予納金の額の高低に影響します。そこで，裁判所は，破産手続開始決定時に同時廃止で終了する事件（同時廃止事件）か，異時廃止または配当後に破産手続終結決定で終了する事件（管財事件）かを振り分けます。

3　破産手続の終了　● **155**

たとえば，破産財団の規模が，手続費用には足りるが，労働債権や租税債権も含めた財団債権の全額弁済には不足する場合または破産手続開始後に自由財産の範囲拡張の裁判（⇨第**2**章 **23**）によって，破産財団が手続費用の支払にも不足するほど減少する場合があります。このような場合，管財事件として破産手続を開始して，財団債権等の支払や自由財産の範囲拡張の裁判の後に異時廃止で終了することになります。

CHAPTER

第 **9** 章

個人破産と免責

　雪だるま式に増えてしまった債務を多重債務といいます。多重債務に苦しむ個人が自ら破産を申し立てるのは，免責を取得することができるからです。本章では，消費者破産の諸特徴を踏まえつつ，免責制度について解説します。

　免責制度は，免責の理念，免責が取得できない場合，免責取得後も残る債務の3つを中心に学びましょう。

1 どうして借金する人が増えたのか

> **SCENE 2-22** 借田さんの破産前のエピソード１
> 　　　　　　　　（苦しいときの免責頼み）
>
> 正義くん：おじさん，元気ないね。何かあった？
>
> 借田さん：実は，借金が膨らんで返せないんだ。残業代も減ったし，アルバイトも禁止だから収入も増やせないし。
>
> 正義くん：じゃあ，家賃と食費を節約したら。
>
> 借田さん：家のローンは減らせないし，食費はすでに節約しているから，これ以上の節約は無理だよ。死んじゃうよ。
>
> 正義くん：そんなに苦しいなら，あんまり無理せず，破産して免責をもらったら。免責もらうと借金から解放されるよ。
>
> 借田さん：免責？　それをもらうにはどうすればいいの？
>
> 正義くん：破産すると，たいてい免責をもらえるよ。
>
> 借田さん：すごいな。苦しいときの免責頼みだね。

1 多重債務問題と消費者破産

(1) 免責制度の導入と利用

　わが国の消費者破産[1]は，消費者信用の普及と免責制度の存在を前提に増加しました。免責制度は，債務者を債務から解放する制度で，戦後，アメリカの影響を受けて 1952 年に導入されましたが，個人破産の事件数は少なく，免責制度は，あまり利用されませんでした。1970 年代後半，給与所得者や専業主婦に対する消費者信用が普及するにつれて，多重債務者に対する厳しい取立てとそれを原因とする離婚，夜逃げ，自殺，または一家心中などが多重債務問

notes

[1]　消費者とは，個人のうち非事業者を意味し，個人事業者を含みません。そのため，消費者破産という言葉を，個人破産よりもやや狭い意味で用いる場合があります。しかし，消費者信用を利用する個人という点では同じですから，本章では，消費者破産を個人破産と同じ意味で用います。

158 ● CHAPTER 9 個人破産と免責

題（当時は「サラ金問題」と呼ばれました）として社会問題化します。

多重債務問題の解決方法として免責制度が利用された結果，個人の自己破産事件数が急増します（1978年に個人・法人あわせて約2000件であったのが1985年には個人の自己破産だけで約1万4000件となります）。さらに，バブル経済崩壊後の1990年代以降，ピークの2003年まで増加傾向が続きました（個人の自己破産は1991年に2万件を超えると1998年に10万件を超えて，2003年に24万2357件となります）。

(2) 過払金返還請求権

個人の自己破産事件数は，2004年にようやく減少に転じます（2012年に10万件を割って約8万2000件となり，2015年に約6万3000件となります）。減少の要因の1つとして，過払金返還請求権の成立を広く認めた判例の影響があります。過払いの利息を返還請求することができることで多重債務がなくなる（実は，すでに完済していた！）という認識が一般に広まった結果，多重債務問題が解消し，破産免責による救済を必要とする債務者が大幅に減少しました。

2　消費者破産の諸特徴

消費者破産の特徴としては，①自己破産が多いこと，②同時廃止が多いこと，③自由財産が重要であること，④免責を目的としていること，⑤復権の制度があることの5つです。これらのうち，すでに説明した①〜③について，ここでもう一度，確認しておきます。④免責と⑤復権は，個人破産に特有のものですから，本章 2 以下で後述します。
⇒161頁

(1) 自己破産

多重債務に苦しむ消費者は，免責の取得を目的として自ら破産を申し立てます。消費者破産では，自己破産（債務者自身による破産申立て）がほとんどです（⇨第1章 3 ）。
⇒60頁

1　どうして借金する人が増えたのか　● 159

⑵ 同 時 廃 止

　消費者破産では，同時破産廃止（破216条。以下，同時廃止といいます）で破産
手続が終了します（⇨第**8**章③**2**）。消費者の多くは，破産手続開始時に不動産
などの高額な資産を持っていないことから，同時廃止となる事件が多くなりま
す。同時廃止となっても，破産手続開始の効果が生じますから，免責を取得す
ることが可能となり，また，資格制限の効果が生じます。

　破産財団は形成されないため，破産管財人が選任されず，債権者に対する配
当もないまま，破産手続が迅速に終了します。しかし，免責不許可事由に関す
る調査が不十分になるおそれがあるという問題があります。

　そこで近年は，破産管財人の職務を従来よりも簡素化することによって，報
酬を低額化し，管財事件（管財人を選任する事件）を増やす運用がされています。
これは，破産手続の費用を抑制することによって，同時廃止で終了する事件の
数を減らすためです。この実務が全国的に定着したことにより，個人破産事件
に占める同時廃止の割合は，2003年に9割以上でしたが，近年は6割程度ま
で大幅に低下しました。それでもなお，個人破産事件の半数以上が同時廃止事
件です。

⑶ 自 由 財 産

　破産財団に属さない破産者の財産を自由財産といいます（⇨第**2**章②③）。自
由財産には破産管財人の管理処分権は及びません。自由財産を構成する財産は，
(a) 新得財産，(b) 差押禁止財産，(c) 自由財産の範囲拡張の裁判により拡
張された財産，(d) 放棄された財産です。

免責許可決定

▶ 免責がもらえないケースもあるから注意！

**SCENE 2-23　借田さんの破産前のエピソード2
　　　　　　　（免責の前に豪遊しとく？）**

借田さん：免責がもらえるなら，借金が返せなくなっても，安心だ。
正義くん：借りられるだけ借りてから破産しようとか考えてない？　免責がもらえるならと思って，破産する前にパーッといくと，たぶん免責がもらえないよ。
借田さん：なるほど。免責は破産した人全員がもらえるわけじゃないんだ。
正義くん：そう。だから，破産する前にパーッとしちゃだめだよ。ちゃんと免責がもらえないケースを知っておかないと。ほら，ここに書いてあるよ。
借田さん：ついつい，しちゃいそうなことばっかりだな。

1　免責の理念

(1)　特典説と更生手段説

　免責の理念については，**特典説**と**更生手段説**の対立があります（⇨第1編第2章1 2 (1)）。特典説は，破産債権者の利益実現に誠実に協力した債務者に特典として免責を付与するという考え方です。免責制度の沿革をみれば，特典説から発展したといえます。更生手段説は，債務者の経済的再出発の手段として免責を位置付ける考え方です。破産法の目的（破1条）に照らすと，更生手段説の考え方が適切です。
⇒25頁
　免責の理念対立は，実務においても重要な問題です。裁判所がいずれの立場に立つかによって，後述する免責不許可事由の解釈や裁量免責の判断に影響を与えるからです。

2　免責許可決定　● 161

2 免責の審査

免責許可の申立て（自己破産申立てがあると，免責許可申立てがあったとみなされます）があると，裁判所による免責の審査が始まります。

裁判所は，免責不許可事由を審査して，免責不許可事由がない場合には，免責許可決定をします。これに対して，免責不許可事由がある場合には，裁判所は，免責不許可決定をします。

(1) 裁量免責

もっとも，裁判所は，免責不許可事由がある場合でも，破産手続開始決定に至った経緯その他一切の事情を考慮して免責が相当と認めるときは，免責許可決定をすることができます（破252条2項。**CHART**2.9.1参照）。これを**裁量免責**といいます。たとえ免責不許可事由がある場合であっても，債務者の経済的再出発の機会を提供することが適切な事情がある場合は，裁判所が免責を与えることが望ましいといえます。

(2) 免責不許可事由

破産法252条1項には，1号から11号まで免責不許可事由が列挙されています。これらの免責不許可事由は，①意図的に債権者を害する行為（1号〜5号），②意図的に手続の公正な遂行を妨げる行為（6号7号9号），③破産法上の義務に違反する行為（8号11号），④繰返しの免責制度の利用（10号）の4つに分けられます。

①の例としては，クレジットカードで購入した商品を直ちにリサイクルショップで換金したこと（信用取引により買い入れた商品の著しく不利益な処分），借金をして得た現金をすべて競馬につぎこんで負けたこと（浪費または賭博），借金があり，収入がないにもかかわらず，借金がなく高収入であると偽って申込書に記載してクレジットカードを取得し，そのカードでエステに通ったこと（詐術を用いた信用取引による財産取得）などがあります。

②の例としては，意図的に特定の債権者を名簿から除外すること（虚偽の債権者名簿の提出）などがあります。

162 ● CHAPTER 9 個人破産と免責

CHART 2.9.1 裁量免責

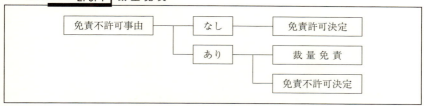

　③の例としては，破産管財人や裁判所から説明を求められたにもかかわらず，説明を怠ったこと（説明義務違反）などがあります。

　④は，免責許可決定確定日から7年以内に再度の免責許可の申立てをすることです。これは，債務者が免責制度に安易に依存するようになることを防止するために定められています。

CHECK

（1）空欄を補充して，以下の文章を完成させなさい。
　　免責の理念については，（ ① ）説と（ ② ）説の対立がある。（ ① ）説は，破産債権者の利益実現に誠実に協力した債務者に特典として免責を付与するという考え方である。消費者信用が高度に発展した現代社会では，破産法の目的（破1条）に照らし，（ ② ）説の考え方が適切である。
　　裁判所は，免責不許可事由がある場合でも，破産手続開始決定に至った経緯その他一切の事情を考慮して免責が相当と認めるときは，免責許可決定をすることができる。これを（ ③ ）免責という。

（2）免責不許可事由（破252条1項）を調べて，以下の空欄を補充しなさい。
　1. 浪費または賭博その他の（ ④ ）をしたことによって著しく財産を減少させ，または過大な債務を負担したこと。
　2. 破産手続開始の申立てがあった日の1年前の日から破産手続開始の決定があった日までの間に，破産手続開始の原因となる事実があることを知りながら，当該事実がないと信じさせるため，（ ⑤ ）を用いて信用取引により財産を取得したこと。
　3. 免責許可の決定の確定の日から（ ⑥ ）年以内に免責許可の申立てがあったこと。

免責の効果 ▶免責をもらうと債務はどうなるの？

> **SCENE 2-24** 免責もらえば全部の債務から解放される？
> 納屋美弁護士：どうしました？
> マクベス社長：離婚後の子の養育費の支払負担が重くて。それに，飲酒運転でケガをさせた被害者への賠償金の負担もあって。それに，税金も払えなくて。いっそ，破産して免責でももらおうかと思って相談に来ました。
> 納屋美弁護士：ご事情，よくわかりました。でも，残念ですが，破産免責は役に立ちそうにありません。養育費・重過失による人身損害の賠償金・税金は，例外的に免責の効力が及ばない債務です。
> マクベス社長：免責をもらえば，あらゆる債務から解放されると思っていました。

1 免責の効力

免責許可決定が確定すると，破産手続による配当，非免責債権を除き，破産債権について，その責任を免れます（破253条1項）。免責の効力が生じると，債権者は，その債権に基づいて強制執行することができなくなります。

> **Column⓳ 免責後の任意弁済**
>
> 　免責を取得した後に債務者が債権者に対して任意弁済した場合，その弁済は，どのような効力をもつでしょうか。免責後の任意弁済を有効とする見解は，破産債権から強制力がなくなっただけであり，弁済を受ける効力は残っていると考えます（自然債務説）。これに対して，免責後の任意弁済は無効であり，債権者の不当利得になるとする見解は，免責によって債務が消滅したため，強制執行できないだけでなく弁済を受ける効力も消滅したと考えます（債務消滅説）。自然債務説が判例・多数説です。

2　非免責債権

(1)　非免責債権

　債務者が免責を取得しても免責の効力が及ばない破産債権があります。免責の効力が及ばない破産債権を**非免責債権**といいます。非免責債権は，破産法253条1項ただし書各号に定められています。

(2)　税金・罰金

　主な非免責債権をみておくと，まず，国税徴収法または国税徴収の例によって徴収することのできる請求権（租税等の請求権。破253条1項ただし書1号）および罰金（同7号）です。罰金は，債務者本人に支払わせることに意味があるため，非免責債権としています（⇨第**3**章 ³**3**）。
⇨85頁

(3)　不法行為被害者の損害賠償請求権

　破産者が悪意で加えた不法行為に基づく損害賠償請求権（破253条1項ただし書2号）および破産者が故意または重大な過失により加えた人の生命または身体を害する不法行為に基づく損害賠償請求権（同3号）は，非免責債権です。これらが非免責債権とされる趣旨は，被害者の救済と加害者に対する制裁です。

(4)　親族等に対する扶養料等の請求権

　別居中の配偶者の生活費や子の監護料（民760条・766条）または親族の扶養料（民877条）等は，法が生存権・幸福追求権を具体的に定めた請求権といえます。そのため，これらの請求権をもつ者は，特別な保護を与える必要性が高い破産債権者といえます。そこで，親族等に対する扶養料等の請求権（破253条1項ただし書4号）は，非免責債権とされます。

　なお，これら法定の請求権と実質的に同じ性質の請求権が契約で定められることがありますが，債権者の保護の必要性は変わりません。そこで，契約上の請求権であっても非免責債権となります。

3　免責の効果　● 165

⑸ 労 働 債 権

従業員の給料等の労働債権および従業員の預り金の返還請求権は，非免責債権とされます（破253条1項ただし書5号）。たとえば，バイク店が破産して，そのバイク店が会社形態をとっていない場合（個人事業者の場合）は，個人破産ですから，その従業員の未払の給料は，非免責債権となります。

⑹ 債権者名簿にない債権

破産者が債権者であると知りながら，何らかの事情で債権者名簿に記載しなかった債権者の債権は，非免責債権となります（破253条1項ただし書6号）。たとえば，ある債権者が免責不許可事由に該当する行為を知っていて裁判所にその行為の存在を伝えられる危険がある場合，債務者が免責を得るために債権者名簿に記載しないことが考えられます。このような場合は，債権者が免責についての意見を述べる機会が奪われたといえますから，債権者名簿に記載のない債権は，非免責債権となります。ただし，債権者が破産者について破産手続開始の決定があったことを知っていた場合は，免責についての意見申述の機会があったといえるので，そのような債権者の債権は，非免責債権になりません（同号括弧書）。

EXERCISE ●演習問題

(1) 債務者の以下の行為が破産法252条1項5号の「詐術」に該当するか検討しましょう。
　① 化粧品訪問販売の損失によって生じた債務を返済するために借金を重ねた。
　　参考判例：大阪高決平成2・6・11判時1370号70頁・百選83①事件
　② クレジットカード利用代金の返済のために借金を重ねていたが，さらに自宅のリフォームのために100万円をローンで借り入れた。
　　参考判例：仙台高決平成5・2・9判時1476号126頁①・百選83②事件
(2) 債務者の以下の行為が破産法252条1項4号の「浪費」に該当するか検討しましょう。
　① 株式投資の失敗により多額の借金を抱えたにもかかわらず，その借金の返済のために，再度，株式投資をした結果，バブル経済の崩壊によって株が暴落し，

さらに借金を負った。

参考判例：東京高決平成 8・2・7 判時 1563 号 114 頁・百選 84 ①事件

② プロ野球選手が，自動車 4 台を買い替えた結果，それらの購入代金および修理代金によって多額の借金を抱えた。

参考判例：福岡高決平成 9・8・22 判時 1619 号 83 頁・百選 84 ②事件

(3)「破産者が悪意で加えた不法行為に基づく損害賠償請求権」（破 253 条 1 項ただし書 2 号）と「破産者が故意又は重大な過失により加えた人の生命又は身体を害する不法行為に基づく損害賠償請求権」（同 3 号）との要件を比較して，具体例を考えてみましょう。

参考判例：最判平成 12・1・28 金判 1093 号 15 頁・百選 86 事件

(4) 免責された債権をもつ破産債権者が，その債権を被保全債権として破産者の行為について詐害行為取消権を行使することができますか。

参考判例：最判平成 9・2・25 判時 1607 号 51 頁・百選 88 事件

3 保証人の保証債務と免責

主債務者が破産して免責を取得した場合でも，保証人の保証債務に免責の効力は及びません。債権者の物上保証人に対する権利にも影響を与えません。

4 免責の取消し

免責取得後に債務者が詐欺破産罪で有罪判決を受けた場合は，免責が取り消されます。また，免責許可決定を不正の方法で取得した場合であって，破産債権者が免責許可決定後 1 年以内に申立てをした場合も，免責が取り消されます。

5 復　　権

(1) 資格制限

破産手続開始決定によって破産者に対してさまざまな**資格制限**の効果が生じます。各種の資格に関する法律において破産者であることが欠格事由等の 1 つに含まれているためです。制限を受ける資格の例としては，警備員，旅行業務取扱管理者，宅地建物取引士，税理士，金融商品取引業者等のための外務員など多数あります[2]。しかし，破産者に対して一律に資格制限を課すことに対

しては批判もあります。破産手続が債務者の経済的な再出発を目的とすることを考慮すると，職業として活用している資格を一律に制限することは妥当とはいえません。

(2) 復　権

そのような資格制限から資格を回復する制度として復権の制度があります。免責許可決定が確定したときなどに復権します（破255条1項各号）。これらを**当然復権**といいます。実務では，免責許可決定の確定によって当然復権する債務者がほとんどです。なお，当然復権のほかに，裁判による復権という制度もあります（破256条）。

notes ───

[2]　制限される資格の詳細について伊藤眞ほか『条解破産法〔第2版〕』（弘文堂，2014年）1864頁参照。

第 3 編

民事再生法

PART

CHAPTER　1　民事再生手続の概要
　　　　　2　機　　関
　　　　　3　再 生 債 権
　　　　　4　再生債務者財産の増減
　　　　　5　再生計画の作成から履行まで
　　　　　6　個 人 再 生
　　　　　7　民事再生と会社更生

CHART 3.0.1 民事再生手続の流れ

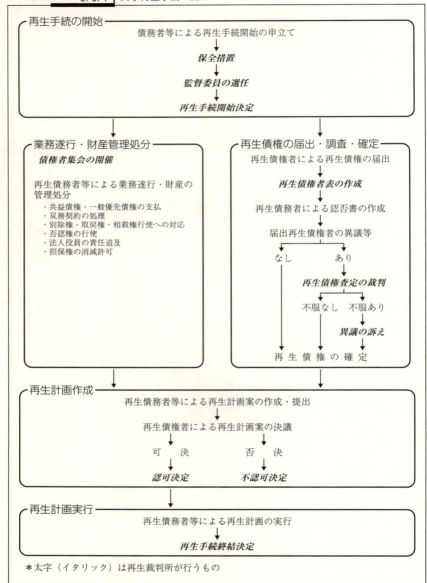

CHAPTER

第 **1** 章

民事再生手続の概要

　民事再生法はどのようにして産声を上げたのでしょうか。民事再生手続は，破産手続とはどこがどう違うのでしょうか。たとえ返済できそうにない借金があっても，再建したいと思えば誰でも再生手続を利用できるのでしょうか。そして，裁判所で民事再生手続が始まると，手続はどのように進行していくのでしょうか。
　この章では，これらを順番にみていきましょう。

1 立法の経緯と手続の特徴

▶ 目指せ，泥沼からの大脱出⁉

SCENE 3-1

法子さん：ねえ，知ってる？　英会話教室ロミオが倒産したって話。

正義くん：え⁉　そこってゼミの先輩が留学準備で通っているところだよ。

法子さん：大変！　新聞は「英会話教室ロミオが倒産　本日，東京地裁に民事再生を申請」って見出しだったと思う。でも，民事再生って何？　破産とは違うの？

正義くん：この間の授業で習ったばかりだよ。民事再生は経営危機に陥っている会社を再建するための倒産手続だけど，破産は清算する手続だから，最終的には会社そのものもなくなってしまうんだ。同じ「倒産」でも大違いだね。

1 立法の経緯

　あの手この手で頑張ってみても経営危機の泥沼から抜け出せない。1990年代初めのバブル経済の崩壊をきっかけに，日本全体がそんな空気におおわれてしまいました。そんな泥沼からの大脱出をはかるには，一刻も早く膨れあがった不良債権（回収できない借金）を処理していかなくてはなりませんでした。しかし，従来の倒産手続では時間がかかり過ぎるため，実効的な倒産処理を実現するには倒産法制度の抜本的な改正が必要だと考えられるようになりました。

(1) 民事再生

　中でも，中小企業向けの再建手続の整備は急ぐ必要がありました。従来の**和議手続**には多くの問題点が指摘され，あまり利用されていなかったからです。その問題点を克服し，アメリカ連邦倒産法第11章の手続（いわゆるチャプター・イレブン）をお手本に制定されたのが民事再生法です。こうして**民事再生手**

172 ● CHAPTER 1　民事再生手続の概要

続（以下「再生手続」といいます）が新しく誕生しました。

(2) 個人再生

　次に求められたのは個人のための再建手続の導入でした。そこで，個人債務者に特化した簡易版の再建型手続である**個人再生手続**を，民事再生法に特則の形で盛り込みました。これにより，ある程度定期的な収入を得ている個人（たとえば，自営業者）や，毎月決まったお給料をもらって働く給与所得者（サラリーマン）が，破産を回避し，さらには彼らが住宅ローンを抱えている場合でも住宅を手放すことなく生活の再建を果たすための手続が創設されました。それが**小規模個人再生**，**給与所得者等再生**，**住宅資金貸付債権に関する特則**です。それぞれ創設当初から積極的に活用されていますが，詳細については第**6**章で取り上げます。 ⇒239頁

2　手続の特徴 ●

　さて，正義くんは法子さんに，同じ「倒産」でも再生手続と破産手続とでは大違いだと言っています。どこがどう違うのでしょうか。再生手続の特徴をとらえるためにも，破産手続との違いを意識しながら整理していきましょう。

(1) 再 建 型

　まず，再生手続というのは，もう少し債務（借金など）を減らしてくれたら，あるいは，もうちょっとだけ債務の返済を待ってくれたら危機を脱出できそうだという債務者の再建をお手伝いする手続です。そのため再生手続では，将来の収益や収入から，もともとあった債務（借金）の○パーセントを○年で返済します，というような**再生計画**を作成して，これに沿って債務者の事業や経済生活を再建していくことになります（民再1条）。このような手続は「再建型」手続と呼ばれます。これに対して，破産手続は，債務者の資産を換価して（お金に換えて），債権者に配当していく「清算型」の手続です。

1　立法の経緯と手続の特徴　● 173

(2) DIP型

再生手続の最大の特徴は，手続の対象者である債務者が，手続が始まった後も引き続き財産を管理処分する権利（**財産管理処分権**）や業務を遂行する権利（**業務遂行権**）を保持し続ける DIP（Debtor in Possession）型，すなわち自力再建型の手続であるという点です。一方，破産手続は，裁判所に任命された破産管財人が，債務者の財産の管理処分権を引き継ぐ**管理型**の手続と言われています。

(3) その他の特徴

そのほかに，再生手続は，手続の開始要件にあたる**再生手続開始原因**を破産手続より緩和することで，破産状態になる前に手続を利用できるよう配慮されています。さらに，再生手続では，破産手続と異なり，担保権者の権利行使を制限する手続（担保権実行中止命令）や担保権を強制的に消滅させる手続（担保権消滅制度）を用意することで，債務者の再建に支障が出ない工夫がされています（⇨第**4**章①）。
^{⇒208頁}

(4) 手続の流れ

それでは，再生手続はどのように進んでいくのでしょうか。通常の再生手続は大きく分類すると，再生手続を開始してよいか判断する**再生手続の開始段階**，債務者の業務を遂行しつつ，債務者の財産を管理し処分する**業務遂行・財産管理処分段階**，債務者に権利を有する債権者の数や債権額を把握し確定させる**再生債権の届出・調査・確定段階**，債権者への債務返済計画を含め再建のために必要なプランを立てる**再生計画作成段階**，立てたプランを実行していく**再生計画実行段階**，の５つの段階に分けることができます（⇨**CHART** 3.0.1）。この章では，主に再生手続の開始段階を取り上げます。
^{⇒170頁}

3 手続の売り ────────────────────────●

再生手続の売り（利点）は何かと問われれば，どこかの牛丼チェーンの謳い文句のようですが「速い！安い！うまい！」でしょう。

174 ● CHAPTER 1 民事再生手続の概要

(1) 速 い

　速いというのは，スピードを重視する再生手続の姿勢を物語っています。かつての倒産手続はかなり時間がかかりましたが，再生手続は違います。手続全体に要する期間が大幅に短縮されましたし，手続の開始要件を破産手続より緩和しているため，再生手続の開始段階から早期の申立てが可能となっています。

(2) 安 い

　安いというのは文字通り，再建型手続を利用しやすくするために，他の手続よりも手続費用がかなりお安くなっています。また，DIP型の再生手続では債務者が引き続き経営を担当するため，管理型のように破産管財人などへの報酬が要らないので，その分お金がかからない仕組みとなっています。

(3) うまい

　うまいというのは，手続の対象者（再生債務者）にとっても，再生債務者に対して債権を有している者（再生債権者）にとっても，再生手続を選択することに旨みがあることを意味します。再生手続では，再生債務者や再生債権者の裁量に委ねる手続が随所に設けられているため，破産手続よりも柔軟性が高くなっています。こうした使い勝手のよさもあり，再生手続は，中小企業だけではなく，デパートの「そごう」やエアバッグ等製造の「タカタ」などの大企業の再建にも，そして一時大きな注目を集めた「森友学園」のような学校法人の再建にも，利用されているのです。

2 再生手続の開始段階

　　　　　　　　　　　　　　　▶ 鮮度第一，スピード重視！

SCENE 3-2　マクベス社長のつぶやき①
「何とか頑張ってきたけれど，ほのぼの銀行からはもう借りられないし，このまま取引先の支払や銀行への返済に追われていると，来月あたりから教

室の運営にも支障が出てくるかもしれない。ここで裁判所に駆け込むべきか，明日，取締役会で相談してみよう。」

1 申立ての方式

再生手続は，破産手続と同じように，必ず再生手続開始の申立て（以下では，再生申立てといいます）によって始まります。裁判所が，「あの会社，危なそうだから再建してあげなくては……」と気を利かせて裁判所の判断（職権）で再生手続を開始してくれることはありません。

(1) 申立権者

再生手続を始めて欲しいと裁判所に申請できる者（申立権者）は，手続の対象者である**債務者**と債務者に対して権利を有している**債権者**です。マクベス社長がつぶやいたように取締役会に諮って裁判所への再生手続申立てを決めた場合には債務者による申立てとなります。

その際，申立権者は法の定める必要事項を記入した書面と申立手数料1万円を納めなければなりません。さらに，再生手続に伴う手続費用については事前に支払う必要があります。これを予納金といいます。

(2) 管轄

それでは，英会話教室ロミオの再生手続は，日本全国にあるどの裁判所で行うのでしょうか。再生事件の**管轄**は，原則，破産手続と同じ基準で定められます（破産手続について，⇨第2編第1章④）。そのため，英会話教室ロミオの再生手続は，その本社所在地を管轄する地方裁判所に委ねられることになります。

また，仮にマクベス社長自身も再生手続を申し立てることになった場合は，住所を基準に管轄裁判所が定まります。

2 再生手続開始原因

申立権者が裁判所に申し立てただけで，再生手続が自動的に始まれば便利か

176 ● CHAPTER 1 民事再生手続の概要

もしれませんが，日本ではそういう仕組みは採られていません。再生申立てを受けた裁判所は，再生手続を開始できる条件（**再生手続開始要件**）を審査することになります。審査をクリアし，裁判所が再生手続の開始決定を行って初めて，債務者の再建に向けた手続がスタートするのです。

　再生手続開始要件の審査項目はいくつかありますが，重要なのは，**再生手続開始原因**があるかどうかです（民再21条1項）。債務者は，①破産の可能性がある，または②弁済の期限が来た債務を返済すると経営に大きな支障が出る，のどちらかの状況になくてはいけません。再生手続の場合，手続を始めるのが遅れれば遅れるほど債務者の資産価値は下がっていきますし，返済を優先していると事業に必要なものまで手放すことになってしまって，結局再建できない事態になりかねません。そこで，傷の浅いうちに再生手続を始められるよう，破産手続よりも要件が緩和されているのです。①については，破産手続を開始する要件（破産原因）にあたる支払不能や債務超過（⇨第**2**編第**1**章⑤）になるおそれがあればよいとされていますし，②はさらに踏み込んで，債務を返済すると債務者の事業の継続に著しい支障が出る事態になるようであれば，返済能力がまだ残っている段階でも再生申立てができるようになっています。そのお陰で，債務者の資産や事業の価値が維持された状態で，再生手続をスタートさせることができるのです。

　たとえば，英会話教室ロミオが，各教室に備えつけられている机や椅子を売却すれば債務の返済ができる場合でも，そのことで英会話教室の運営ができなくなってしまうのであれば，ロミオは②の状態にあって，再生手続開始原因を満たしていると評価できます。

Column⑳　マクベス社長のつぶやき②
「再生すべきか？　破産すべきか？　それが問題だ！」

　かの有名な作品のセリフによく似ていますが，マクベス社長がこうつぶやいたのには理由があります。日本では，破産・民事再生・会社更生といった倒産手続がありますが，どの倒産手続を利用するかは，結局，手続を申し立てる者の選択に委ねられています。

　外国の制度の中には，とりあえず倒産を申し立てて，手続の過程でどの途に進んだ方がよいか見極めるシステムを採用しているところもあります。日本で

も導入が検討されたことがありますが実現しませんでした。ただ，手続を申し
立てる者すべてが手続の違いを理解し，正しい選択をするとは限りませんから，
現在は，選ぶ手続を間違えてしまった場合でも，途中で軌道修正することがで
きる仕組みが採用されています。

3　債権者や担保権者による権利行使の制限 ────────●

　裁判所が再生申立てを受けて再生手続開始要件を審査し，手続の開始を決定
するまでには少し時間を要します。そうすると，倒産のうわさを聞きつけた取
引先が，他の債権者を出し抜いて返済を迫るかもしれません。こういうときの
ために再生手続では，破産手続と同じように，債権者や担保権者の権利行使を
制限することで債務者の財産を守るための手続（**保全措置**）が用意されていま
す。

(1)　強制執行等の中止

　たとえば，英会話教室ロミオが本社ビルなどの不動産を所有していた場合，
債権者がそのビルを差し押さえようと強制執行をかけてくる可能性があります。
そういう場合には，債権者に対して個別に権利行使することを制限することに
よって債務者の財産を守る手段があり，裁判所は，すでに行われている強制執
行や訴訟手続の中止を命ずることが認められています。

(2)　包括的禁止

　さらに，債権者による強制執行の制限については，すべての債権者に命令で
きる手続も設けられています。それが**包括的禁止命令**です。たとえば，英会話
教室ロミオの各教室には机や椅子など多くの備品が設置されていますが，それ
らの備品が，ロミオの再建にとって必要不可欠な資産である場合は，すべての
債権者に対して事前に，これらの備品への強制執行を禁止することができます。

178　●　CHAPTER 1　民事再生手続の概要

(3) 担保権の実行中止

　英会話教室ロミオの再建にとって必要不可欠な資産に対する保護の必要性は，相手が担保権者でも発生する可能性があります。仮に，ロミオに融資をしていたほのぼの銀行が本社ビルの土地や建物に抵当権を設定していた場合，再生手続では通常，ほのぼの銀行のような担保権者は**別除権者**（⇨第**4**章 ⇒207頁）と呼ばれ，何の制約もなく自己の権利を行使することができます。しかし，無条件にこれを許すと，先ほどの例と同じように，ロミオを再建するという目的が達成できなくなるかもしれません。

　そこで，債務者の再建のため必要であれば，裁判所は，担保権者に対しても，一時的に権利行使を制限する**担保権実行中止命令**を発令することが許されています（⇨第**4**章 ⇒209頁 ⑪**1**(3)）。これに対して，破産手続では，抵当権などの担保権は中止命令の対象とはされていません。

　その他に，債務者が一部の債権者だけを優遇したりしないように，債務者に対して，弁済や担保提供を禁止する処分を発令することも認められており，よく利用されています。

　こうした保全措置を活用することで，再生手続でも他の倒産手続と同じように，債務者の財産を減少させたり散逸させたりするのを防いでいるのです。

3　再生手続開始決定

▶再生物語の始まり，始まり……

1　開始決定の手続・効果

　本当の意味で，債務者の再生物語の幕開けは，裁判所から**再生手続開始決定**が発令されたときです。

(1) 再生債務者

　再生手続が開始されると，再生手続の対象となる債務者は，**再生債務者**と呼

ばれるようになります。再生手続は DIP 型といわれる自力再建型の手続であるため，破産とは異なり，再生債務者は，原則，再生手続開始決定によって，それまで行使していた**業務遂行権**や**財産管理処分権**を奪われることはありません（民再 38 条 1 項）。引き続き会社を運営していくことになります。ただ，再生手続開始後，再生債務者は債権者の公平を考え，債権者全体の利益を追及する義務（**公平誠実義務**）を負うことになりますから，自己の利益だけを考えて何でも自由に振る舞えるわけではありません。

仮に，再生債務者が義務を怠り，再生債務者に再建を任せることが債権者のためにならないような事態になれば，例外的に，「管理型」の手続として，管財人（⇨第 **2** 章 ⁴**1** ⁼⁹⁰⁼頁）や保全管理人（⇨第 **2** 章 ⁴**2** ⁼⁹¹⁼頁）が再生債務者に代わって事業を遂行し，財産の管理処分を引き受けることになります。

(2) 再生債権者

これに対して，債権者は，手続開始後は**再生債権者**となり，再生債務者へ個別に権利を行使することができなくなります。債権者が手続開始前から有している債権（**再生債権**）を弁済してもらうためには，再生手続に参加しなくてはなりません。もちろん，再生債権者は再生債務者の財産に対する強制執行も禁止されますし，再生債権に関してすでに訴訟を提起している場合はその手続も一時中断することになります。

2 再生裁判所

再生事件を担当する管轄裁判所のことを**再生裁判所**といいます。破産裁判所（⇨第 **2** 編第 **1** 章 ⁴ ⁼⁶⁰⁼頁）と同じく，再生裁判所という特別の裁判所がどこかに設置されているわけではなく，再生事件を担当する地方裁判所が，そう呼ばれることになります。

(1) 要許可行為

再生裁判所は，再生手続が不公正・不適切な手続にならないように再生債務者を監視する役割を，自ら買って出ることがあります。

180 ● C**HAPTER 1** 民事再生手続の概要

再生裁判所は，再生債権者等の利益を保護するために必要であれば，再生債務者がある一定の行為をするときには裁判所の許可を得るよう定めることができるとされています。これに違反し，裁判所の許可を得ないでした行為は原則無効となります。たとえば，財産を処分したり，新たに借金をしたり，訴訟を提起するなどの行為を対象とすることができます。

ただ実際には，裁判所がその許可を得るように対象となる行為を指定することはほとんどなく，**監督委員**（⇨第**2**章③）に，その役割を委ねるという運用がされているようです。

⇒188頁

(2) 事業譲渡の許可

再生手続では，再生債務者の再建のために必要であれば，その事業を買ってくれる第三者に譲渡することも認められています。ただ，事業を譲渡すると，債権者への返済も将来の収益からではなく譲渡代金の範囲に限定されてしまいますし，再生債務者の下で働く労働者の地位にも大きな影響を与えてしまうので，民事再生法は，事業譲渡を行う際には，裁判所の許可を得なければならないと定めています（民再42条1項）。

また，再生債務者が株式会社で債務超過の状態にある場合は，裁判所が，株主総会の承認に代わる事業譲渡の許可（**代替許可**）を与えることもできます。

CHECK

空欄を埋めて，再生手続と破産手続の特徴をまとめた以下の表を完成させなさい。

	再生手続	破産手続
目　　的	再建 （再生計画を作成し実行）	清算 （財産を換価して配当）
手続の実施主体	再生債務者 （　①　）型 例外あり	破産管財人 （管理型）
手続開始原因	支払不能・債務超過の（　②　）があること 弁済期にある債務を弁済すると（　③　）が 困難になること	支払不能・債務超過
担保権の行使	別除権 ただし，担保権実行（　④　）命令や担保権 消滅許可制度による制限あり	別除権

3 再生手続開始決定 ● **181**

CHAPTER

第2章

機　関

　再生手続は誰がどのように進めていくのでしょうか。

　ここでは，再生手続を裁判所が主催する「舞台」と見立てて，再生手続に必要不可欠な役割を果たす人々を，再生手続の登場人物として紹介していきます。

　中でも注目して欲しいのが，再生手続の主役を演じる再生債務者と，その後見役となる監督委員の存在です。

1 機関の概観　　▶ 登場人物を紹介しよう

SCENE 3-3

公平先生：それでは問題です。再生裁判所，再生債務者，監督委員，再生債権者。みんなは，再生手続の主役は誰だと思う？

正義くん：裁判所で手続を行うわけですから，再生裁判所なのではないですか？

公平先生：確かに裁判所は，再生手続の主催者ではあるけれど，表舞台にはあまり登場して来ないんだ。だから，主役というよりは，舞台がうまく成功するよう導いていく舞台監督のようなものかもしれないね。

法子さん：ということは，再生債務者かしら？でも，そもそも倒産という事態を招いた張本人が主役だとすると，何だか納得がいかないような……。

　ここでは再生手続という物語の舞台に登場する登場人物達（民事再生法では**機関**と呼ばれます）を紹介しましょう。

　主役はやはり**再生債務者**です。SCENE 3-3の法子さんは不満そうですが，再生手続では，手続の対象となる債務者自身が再生手続の担い手となり，舞台の幕が上がった後は再生債務者という名で呼ばれるようになります。再生債務者は主役として，自己の再生を果たすという物語のエンディングまでずっと舞台に上がりっぱなしです。

　監督委員も再生手続のキーパーソンとなります。舞台監督のように再生手続の進行を舞台袖から見守る再生裁判所に代わり，監督委員は，舞台上で主役である再生債務者を補佐し，後見する役回りを演じています。

　これに対して，再生債務者が再生手続の主役として不適格だということが分

かった場合は，いつでも主役を交代できるよう代役も用意されています。それが**管財人や保全管理人**です。

そして，この舞台の展開を，固唾を呑んで見つめている観客にあたるのが**再生債権者**です。しかし，再生債権者はただ舞台を観ているだけではありません。再生手続は観客である再生債権者参加型の舞台でもあります。再生債権者は，再生債権者を組織化する**債権者集会**や**債権者委員会**（⇨⑤）という手段を使って，物語の結論を左右するだけの影響を与えることができます。
⇒192頁

 再生債務者 ▶ 主役の座は譲らない⁉

1 法的地位と公平誠実義務

再生手続は原則として債務者自身が引き続き経営権を保持し続ける DIP 型の手続です。したがって，再生手続で主役を果たす再生債務者は，再生手続開始後も業務遂行権や財産管理処分権を失うことはありません（民再38条1項）。

(1) DIP 型のメリット

では，なぜ再生手続の対象そのものである債務者が手続の主役に抜擢されたのでしょうか。

大きな理由は，債務者にとってその方が再生の近道となるからです。再生手続の対象となるのは主に中小企業です。その場合，経営者の信用や能力に頼って取引を行っているケースも少なくありません。ということは，再生手続開始後も，債務者が引き続き経営を担当する方が，取引先の信頼を失わずにスムーズに再建に取り組むことができます。

また，経営権を保持させることは，債務者自身の再建意欲を高めることにも繋がります。当然，その方が経費も節約できます。たとえば，破産や会社更生の手続では破産管財人や更生管財人が選任されるので，その分のギャラ（報酬）が発生しますが，再生手続では，通常，債務者が引き続き経営を行うので，こうしたコストをかけずに済みます。

(2) 再生債務者の 2 つの顔

DIP 型の再生手続では，再生債務者の立場は，再生手続開始前と後とで全く変わらないようにもみえます。しかし，実は，そうではありません。

もちろん，再生債務者は，手続開始前の債務者の立場をそのまま引き継ぎます。そのため再生債務者は債務者の顔を変わらず持ち続けることになるのです。

加えて，再生債務者は，手続開始後は再生債権者の利益を代表する者としての顔，すなわち再生債権者の顔も持つことになります。したがって，債務者自身の利益だけを追求していればよかった手続開始前と異なり，手続開始後は再生債権者全体の利益を考えて行動することが求められるようになります。

つまり，再生手続という舞台で主役を演じる再生債務者は，もともと持っていた債務者の顔に，時に再生債権者の顔の仮面を被りながら，手続の進行に応じて 2 つの顔を演じ分けなくてはならない難しい役どころなのです。

(3) 公平誠実義務

さらに，再生債権者としての顔は単に債権者の立場を引き継ぐだけに止まらず，再生手続上，再生債務者の**公平誠実義務**（民再 38 条 2 項）という形で義務化されています。

公平誠実義務とは，再生手続開始後に，再生債務者が債権者に対して，公平かつ誠実に，業務遂行権または財産管理処分権を行使し，再生手続を追行しなくてはならないという義務です。違反すると，再生債務者には損害賠償義務が課されるだけでなく，管理命令が発令されて主役の座を追われる可能性があります。だからこそ再生債務者は，再生手続という舞台の行方を見守っている再生債権者の期待を裏切らないよう誠心誠意を尽くして主役を務めなくてはならないのです。

このように，再生債務者は，時に再生債権者の顔も覗かせることになりますが，再生手続では，こうした再生債務者の別の顔を**再生債務者の第三者性**と呼んで手続開始前の立場と区別しています。

2 再生債務者 ● 185

Column㉑ 「再生債権者の顔」はどこまで影響を与える？

再生債務者が，再生手続開始後は別の顔をもつことになるとする考え方，い
わゆる「再生債務者の第三者性」を認めるべきかどうかについては議論があり
ます。再生債務者に第三者的地位を認める見解が通説です。

これに対して，再生債務者には否認権が認められていないことや，再生手続
開始決定には処分制限の効果がないことを理由に，再生債務者の第三者性を否
定する見解もあります。

裁判例では，不動産の物権変動が問題となった事例で再生債務者の第三者性
を肯定したものがありますが（大阪地判平成20・10・31判時2039号51
頁・百選21事件），議論は決着しておらず，今後の展開が注目されていると
ころです。

EXERCISE ●演習問題

A銀行はBに対し，建物の建設資金を貸し付けました。その後，建物が完成し，
A銀行とBは，その建物について根抵当権設定契約を締結しましたが，その登記
手続が行われないうちに，Bの再生手続が開始されてしまいました。

この場合に，A銀行は，根抵当権設定契約に基づいて，Bに対して根抵当権設
定登記の手続を求めることができるでしょうか，検討してみましょう（大阪地判平
成20・10・31判時2039号51頁・百選21事件）。

2 再生債務者の職務

(1) 事業の継続

再生債務者は，再生手続開始前と同じように業務遂行権を行使して，日々事
業を動かしていかなくてはなりません。再生手続上も事業の継続に支障が出な
いよう工夫されています。

もちろん，事業を継続するためには，自己の財産を自由に処分できる権限が
不可欠になりますから，再生債務者には，引き続き財産管理処分権も残されて
います。

186 ● CHAPTER 2 機　　関

(2) 情 報 提 供

再生債務者は，自己の再建のために必要な情報を，監督委員，裁判所等に提供し続けます。再生手続開始後は，こういう事態に至った事情のほか，再生債務者の業務や財産の状況等について必要な事項を記載した報告書を作成して裁判所に提出しなければなりません。その後も，再生債務者の業務や財産の管理状況については定期的に監督委員や裁判所に報告することになります。もちろん，求められれば債権者集会でも説明を行います。

(3) 再生計画案の作成

再生債務者の最大，最重要の職務は，もちろん，自己を再建するためのシナリオ（**再生計画案**〔⇨第**5**章〕）を作成すること，そして，成立した再生計画をきちんと実行することです。

まずは再生計画案を作成しなくてはなりませんが，そのためには，再生債務者が有している財産の価値を把握することが必要になります。そこで，再生債務者は，再生手続が開始したときに有している自己の財産の価値を金銭に評価する作業（**財産評定**〔⇨第**2**編第**8**章**14**参照〕）を行います。

そして，まだ弁済されていない取引・借金の額（再生債権額）を把握する調査を行います。

その上で，再生債務者が今後の経営からどの程度収益が見込めるか予測し，再生債務者を再建するためには，返済すべき再生債権額をどれくらいカットしなくてはならないか，再生債権者に対する支払の頻度や期間はどのように設定したらよいかを検討しながら，再生計画案を作成していきます。

最終的には，再生裁判所や監督委員，そして再生債権者の支持を得られるような再生計画案に仕上げていかなくてはなりません。

3 監督委員 Ⅲ▶ 主人公の良き理解者⁉

1 監督委員の役割と選任 ●

(1) 監督委員の役割

　再生債務者は手続の主役と言われるだけあって，果たさなければならない職務は数多く，その責任も重大です。そんな再生債務者が最後まで適切に任務を果たせるように，そして，再生債務者が手続を悪用して周囲に迷惑をかけたりしないように，再生手続には，再生債務者を指導・監督するお目付役のような存在が必要だと考えられるようになりました。現在，その役割を果たしているのが，**監督委員**です。

　DIP 型で経営権を失わない再生債務者が権限を濫用しないよう牽制し，再生手続の公正さを担保するためにも，監督委員は打って付けだと言われています。そのため，現在は，原則としてすべての再生事件で監督委員を選任する運用が行われています。それだけ監督委員が頼りにされているということです。

(2) 監督委員の選任

　しかし，実は，民事再生法は，破産手続で選任される破産管財人のように，監督委員を必ず選任するよう定めているわけではありません。

　監督委員は，再生手続開始の申立て後であれば，利害関係人の申立てを受けて，あるいは職権で，裁判所が任命することが可能です。その際，発令されるのが，監督委員による監督を命じる処分（**監督命令**）です（民再 54 条 1 項）。

　監督命令では，監督委員を複数選任してもよいですし，法人を選任することも可能です。監督委員の資格は限定されていませんが，ほとんどの場合，弁護士が監督委員に選任されているようです。

2　監督委員の権限・義務

　監督委員はその名の通り，再生債務者の業務遂行や財産の管理処分，そして再生手続の進行過程を監督する職務を担当することになります。

　そこで，監督業務を適切に行えるよう，監督委員にはさまざまな権限が与えられています。

(1)　監督委員の同意権

　監督委員には，裁判所が監督命令の中で定める「再生債務者が監督委員の同意を得なければしてはいけない行為（要同意行為）」への**同意権**が付与されています。

　何を要同意行為とするかは，裁判所の裁量に委ねられていますが，再生債権者等の利益を保護するため，財産の処分や金銭の借入れなどの重要行為が指定されています。このように監督委員の同意権は，再生債務者に対して後見的機能を発揮する重要な権限のひとつです。

　したがって，再生債務者が要同意行為であるにもかかわらず監督委員の同意を得ないでした行為は原則無効になります。

(2)　監督委員の調査権

　監督委員には，再生債務者の業務や財産の状況に関して報告を求め，帳簿や物件を検査できる**調査権**も付与されています。

　調査の対象も広く設定されており，再生債務者だけではなく，その代理人による報告も含まれます。さらに，再生債務者が法人の場合は，取締役や従業員，そして子会社までも調査の対象となります。求められた調査に応じない者は懲役や罰金まで課せられる可能性さえあるのです。このように監督委員に強力な調査権を付与することにより，監督委員が再生債務者の状況を正確に把握した上で，その権限を行使できるよう工夫されています。

(3)　監督委員の報告義務

　こうした監督委員の調査権をうまく活用して，再生裁判所は監督委員に対し，

3　監督委員 ● 189

再生債務者の業務や財産の管理状況を報告させたり，再生手続開始を決定すべきか，作成された再生計画案を認可すべきかについて意見を求めたりしています。これが，監督委員の再生裁判所に対する報告義務です。

たとえば，再生計画案をチェックした監督委員が，計画の実効性に問題がありそうだと判断した場合は，再生裁判所に対して，再生計画案を認可すべきではないという意見を提出することになります。

(4) 監督委員の善管注意義務

監督委員には，職務遂行上の義務として，**善管注意義務**が課せられています。監督委員が，職務を行う際に，義務を果たさなかったときは，ペナルティが課されることになります。たとえば，裁判所の命じる事項を報告しなかったり，虚偽の報告をした場合は，善管注意義務違反となり，それによって発生した損害については，損害賠償責任を負うことになります。

こうして監督委員は，付与された権限を適切に行使し，課された義務をこなしながら，主役である再生債務者を監督し，手続の開始段階から最終的には再生計画の実行段階まで，再生手続の行く末を見守っていくことになります。

4 管財人・保全管理人
 Ⅲ▶ わがまま放題の主役なら降板もあり !?

1 管 財 人

(1) 管財人の役割

再生債務者が主役として不適格と評価された場合は，すぐに主役を交代して代役を立てることが認められています。それが**管財人**です。

再生手続では，手続開始後も再生債務者が経営権を失わず，業務の遂行や財産の管理処分権限を行使する DIP 型が原則とされています。しかし，再生債務者が常に再生手続の主役を誠実に演じてくれるとは限りません。ずさんな財産管理で財産を減少させてしまったり，わがまま放題で適切な業務遂行を行え

ないような事態は再生債権者の利益を害することになります。

　そこで再生手続では，DIP 型ではうまくいかないケース，すなわち，再生債務者による財産の管理・処分が失当だった場合や，事業の継続・再生のためにはどうしても必要になった場合に，管財人を選任することができるようにしました。この点が，手続開始と同時に破産管財人を選任する破産手続とは大きく異なります。ただし，再生手続の原則はやはり DIP 型なので，実際に管財人が選任されるケースは稀のようです。

(2) 管理命令

　再生手続における管財人の選任は管理命令の発令によってなされます。実務では，迅速・適切に業務を遂行できるように，監督委員を管財人に任命する運用が行われています。

　なお，管理命令の発令が許されるのは，再生債務者が法人である場合に限定されていますが，その理由は，法人以外に管理命令が必要となるケースが想定しにくいからです。

　管理命令が発令されると，再生債務者が有していた業務遂行権や財産管理処分権が剝奪され，それらの権限が管財人に専属することになります。もちろん管財人にも，監督委員と同様，職務を遂行する際には，善管注意義務が課せられることになります。

2　保全管理人

　また，手続を開始する前の段階で，再生債務者が主役には相応しくないことが分かってしまった場合には，保全管理命令を発令して**保全管理人**を選任することになります。

　ただし，この保全管理命令は，再生手続が本格的に開始する前の段階で主役を暫定的に交代させるものなので，再生債務者の通常業務から外れる行為については保全管理人が自由に行うことはできず，常に裁判所の許可を得るよう求められています。

4　管財人・保全管理人　● 191

5 債権者集会・債権者委員会

▶ 観客のままじゃ終わらない!?

1 債権者集会

再生債権者は，進行する再生手続を観客として見守るだけではなく，再生債権者自身の意向を反映させる手段として**債権者集会**を活用することが認められています。

ただ従来の倒産手続では，必ずしもうまく機能してはなかったので，民事再生法では債権者集会の開催を義務付ける規定にはしませんでした。その代わり，裁判所が必要と判断した場合や，再生債務者，債権者委員会，再生債権総額の10分の1以上の債権者から要求があった場合には，債権者集会が招集される決まりとなっています。

再生手続上，特に重要な債権者集会は，財産状況報告集会と再生計画案の決議のための債権者集会です。

(1) 財産状況報告集会

財産状況報告集会は，再生手続開始後再生債務者の財産の状況について再生債権者へ報告するために開催される集会です。

ただ実際には，裁判所が主催して行う財産状況報告集会よりも，再生債務者自身が再生債権者へ情報提供のために開催する債権者説明会の方が活用されているといわれています。

(2) 決議のための債権者集会

再生計画案の決議のための債権者集会は，再生債務者が自己の再建シナリオとして作成した再生計画案に，再生債権者がゴーサインを出すか否かを決定するために開催される集会です（計画案の決議については，⇨第**5**章②**3**）。
⇒229頁

ただし，書面による投票に代えることが認められているため，決議のための

債権者集会を開催することなく，再生債権者の意向を反映する機会を設けることが可能となっています。

このように債権者集会が開催されない場合もありますが，いずれにせよ，再生債権者が再生計画案の決議のために投じる1票が，その後の再生債務者の再建ストーリーの展開に大きな影響を与えることは間違いありません。

2　債権者委員会

さらに，再生債権者が，より積極的に再生手続に関与することができる**債権者委員会**という制度も設けられています。

再生手続への参加意欲が大切なので，債権者委員会は再生債権者によって自主的に組織されていることが大前提です。その上で，委員3人～10人で構成され，再生債権者の過半数が再生手続への委員会の関与に同意しており，再生債権者全体の利益を適切に代表する委員会であることが認められれば，再生裁判所が再生手続への債権者委員会の関与を承認することになります。

そこで晴れて観客席から再生手続の舞台に上がることが許された債権者委員会は，再生債権者の代表として意見を述べたり，債権者集会の開催を要求したり，報告を受けたりすることができます。

本来であれば，大きな存在感を発揮する名脇役になり得るはずですが，現実には，債権者委員会が活用された例は今のところほとんどありません。

CHECK

空欄を埋めて，再生手続の機関に関する以下の文章を完成させなさい。

1　経済的に窮境にある債務者で，その者について再生手続が進められている者が（　①　）である。再生手続開始後も，業務を遂行し，財産を管理処分する権利を有するが，同時に，債権者に対して，（　②　）義務を負わなければならない。

2　再生債務者の業務遂行や財産の管理処分，そして再生手続の進行過程を監督する職務を担当するために選任される者が（　③　）である。職務を行うにあたって，（　④　）義務が課せられている。

3　再生債務者の財産の管理処分が失当であるとき，事業の再生のために特に必要

と認められるときに選任される者が（　⑤　）であり，選任後は，再生債務者の
有していた業務遂行権，財産の管理処分権が専属することになる。
4　再生手続で再生債権者の利益を代表する機関が（　⑥　）であり，再生債権者
に対して，再生手続に関する情報を開示し，重要事項について意思決定の機会を
与える機能を有している。

CHAPTER

第 3 章

再 生 債 権

　再生手続が開始されるより前に，お金を貸したり，取引をするなどして再生債務者に対して権利を有する人達は，再生手続において一体どのように扱われることになるのでしょうか。
　この章では，再生債権の届出・調査・確定段階（⇨**CHART** 3.0.1） ⇒170頁
の手続を取り上げ，再生手続の中で弁済を受けることになる「再生債権」について，どのような債権が再生債権として扱われ，弁済を受けるにはどのような手続を踏む必要があるのかみていきます。また，再生債権以外の債権の取扱いについても説明します。

1 債権者たちのゆくえ

▶ 早い者勝ちは通用しない！

SCENE 3-4 マクベス社長に詰め寄る再生債権者たち

債権者Ａ：社長！　うちとは長いつきあいだよね。だから，もう少しだけ
　　　　　待ってくれって頼まれたときもOKしたんだよ。真っ先にうちへ払
　　　　　うのが筋でしょう？

債権者Ｂ：いいえ，こっちの支払が先でしょう。うちはかなり大きな額なん
　　　　　ですよ。

マクベス社長：申し訳ございません。再生手続が開始されて，今は再建のた
　　　　　めの計画案を作成中でして，その中にみなさんへの返済計画も盛り込
　　　　　まれる予定です。計画に沿ってきちんとお返ししますから，今しばら
　　　　　くお待ちください。

1　債権の種類と優先順位 ●

　再生手続には，**再生債権**，**共益債権**，**一般優先債権**などの債権が登場します。
順番に取り上げて説明しましょう。

(1)　再生債権と再生債権に優先する債権

　再生手続が開始する前から再生債務者に対して権利を有している債権者は，
再生手続開始後は**再生債権者**と呼ばれます。再生債権者には，再生手続への参
加が認められますが，その反面，再生債務者の債務への返済計画である**再生計
画**が作成されて，それが実行されるまでは，自己の権利行使も禁止されてしま
います。**SCENE 3-4**でマクベス社長のいうように，再生債権者の間では，
早い者勝ちは許されていないのです。

　これに対して，再生計画の作成を待つことなく弁済を受けられる債権が存在
します。それが**共益債権**と**一般優先債権**です。

196 ● CHAPTER **3** 再生債権

(2) 共益債権

たとえば，再生手続を開始した後も引き続き再生債務者の業務を行っていくために必要となる費用や再生手続の進行によって生じる手続費用に対する請求権などが**共益債権**に該当します（⇒**4 2**）。 ⇒205頁

再生債務者の業務を維持し，再生手続を進行するためには，こうした債権の発生は不可欠です。そのため，再生手続では，再生債権者の利益になる債権として，優先的に支払うことにしているのです。

(3) 一般優先債権

再生債務者の従業員の給料や退職金などの労働債権や国や地方公共団体に納めるべき税金などの租税債権のように，実体法上の優先権が認められている請求権が**一般優先債権**です（⇒**4 3**）。 ⇒206頁

民事再生法は，破産手続の優先的破産債権とは異なり，一般優先債権を再生債権に取り込みませんでした。その方が，再生手続の構造が複雑にならず，単純な処理が可能となるからです。

2　破産手続との対比

再生手続に登場する債権はそれぞれ破産手続の債権の概念と対応しています。そこで，再生手続に登場する債権について破産手続の債権と比較してみるとCHART 3.3.1のようになります。

再生債権　　　　　　　　　▶返済は計画的に

1　再生債権の要件と手続上の取扱い

(1) 再生債権の要件

再生債権とは，原則として，再生手続の開始前にすでに権利の発生条件を満

CHART 3.3.1

再生手続			破産手続	
共益債権			財団債権	
一般優先債権			優先的破産債権	
再生債権	（通常の）再生債権	破産債権	（一般の）破産債権	
			劣後的破産債権	
	約定劣後再生債権		約定劣後的破産債権	

たしていて，再生債務者に対して，金銭または金銭に評価した金額の支払を求めることができる権利（**財産上の請求権**）をいいます（民再84条1項）。

SCENE 3-4 に登場する債権者 A や B の有する債権は，共益債権や一般優先債権ではなく，再生債権に該当します。

▌(2) 再生手続上の取扱い ▌

再生手続が開始されると，再生計画が作成されて実行されるまでは，再生債権への弁済が禁止され，再生債権者は，弁済を請求することも，強制執行することもできなくなります。

その代わり，再生債権者には，再生手続に参加して，作成される返済計画・再建計画（**再生計画**）案に賛成するかどうかの意思を表明する機会が与えられ（**議決権の行使**）（⇨第**5**章②③），最終的に，記載されている返済計画通りに弁済を受けられるようになります。
⇒229頁

▌(3) 債権者平等の原則 ▌

再生計画では，原則として，ある再生債権を他の再生債権より先に優先して弁済するという取扱いを定めることはできません。したがって，つきあいの長さや金額の大きさに関係なく，債権者 A も B も，そして英会話教室ロミオの受講者たちを含む他の再生債権者も，みんな平等に扱われます（**債権者平等の原則**）。したがって，再生債権者はそれぞれの債権額に応じて弁済を受けることになります。

198 ● CHAPTER **3** 再生債権

2　破産債権との比較

　再生債権は，破産手続における破産債権（⇨第2編第3章^{⇒74頁}）に相当します。そのため，再生債権の要件は破産債権の要件と基本的には同じです。さらに，連帯債務者や保証人がいる際の再生債権者の手続参加の取扱いについても，破産法の規定が準用されています。

(1)　再生債権間の順位

　これに対して，再生債権の取扱いが，破産債権とは異なる場合もあります。

　再生手続では，再生債権の中で順位を定めると，順位ごとに，再生債務者の再生計画案に対する意思確認を行わなくてはならなくなり，手続の構造が複雑になるため，再生債権を単純に処理できるよう再生債権間には順位を定めていません。そのため，破産手続のような破産債権間の優先順位（①優先的破産債権，②破産債権，③劣後的破産債権）（⇨第2編第3章③^{⇒83頁}）は存在しません。

　その代わり，破産手続であれば優先的破産債権となる労働債権や租税債権については，再生債権から除外し，**一般優先債権**として，再生手続に関係なく弁済を受けられるようにして対応しています。

(2)　劣後的な取扱い

　一方，劣後的破産債権に相当するような債権は，再生債権として処理することになりますが，債権者平等の原則があるにもかかわらず，他の再生債権とは異なる返済内容を設定したり，返済を後回しにする取扱いをすることが認められています。たとえば，再生手続開始後に発生した利息や遅延損害金に対する請求権については，議決権の行使が認められず，返済内容も他の再生債権者と同じ扱いにしなくてもよいとされています。また，再生手続開始前にすでに発生していた罰金などの請求権については，議決権の行使が認められないだけではなく，計画に定められた返済期間が終了するまで一切弁済を受けられません。結局，これらの再生債権は，実質的に劣後的破産債権と同様の処理がされることになります。

Column㉒　約定劣後再生債権

　破産法で「約定劣後破産債権」が設けられた影響を受けて，再生手続でも対応する規定を定めました。それが「約定劣後再生債権」です。

　「債務者が破産手続に入ったら配当は一番後回しでよい」という取決めを債権者と債務者が事前に交わしていた場合，このような合意をした債権は株式に近い性質をもつことになり，自己資本の一部と認められることがあるため，銀行や保険会社などの金融機関で利用されることがあります。これらの債権は債務者が破産手続に入れば「約定劣後破産債権」となりますが，再生手続に入ったときは「約定劣後再生債権」となります。これにより，再生債権のシンプルな構造が少しだけ崩れてしまいました。結局，約定劣後再生債権については，再生計画の中で，他の再生債権と弁済順位の点で差を設けなければならなくなりました。そのため，約定劣後再生債権者による再生計画案への議決権行使の際には，他の再生債権者とは別に意思確認をする必要が出てきました。

　ただし，再生手続をあまり複雑にしないよう，他の再生債権を完済できなければ約定劣後再生債権者は議決権を行使できないと定めることで，別々に意思確認をする手間を必要最小限に抑える工夫をしています。

3　少額債権・中小企業者の有する債権 ───────●

　実は，再生債権の中にも，例外的に，裁判所や監督委員の許可をもらって，他の再生債権者よりも先に弁済を受けることが認められるケースがあります。

　それが，**少額債権**と**中小企業者の有する債権**です。

(1) 少額債権

　それほど債権額が大きくなくても，再生債権者に占める少額債権者の数が多ければ，再生手続の進行に時間がかかり，余計にコストがかかってしまう危険性も生じます。その場合は，少額債権者へ先に弁済をして，再生債権者の数を減らした方が，再生手続がスムーズに進行するかもしれません。

　また，少額の債権でも，その支払がないことを理由に債権者から取引が打ち切られることで，再生債務者の業務が動かせなくなってしまう程の大きな影響

が出るケースも考えられます。たとえば，再生債務者の工場を稼働させるためには，少額債権者による原材料の納入が不可欠であるといった場合です。このような場合は，少額債権者へ先に弁済して取引を継続してもらった方が再生債務者の再建の近道になるはずです。

　そのため，再生手続では，こうしたケースに当てはまる少額債権者に対して，再生債務者の申立てにより裁判所の許可を得て，例外的に他の再生債権者より先に弁済することを認めているのです。

　それでは，いくらまでなら「少額」と言えるのでしょうか。民事再生法には明確な金額の定めはありません。実務では「10万円以下」を基準とするのが一般的とされています。ただし，再生債務者の業務のために早期弁済が不可欠な少額債権については，負債額や他の再生債権額と比較して相対的に少額であればよいと考えられているため，かなり高額の債権が少額債権として弁済されるケースもあります。

(2) 中小企業者の有する債権

　たとえば，再生債務者の下請業者や納入業者のように，再生債務者を主要な取引先としている**中小企業者**が有する債権については，これらの債権を弁済禁止にしてしまうと，連鎖倒産してしまう危険性があります。そこで，再生手続では，裁判所が，それまでの取引状況や債務者の資産状況を勘案しながら，先に中小企業者の有する債権への弁済を認める許可ができるようにしています。

3　再生債権の届出・調査・確定

⫸ 権利の上に眠ってはダメ！

1　届　　出

　ここでは，再生債権の届出・調査・確定段階の手続を取り上げます（⇨**CHART** 3. 0. 1）。
⇒170頁

3　再生債権の届出・調査・確定　● 201

(1) 再生債権の届出

　実は，再生債権の成立要件を満たしていても，再生債権者が再生計画に定められた弁済を受けるためには，自らアクションを起こさなければなりません。再生手続では，裁判所が定める債権の届出期間内に，再生債権者が自己の再生債権について届出をしなければなりません。そうしなければ，再生計画による弁済を受けられない仕組みとなっています。弁済を受けられる権利を持っているのに，これを行使せず，権利の上に眠っているだけの者は救われないということです。

　こうして届出のあった再生債権については，裁判所書記官が，債権の額や内容，議決権の額などを記載した**再生債権者表**を作成します。これが，債権調査・確定の基礎となります。

(2) 届出の追完

　ただし，届出期間内に届出ができなかった責任を再生債権者だけに負担させるのは酷な場合もあるので，その場合は，届出期間を経過した後でも，届出ができなかった事由が消滅してから1か月の間は，再生債権の届出の追加（**届出の追完**）が認められています。

　さらに，結局，最後まで届出がなされなかった再生債権でも，例外的に，再生計画による弁済を受けられるケースが存在します。それが自認債権です。自認債権については次の**2**(2)で取り上げます。^{⇒203頁}

2　債権調査・確定 ————————————————●

(1) 認否書の作成

　まず，再生債権の調査は，再生債務者（管財人がいる場合は管財人）が，再生債権者表に基づき，届出のあった再生債権の内容や議決権について認めるか否か記載する**認否書**を作成するところから始まります。

202 ● CHAPTER 3　再生債権

⑵ 自認債権

次に，再生手続では，届出がされなかった再生債権であっても，再生債務者が存在を知っている債権であれば，認否書に記載しなくてはならない決まりとなっています。このように届出がなくとも再生債務者がその存在を知って認否書に明記した再生債権は**自認債権**と呼ばれ，議決権は行使できないものの，再生計画に従った弁済を受けることができます。再生債務者が存在を認識している再生債権であるにもかかわらず，権利を消滅させてしまうのはペナルティが大きすぎるからです。

このようにして作成した認否書を，再生債務者は，定められた期限までに裁判所に提出しなければなりません。

⑶ 債権調査期間

再生債務者から裁判所に認否書が提出されると，今度は，債権の届出をした再生債権者の方から，認否書に記載された内容について，書面で異議を述べる機会が与えられることになります。通常の場合，再生債権者が異議を述べることができる期間（**債権調査期間**）については，再生手続の開始決定の際に裁判所によって定められます。

⑷ 再生債権の確定

債権調査期間内に，再生債権者から特に異議が出なかった再生債権については，認否書に記載された内容の通りに確定します。その結果は，再生債権者表にも反映しなくてはなりません。再生債権者表に結果が記載されると，それは，再生債権者全員に対して確定判決と同じ効力をもつことになります。

⑸ 認否書に異議がある場合

これに対して，認否書で再生債務者から届出の内容を否定されたり，債権調査期間内に再生債権者から異議が出されたりした再生債権については，再生債権を確定させるための手続に入ります。このように問題となった再生債権を有している再生債権者は，再生債務者や異議を述べた再生債権者全員を相手に，

3 再生債権の届出・調査・確定 ● 203

裁判所に再生債権の存在や内容について審査（**再生債権の査定**）をしてもらう申立てをすることができます。

再生債権の査定の裁判の結果に不服がなければ，その内容で再生債権が確定しますが，どうしても結果に不服がある場合には，訴訟（**査定の裁判に対する異議の訴え**）を提起することも認められています。

再生債権の査定の裁判や査定の裁判に対する異議の訴えの結果，再生債権が確定すると，その内容は再生債権者表に記載され，やはり確定判決と同一の効力を有することになります。

こうした手続を経て確定され，再生債権者表に記載された再生債権の内容は，その後作成される再生計画の作成の際にも活用されていくことになります。

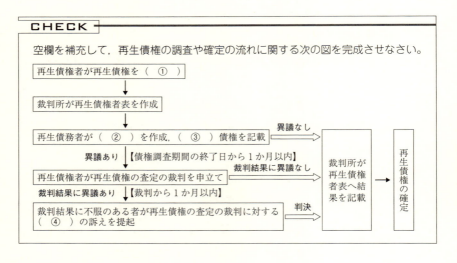

4 共益債権・一般優先債権　▶債権者は不平等⁉

再生手続に登場する債権者はすべて同一の取扱いがなされるわけではありません。①ですでに説明したように，再生手続には，再生債権よりも先に弁済を受けられる債権として，「共益債権」と「一般優先債権」があります。
⇒196頁

1 共益債権・一般優先債権の取扱い

共益債権者も一般優先債権者も，再生計画と関係なく，弁済期が来たら再生債務者に対して弁済を請求できます。共益債権と一般優先債権の間には優先順位が設けられているわけではないので，どちらの債権もいつでも弁済を請求できることになります。

さらに，共益債権者や一般優先債権者は，弁済を求めても，再生債務者が応じてくれないときは，その財産を差し押さえる強制執行の手続を取ることも認められています。

2 共 益 債 権

(1) 共益債権の内容

共益債権とは，再生債権者の共通の利益になるような債権をいい，再生手続の進行に関係なく，再生債権よりも先に，いつでも弁済を受けられます。共益債権に該当する債権は破産手続の財団債権の範囲とだいたい一緒です。

主に，再生手続開始後も再生債務者の業務を動かしていくために必要となる費用，たとえば，原材料の購入代金や従業員の給料，工場を稼働させるための光熱費などが該当します。また，再生手続や再生計画を実行するためにかかる費用，たとえば，債権者の呼び出しにかかる費用や監督委員の報酬なども共益債権に含まれます。

(2) 再生計画への記載

共益債権者への弁済の内容については，再生債権者への情報提供のため再生計画に記載しなくてはならないとされています。また，再生債務者が共益債権の弁済に応じないときには，強制執行することも認められていますが，再生手続は，再生債務者の再建を目的としていますから，再生債務者の業務に不可欠な財産が差し押さえられてしまったような場合には，例外的に，裁判所による強制執行の中止または取消しが認められています。

4 共益債権・一般優先債権 ● 205

3 一般優先債権

　再生債権に優先して弁済を受けられるもう一つの債権は**一般優先債権**です（民再122条1項）。実体法上，一般の先取特権その他の一般の優先権が認められている請求権で，主として，従業員に未払の給料や退職金などの労働債権や，滞納している税金などの租税債権がこれに該当します。たとえば，英会話教室ロミオの各教室の講師に未払分の給料があれば，優先弁済の対象となります。

　ただし，再生手続開始後の再生債務者の業務に必要な費用とみなされる労働債権や租税債権については共益債権の扱いとなります。

　弁済内容の再生計画への記載や強制執行の際の取扱いについては共益債権と同一です。

CHECK

　次の説明文が，再生手続に登場する「再生債権」「共益債権」「一般優先債権」のいずれの債権の内容に該当するか答えなさい。

1　主に，再生手続開始後に発生した債権で，再生債権者の一般の利益になるような債権をいい，破産手続では財団債権に相当する。たとえば，再生債務者が法人の場合はその業務に必要な費用も含まれる。この債権に該当すると，再生手続によらずに随時弁済を受けることができ，再生債権に優先して弁済される。

2　再生手続開始前の原因に基づいて生じた財産上の請求権をいい，再生手続において手続上の債権として扱われる。その内容は，破産手続の破産債権と基本的に同一である。ただし，再生手続では手続が煩雑になるのを回避するため，破産手続のように手続債権を区分しておらず，たとえば，優先的破産債権に対応する実体法上の優先権がある債権は再生手続外の債権に位置づけて，この債権には含めないこととした。この債権に該当すると，再生手続外での弁済が禁止され，再生計画によって弁済を受ける地位を取得する。

CHAPTER

第 **4** 章

再生債務者財産の増減

　再生債務者の有する財産は，その財産に対して権利を有する者や再生債務者が権利を行使することによって増減します。たとえば担保権者は，再生債務者の財産に設定した担保権を実行することができます。これに対して，再生債務者は，倒産の事態を招いた法人役員の責任を追及することで，財産の減少を防ぐことができます。

　この章では，業務遂行・財産管理処分段階の手続（**CHART** ⇒170頁 3.0.1 参照）のうち，再生債務者の財産の増減に影響を与える別除権，担保権消滅制度，否認権，法人役員に対する損害賠償請求権の査定に関する規律を順番に取り上げます。

　なお，双務契約の処理や相殺権の取扱いについては破産法と同様の規律なので，ここでは取り上げません（⇨第 **2** 編第 **4** 章 ⇒87頁，同第 **6** 章 ⇒113頁 参照）。

1 別除権

⟫ 担保権者は特別扱い!?

SCENE 3-5 オセロ製菓株式会社社長室にて①

ほのぼの銀行：先日，裁判所へ民事再生の申立てをされたそうですね。弊行
としましては，融資する際に御社の工場の建物と土地へ設定しており
ました抵当権を実行して，返済残額を回収したいと考えております。

リア社長：ちょっと待ってください。あの工場を持っていかれてしまったら，
主力商品のオセロロールが製造できなくなってしまいます。ついこの
間再生手続を開始して，これからってときに，主力商品を製造できな
ければ再建は到底無理な話です。今後も契約通り返済は続けていきま
すので，抵当権の実行だけは勘弁してください。

---

1 担保権の取扱い ●

　再生手続でも，破産手続（⇨第**2**編第**5**章**1**①⇒103頁）と同じように，抵当権，特別
の先取特権，商事留置権などの担保権は，**別除権**として扱われます（民再53条
1項）。担保権者は，原則として，再生手続開始後も，再生手続によらず自由に，
その担保権を行使することが許されています。

　たとえば，**SCENE 3-5** のほのぼの銀行は，オセロ製菓へ融資する際に，
工場の建物と土地に抵当権という担保権を設定していますので，オセロ製菓に
再生手続が開始された後でも，別除権者として，この抵当権を実行して裁判所
に競売の手続を申し立て，不動産の売却代金から配当を受けることが可能です。

(1) 担保権の特別扱い

　そもそも担保権というのは，債務者の倒産などで債権を回収できない場合に
備えて設定するものです。こうした担保権者の努力に対しては，民法などの実
体法も優先権や換価権を付与して担保権者を保護しています。破産手続でも，
こうした担保権の優先権等を保護するために別除権が機能しており，その意味

208 ● CHAPTER **4**　再生債務者財産の増減

で担保権者は特別扱いを受けています。

これに対して，再生手続の場合は，担保権を特別扱いにしたいという積極的な理由よりも，仮に担保権を特別扱いせずに再生手続の中に取り込むと，どうしても手続が複雑になってしまうため，それを回避する目的で別除権の仕組みが導入された経緯があります。

(2)　特別扱いの制限

もっとも，再建型手続である再生手続では，担保権者による担保権の実行を無制限に許してしまうと，オセロ製菓のリア社長がいうように，再生債務者の事業の継続に不可欠な資産まで売却されてしまい，その結果，再生債務者の再建が不可能になってしまうおそれがあります。それでは元も子もありません。

そこで，再生手続では，事業の継続に必要な財産については，担保権者の権利を制約する方法を2つ用意しています。それが，**担保権実行中止命令**と，**担保権消滅制度**です。

(3)　担保権実行中止命令

担保権実行中止命令とは，再生手続開始の申立て後であれば，事業再生のために，裁判所が定める期間については，担保権（別除権）の実行を制限できる制度です。ただし，担保権者は，その権利の実行に制約を受けないのが原則ですから，裁判所がこの命令を発令するためには，それなりに厳格な条件が必要とされます（民再31条1項）。

民事再生法では，①担保権の実行中止が再生債権者の一般的な利益に適合すること，②担保権の実行中止によって担保権者に不当な損害を与えないことが条件とされています。①は，担保権の実行を中止して事業が継続されることで収益が得られ，その結果再生債権者へ配当される弁済額が，仮に清算した場合の弁済額を上回ることを意味します。②は，担保権者への不当な損害，たとえば，担保権の実行が中止されると担保権者が倒産に追い込まれてしまうような損害，または担保権を今実行しなければ担保権が設定されている財産（担保目的物）の価値が激減してしまうような損害が発生しないことをいいます。

こうした条件に当てはまる場合に，裁判所は，再生債務者や再生債権者など

の申立てや職権で，担保権の実行を中止することができるのです。ただ，裁判所であっても，担保権の実行を永遠に止めることは許されず，担保権者と再生債務者が交渉するために必要と思われる時間などを勘案して相当の期間を定め，命令を発令することになります。

SCENE 3-5 のリア社長が，ほのぼの銀行による抵当権の実行を暫定的にでも止める必要を感じているのであれば，担保権の実行中止を裁判所に申し立てるとよいでしょう。

EXERCISE ●演習問題

　A 銀行は B 社との間で，B 社が債務を履行しなかった場合には，A 銀行が，占有している B 社の手形について取立てのうえ，その取立金を債務の弁済に充当できる旨の条項を含んだ取引契約を締結し，B 社は A 銀行に約束手形の取立委任をしていました。

　その後，B 社の再生手続が開始されたので，A 銀行は，B 社との取引契約の条項に基づき，B 社の手形を取り立て，その取立金を B 社の A 銀行に対する債務の弁済に充当したいと考えています。

　この場合に，B 社から取立委任を受けた約束手形について商事留置権を有している A 銀行は，再生手続開始後に取り立てた取立金を，A 銀行の再生債権の弁済に充当することは許されるでしょうか，検討してみましょう（最判平成 23・12・15 民集 65 巻 9 号 3511 頁・百選 53 事件）。

2　担保権消滅制度

　担保権実行中止命令は一時的に権利行使を制限する効果しかないため，担保権を実行されては困るという場合には，再生債務者は，裁判所に申し立てて，担保目的物の価額に相当する金銭を納め，担保権の消滅許可を請求することができます（民再 148 条 1 項）。

　申立ての対象となる担保権には，抵当権や特別の先取特権などの典型担保に加えて，譲渡担保やリースなどの非典型担保も含まれます。

(1) 事業の継続に不可欠な財産

　もちろん，担保権の消滅請求も無制限に認められるわけではありません。これが認められるのは，担保権が設定されている財産が再生債務者の事業の継続にとって不可欠な財産である場合に限られています。

　本来，担保権者は，担保目的物を換価する時期を選択することができます。また，債務者が担保目的物を取り戻す場合には，担保されている債権（被担保債権）の全額を，担保権者に支払わなければなりません（担保権の不可分性）。こうした担保権者の利益を差し置いて，担保権を消滅させるには，それなりの理由が必要となります。そのため，再生手続では，再生債務者の事業の再生という目的達成のために，担保目的物がどうしても必要であるとの条件を課しているのです。

　SCENE 3−5 のオセロ製菓の場合も，主力商品であるオセロロールを製造できなければ再建は不可能となりますから，その製造工場は，オセロ製菓の事業の継続にとって不可欠な財産といえます。そうすると，オセロ製菓のリア社長は，ほのぼの銀行がオセロロールの製造工場の土地と建物に設定した抵当権の消滅を請求することができるということです。

　しかし，実際に担保権消滅制度を利用するためには，担保目的物の評価額の全額を一括で支払わなければならないので，再生債務者にとっては資金調達の問題があり，簡単には利用できないのが実情です。

(2) 担保権者の不服申立て

　これに対して，ほのぼの銀行のような担保権者の利益を保護するために，担保権者の不服の内容に応じて，再生手続には2つの手段が用意されています。

　1つは，担保権消滅許可決定に対する即時抗告です。担保権者が，事業の継続に不可欠な財産かどうかといった担保権消滅申立ての要件を争いたい場合にはこの手段を使います。

　もう1つは，担保目的物の価額決定の請求です。担保権者は，担保目的物の価額に相当するとして再生債務者によって提示された担保目的物の価額が低すぎると感じたのであれば，裁判所に価額決定を求めることができます。価額は

1 別除権 ● 211

不動産鑑定士等の評価人の評価に基づいて決定され，その際，評価人は，担保権者の利益を保護するために処分価額を基準に評価を行います。評価人によって決定された価額は，その財産に担保権を有するすべての担保権者に対しても効力が生じます。

CHECK

ほのぼの銀行が，オセロ製菓の工場の土地・建物ではなく，今は使っていない倉庫の土地・建物に抵当権を設定していた場合，
① ほのぼの銀行は抵当権を別除権として行使できるか。
② オセロ製菓による担保権の消滅請求が認められるための要件は何か。
③ オセロ製菓による担保権の消滅請求は認められるか。

Column❷❸　別除権協定

担保権消滅制度を利用するには，担保目的物の価額に相当する金銭を一括で納めなければなりません。こうした一括納付は再生債務者にとってはハードルが高いため，実際には，再生債務者が別除権者と交渉して，担保権の実行をしないこと，その代わりに担保目的物の評価額を目安とした金額を分割で別除権者に支払うこと，全額を弁済したときには別除権者は担保権の抹消に協力することなどを内容とする契約を結ぶのが一般的です。

実務では，これを「別除権協定」と呼んでいます。別除権協定という文言は民事再生法の条文のどこにも出てきませんが，別除権協定をうまく締結できるか否かが，再生手続の結末を左右するくらい重要な役割を果たしています。

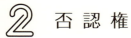

2 否認権

▷ 抜け駆けは許さない！

SCENE 3-6　オセロ製菓株式会社社長室にて②

有斐閣商事：最近はオセロ製菓さんもいよいよ危ないという声が聞こえてきますが，そのうわさは本当ですか？

リア社長：ご心配おかけして申し訳ありません。確かに先日，裁判所に民事再生の申立てをしたところですが，必ず立て直しますのでご安心ください。

有斐閣商事：弊社はこの3か月，社長さんからお願いされて，納品した商品代金の支払を待ってきましたが，うちもそろそろ限界です。社長さんとうちとは長いつきあいじゃないですか。まずは，うちへの支払だけでもお願いしますよ。

1 再生手続における否認権の取扱い

(1) 否認権制度の目的

　会社の経営状況が悪化し，倒産するおそれが出てくると，債務者は，いつの日か再起をはかるために，自己の財産を処分したり，隠したりして，できる限り手元に資産を残そうとするかもしれませんし，債権者は，SCENE 3-6の有斐閣商事のように，1円でも多く債権を回収しようと動き出すでしょう。しかし，このような事態を放置すれば債務者の財産はどんどん目減りし，再生手続を開始しても，再建を果たすことは到底できなくなります。

　そこで，再生手続では，破産手続と同じように，**否認権**の制度が設けられています（⇨第2編第7章）。再生債務者の財産を減少させるような**詐害行為**や，ある特定の債権者に優先的に弁済するような**偏頗行為**については，再生手続上の効力を否定することが認められています。処分や隠匿によって再生債務者の財産から逸出してしまった財産を回復させ，再生債権者間の平等弁済を確保することが，否認権制度の目的なのです。

(2) 要件・効果

　否認権行使の要件，その行使方法，そして効果については，基本的には破産手続と変わりません。したがって，**SCENE 3-6** についても，仮にオセロ製菓のリア社長が有斐閣商事の要求に応えて他の債権者よりも先に商品代金の支払を行った場合は，再生手続開始後に偏頗行為にあたるとして否認権を行使される可能性が高くなります。再生手続においても，破産手続と同様，特定の債権者による抜け駆けは許されないのです。

2　監督委員への否認権の行使権限の付与

(1)　否認権の行使権者

　否認権は誰が行使するのでしょうか。再生手続では，監督委員が選任されているときは，監督委員に否認権の行使権限を付与して，その行使を委ねる方法を採用しています。

　破産手続では破産管財人が否認権を行使しますが，再生手続で管財人が任命されるのは例外的です。ほとんどの場合は，再生債務者が手続開始後も引き続き事業を運営します。そうすると，否認の対象となる行為は，結局，再生手続開始前に再生債務者自身が行った行為ということになります。

　仮に，再生債務者に否認権の行使を認めた場合は，自己の行為の効果を覆すことを許すことになり妥当とはいえません。また，この場合，再生債務者が濫用的な否認の申立てをするおそれもあります。民事再生法の立法過程でもこの点が問題視され，再生債務者を否認権の行使権者とする規律は採用されませんでした。

　そこで，その役割を担うことになったのが監督委員です。

(2)　否認権の行使権限付与

　そのため，民事再生法には，否認権の行使に関して，破産法にはない独自の規律が設けられています。監督委員が否認権を行使するには，裁判所から否認権行使の権限を付与してもらわなくてはなりません（民再56条1項）。本来，

214 ● **CHAPTER 4** 再生債務者財産の増減

監督委員の役割は，裁判所が指定した行為について同意を与えることを通して再生債務者を監督することにありますから，監督委員には再生債務者の財産を管理・処分する権限が与えられているわけではありません。そのため，裁判所による権限付与を条件とすることで，否認権を行使できるようにしています。これにより，監督委員には否認権の行使に必要な範囲で，再生債務者の財産の管理処分権も付与されることになるのです。

裁判所による監督委員への否認権の付与は，監督委員自身，再生債務者，再生債権者といった利害関係人の申立てまたは職権に基づいて行われます。監督委員が選任されていない場合は，監督命令の申立てを行った上で，否認権付与の申立てをする必要があります。

また，否認権付与の際には，裁判所によって否認権行使の対象となる特定の行為が指定されます。したがって，監督委員は，破産手続における破産管財人のように自らの判断で否認対象行為を選択できるわけではありません。

(3)　財産の管理処分権

こうして監督委員が特定の行為について裁判所から否認権の行使権限を付与されると，監督委員はその権限の行使に必要な範囲で，再生債務者のために財産の管理・処分を行うことができるようになります。これにより，監督委員は否認権を行使して，自ら財産の返還を求め，そのために否認訴訟を提起することもできるようになります。さらに，監督委員は返還された財産を受領することもでき，受領した財産は，その後再生債務者に引き渡されることになります。

(4)　財産の管理処分権の重複

このように，監督委員が否認権行使に必要な範囲で再生債務者の財産の管理処分権を取得した場合でも，再生債務者自身の財産管理処分権が消滅するわけではありません。したがって，同一の財産をめぐり，監督委員と再生債務者の財産管理処分権が重複することもあり得ます。

そこで，民事再生法には，監督委員と再生債務者の財産の管理処分権が重複することによって引き起こされる可能性のある事態に対応するため，特別の手続が設けられています。

2　否認権　● 215

SCENE 3-7　オセロ製菓株式会社社長室にて③

リア社長：うちはいよいよ来週にも再生手続の申立てをすることになる。でも，会社名義とはいえ，今住んでいる家を持って行かれるのは困るんだ。とりあえず君に売却したことにして手続が終わるまでの間，君の名義だけでも貸してもらえないか？

マクベス社長：親友の頼みということなら，喜んで引き受けるよ。

(5)　訴訟参加・訴訟の併合

　たとえば，SCENE 3-7のように，オセロ製菓の財産であるにもかかわらず，リア社長が親友のマクベス社長と相談して再生手続開始前に売却したようにみせかけ，登記も移転させていた場合，否認権を付与された監督委員は，こうした行為を詐害行為にあたると主張してマクベス社長に対し，否認権を行使することができます。これに対して，オセロ製菓は，通謀虚偽表示を主張してマクベス社長に移転登記の抹消を求めることができます。

　しかし，監督委員と再生債務者がそれぞれ訴訟を提起すると，両者は**重複訴訟**となり，二重起訴の禁止に抵触する可能性があります。

　そこで，こうした事態を回避し，できる限り両者を一体的に解決するため，監督委員と第三者（マクベス）との間の否認訴訟に，再生債務者（オセロ製菓）が当事者として訴訟参加することが認められています。その逆に，再生債務者（オセロ製菓）と第三者（マクベス）の訴訟には，否認を主張する監督委員が，その第三者（マクベス）に対して当事者として参加することができます。

　さらに，監督委員の第三者（マクベス）に対する否認訴訟中に，第三者（マクベス）が，再生債務者（オセロ製菓）に対する訴えを否認訴訟と併合して提起することも可能とされています。

　そして，これらの訴訟の間では，結果に矛盾が生じないように**合一確定を保障**するため，**必要的共同訴訟の規律**が準用されています。

CHECK

空欄を補充して，次の文章を完成させなさい。

再生手続で，管財人が選任されていない場合，否認権を行使するのは，裁判所から否認権の行使権限を付与された（ ① ）である。これに対して，破産手続では，（ ② ）が否認権を行使する。

法人役員に対する責任追及

▶▶ 落とし前はきっちりつけて！

SCENE 3-8　オセロ製菓株式会社社長室にて④

リア社長：経理部長，例の社員の使い込みの件，上手く処理してくれたかね？　社を挙げて経営を立て直している今，これが明るみに出るとまずい。特にマスコミにはばれないように気をつけてくれよ。

1　制度の意義

　倒産する企業の中には，ワンマンな経営者が会社を私物化してやりたい放題いい加減な経営（放漫経営）が行われたり，赤字隠しのために帳簿等を改ざんする粉飾決算が行われたり，SCENE 3-8の例のように会社ぐるみで横領の事実を隠したりするなど，社長を含む取締役などの法人の役員が，違法行為や法人の利益に反する行為を行っている場合があります。法人は，このような行為を行った役員に対して，損害賠償を請求することができます。それにより，再生債務者の財産を増加させることができ，結果的には，法人を倒産に追い込んだ経営陣の責任を問うことにもなります。

　法人が役員に対し損害賠償を請求する場合には，通常の民事訴訟を提起することも可能ですが，訴訟手続はそれなりに時間を要します。そのため，民事再生法には，手続を簡易迅速に行うため，損害賠償請求権の査定の制度が設けら

れているのです。

2 損害賠償請求権の査定の手続 ─────────●

損害賠償請求権の査定の手続は，簡易迅速に行うため，決定の手続で行われます。裁判所は，法人の役員に対する損害賠償請求権の存在やその額を確定し，損害賠償を命じることができます。また，役員による財産隠しを防ぐために，必要があれば，法人役員の財産を保全する制度も設けられています。

(1) 査定の申立権者

査定の申立権者は，再生債務者と再生債権者です。再生債務者だけに申立権を認めても，役員に対しては再生債務者からの責任追及があまり期待できないケースもあることから，再生債権者も申立権者に加えています。

(2) 査定の相手方

民事再生法では，誰が査定の相手方となるかを列挙しており，取締役，理事などが挙げられています。SCENE 3-8 のリア社長はまさに査定の対象となるでしょう。

査定の手続は簡易な決定手続ですが，査定の相手方の手続保障のため，査定の対象とされた役員には聴き取り（審尋）しなければならず，査定の裁判にも理由を付さなければなりません。

(3) 査定決定に対する不服申立て

査定の裁判に不服がある者は，査定決定の送達を受けた日から１か月以内に，裁判所に異議の訴えを提起することができます。この異議の訴えは，損害賠償請求権の有無にかかわる問題を審理することになりますから，裁判を受ける権利を保障する意味でも，通常の民事訴訟手続で審理されます。

なお，査定の申立てを棄却する決定に対しては異議の訴えは起こすことはできず，改めて通常の民事訴訟を提起するしかありません。

218 ● CHAPTER **4** 再生債務者財産の増減

Column㉔　再生手続における相殺権の取扱い

　再生債務者の財産に影響を与えるものの，この章で取り上げていない規律の
ひとつに「相殺権」があります。再生手続でも，破産手続と同様に，相殺の担
保的機能を尊重して，再生債務者に対して債務を負担している再生債権者は，
再生手続によらずに自己の再生債権を自働債権として相殺権を行使することが
認められています。相殺権行使の要件や方法，相殺が禁止される場合も，基本
的には破産手続とその多くが重なっているため，解説は破産手続の章に委ねま
す（⇨第**2**編第**6**章）。
⇒113頁

　ただ，再生手続において相殺権の行使を無制限に認めると，事業の再生・再
建の支障となるおそれもあります。そのため，再生手続には相殺権の行使に時
間的な制約が設けられており，相殺適状が再生債権の届出期間満了前に発生し
ていることを前提に，相殺権の行使も再生債権の届出期間内に行わなければな
らないとされています（民再94条1項）。

CHAPTER

第 **5** 章

再生計画の作成から履行まで

　再生債務者の再建は「再生計画」に従って進められます。したがって，再生債務者が再建を果たせるかどうかは，作成される再生計画の内容にかかっているのです。

　それでは，再生計画の原案は誰が作成するのでしょうか。どのような内容の計画にすべきなのでしょうか。そして，正式な計画として認められるにはどういう手続をとればよいのでしょうか。この章では，再生計画作成段階から再生計画の実行段階（⇨CHART 3. 0. 1）までを取り上げます。

1 再生計画の作成　⫸ どんなストーリーを紡ぎ出す？

> **SCENE 3-9**　英会話教室ロミオ存続の危機！
>
> マクベス社長：実は，新規受講者数の落ち込みで売上げが激減している状況
> 　　　　なんだ。このままだと私の代でロミオは破産だよ。そうならないよう
> 　　　　に，納屋美弁護士に相談して再建案を考えてみたので，検討してもら
> 　　　　えないだろうか？
>
> 副社長：「A案」が，今週から徹底的に経費を節減してリストラも行う。そ
> 　　　　の上で，債権者に債権カットのお願いをして，今後の売上げから返済
> 　　　　していく案ですね。
>
> 常務：「B案」が，同じ業界最大手のジュリエット株式会社の傘下に……。
> 　　　　え⁉　そんな話が来ているんですか？
>
> 専務：それで「C案」は，外資で，我々に支援してくれそうなところを探
> 　　　　す？　うーん，これは，すぐには難しそうな気がしますね。
>
> マクベス社長：私は是非自分たちの手で立て直したい。「A案」に協力して
> 　　　　もらえないだろうか？

1　計画案の作成とスキーム　————————————————●

　再生手続が成功するかどうか，つまり，再生債務者が再建を果たせるかどう
かは，結局のところ，作成される弁済・再建計画である**再生計画**の内容に左右
されることになります。だからこそ，誰が，どのようなストーリーで再生計画
を作成するかが重要となるのです。

┃(1)　計画案の作成・提出者┃

　再生計画の原案となる**再生計画案**を作成し，裁判所への提出義務を課されて
いるのは，再生債務者です。再生債務者には，その財産を管理し，業務を遂行
する権限が与えられるだけではなく，再生手続を実行する義務も負わされてい

1　再生計画の作成　● **221**

るからです。**SCENE 3-9**の場合は，再生債務者である英会話教室ロミオが再生計画案を作成し，提出します。また，再生手続中に管財人が選任されたときは，再生債務者と同じ理由で，管財人が再生計画案を作成し提出することになります。

そのほかに，再生債権の届出をした再生債権者や，管財人が選任されている場合の再生債務者が，個別に再生計画案を作成して裁判所へ提出することも認められています。利害関係人にも再生計画案の作成権限を与えることで，よりよい再生計画案を提出させる工夫がされているのです。もっとも，再生債権者の多くは，再生債務者の経営状況や財産に関する情報を入手できる立場にいるわけではありませんから，再生計画案を作成するのは難しいのが現実です。

ただし，再生債務者の株主については，会社更生手続と異なり，再生手続ではそもそも株主が手続の中に取り込まれていないため，再生計画案の提出権限は与えられていません。

⑵　計画案のスキーム

再生計画案を作成するにあたっては，まず，再生債務者を，どのような手法（スキーム）で再建させるか考えなくてはなりません。そのために，再生債務者は，自己の財産評定を行い，届出のあった再生債権を調査して，残っている財産や負債の金額を確定させ，さらに，自己の将来の収益見込みを予測し，確定した再生債権への弁済方法を検討します。その上で，再生債務者の再建に最適なスキームを選定するのです。

典型的なスキームは，**SCENE 3-9**のA案のように，事業の見直しを図り，収益力を回復させて，将来の収益から再生債権者に分割弁済していく**自主再建型**と呼ばれる手法です。他に，B案のように，第三者に事業を譲渡して，買い取ってもらった代金から再生債権者に一括弁済する**事業譲渡型**（⇨第**1**章③**2**⑵），
⇒181頁
C案のように第三者から調達した資金で，再生債務者の立て直しを図ったり，再生債権者へ弁済していく**資金調達型**と呼ばれる手法などがあります。どのスキームを選択するかによって，当然，再生計画案の内容も変わってきます。

CHECK

空欄を補充して，次の文章を完成させなさい。

英会話教室ロミオの再建スキームとして **SCENE 3-9** のＢ案（事業譲渡型）が採用され，ジュリエット株式会社に事業譲渡を行いたい場合は，事業譲渡について（ ① ）の許可を得なければならない。

また，英会話教室ロミオが（ ② ）の状況に陥っている場合には，（ ③ ）総会の決議の承認に代わる（ ① ）の許可を得れば，総会の決議がなくとも事業譲渡を行うことができる。

---

2 計画案の内容

どのスキームを選択するにせよ，再生計画案には，必ず記載しなければならない事項がいくつかあります。

それが，①権利変更条項（再生債権者の権利を変更する条項），②共益債権・一般優先債権の弁済に関する条項，③開始後債権の内容，です。そのうち，②は再生計画に記載されなくとも再生債権者に優先して弁済される金額，③は再生債務者が最終的に責任を負うことになる金額を，再生債権者に対して明らかにするために，再生計画案に記載することになっています。

(1) 権利変更条項

再生計画案のメインとなる記載事項は，①**権利変更条項**です。再生債務者を再建させるにはどうしても再生債権者に，再生債務者の債務を減額・免除してもらったり，返済期限を猶予してもらったりしなくてはなりません。再生計画案には，このように再生債権者の従来の権利内容を変更する定めを記載します。これが権利変更条項です。

ロミオのＡ案のように**自主再建型**のスキームで再生計画案を作成する場合の権利変更条項では，たとえば，再生債務者の債務を80％免除して，残った20％の再生債権の金額を，再生債務者が10年間で返済していく，というような定めがなされます。このように，債務の減免や期限の猶予など再生債権者の権利変更を行う際の一般的な基準を定める条項を**一般条項**と呼び，その内容は，

1　再生計画の作成　● 223

原則として，すべての再生債権者に平等に適用されます（**債権者平等の原則**。民再155条1項本文）。そのため，たとえば，ロミオに1000万円の取引債権を有している再生債権者がいた場合，当該債権者は，結局，800万円を免除して残った200万円について10年間かけて毎年20万円ずつ弁済を受けるという権利変更を受けることになります。再生計画案には，このような個別の再生債権者に対する具体的な権利内容の変更についても記載しなくてはなりません。これを**個別条項**といいます。

(2)　債権者平等原則の例外

なお，例外的に，ある特定の再生債権を，他の再生債権とは異なる扱いにすることが認められるケースがあります（民再155条1項ただし書）。

1つ目は，他の再生債権よりも不利な権利変更をすることに，再生債権者自身が同意している場合です。たとえば，再生債務者の経営上の責任を負担すべき経営者などが再生債権を有している際に，他の再生債権者よりも低い弁済率に同意するケースがあります。

2つ目は，手続開始後の利息などを不利に扱う場合です。再生債権には破産手続と異なり優先順位はありませんが，実質的に劣後的破産債権と同様の取扱いをすることが認められています（⇨第**3**章22）。
⇒199頁

3つ目は，少額債権を他の再生債権よりも有利に扱う場合です。少額債権については，再生債権者の数を減らすことによって再生手続をスムーズに進められるような場合は，裁判所の許可を得て，例外的に他の再生債権よりも先に弁済することが認められています（⇨第**3**章23）。これと同様の理由で，再生計画案において，弁済率や弁済期を他の再生債権者より有利に設定しても問題ないとされています。
⇒200頁

(3)　確定していない再生債権

これに対して，再生計画案を作成する段階ではまだ再生債権の額が確定していない場合もあります。

再生債権の調査の際に異議が申し立てられていて債権額が確定していないケースや，別除権者が行使できる不足部分の債権額が確定していないケースでは，

確定した場合の適確な措置をあらかじめ再生計画案で定めておかなくてはなりません。

(4) 返済期間の上限

再生計画案で，再生債権者の権利を変更し，債務返済の猶予が認められるのは，原則として，再生計画が裁判所に認定され確定した日から10年以内とされています。将来の収益から弁済する自主再建型のスキームで再建しようとする場合には，どうしても弁済期間が長期になりがちです。しかし，再生手続が誕生する以前の和議手続の時代には，さらに長期間にわたる弁済計画によって，再生債権者が大きな不利益を受けたり，再生計画の実行可能性が低くなるという問題がありました。そこで再生手続では，10年の上限枠を設けることにしたのだとされています。

もっとも，事業譲渡型や資金調達型では，支払ってもらった譲渡金や調達した資金を一括して再生債権への返済に充てることが可能なケースもあり，その場合は返済期間が非常に短期間で済む再生計画案を作成することもできます。

(5) 減資条項・新株発行条項

再生手続では，更生手続と異なり，株主の地位は原則影響を受けません。再生債権に優先順位を付けない考え方と同様に，その方が，再生手続の構造が複雑にならず，単純な処理が可能となるからです。

しかし，中には，**SCENE 3-9** に登場するC案の資金調達型の計画のように，従来の株主に責任を取らせ，新たに出資してくれる者を新株主に迎えて経営にかかわってもらう方が再建の近道になるケースがあります。

そのため，再生手続では，裁判所の許可を得て，再生計画案に，従来の株主の地位を縮小・消滅させるために，資本金の額を減少させる条項（減資条項）を設けた上で，新規の株主を登場させるため，再生計画案には，新たな株式を発行する（募集株式を引き受ける者を募集する）条項（新株発行条項）を定めることが認められています。

⑹ 条項設定の要件

減資条項を定める場合は，再生債務者の負債の金額が資産の金額を上回る状態（債務超過）になければなりません。債務超過の状態になると，株主は再生債務者に対する実質的な権利を失い，再生債務者の経営に口を出せなくなるので，本来であれば会社法上必要とされる株主総会決議を経ずに減資条項を定めることを正当化する根拠になります。

次に，新株発行条項を定める場合には，債務超過だけでなく，その新株発行の手続が事業の継続にとって不可欠であるかどうかが審査されます。ただし，再生計画案に新株発行条項の設定が認められるのは，再生債務者の経営者が株主でもあるような会社（閉鎖会社）で，株主が株式を譲渡する際に株主総会決議を経ないといけないといった譲渡制限がかけられている場合です。そうすれば，会社法の定める株主総会決議を経る必要がなくなるため，資金調達型のスキームがより機能するようになります。

CHECK

① 再生計画案に記載しなくてはならない事項は何か。

② 再生計画案に「再生債権は原則として75％について免除を受け，残額について5年間にわたり分割弁済する」と記載されている場合，500万円の再生債権を有するAにはどのように弁済されることになるか。

③ 再生計画案に「元本10万円未満の再生債権は全額を一括弁済する」と記載することはできるか。

④ 再生計画案に「再生債務者の親会社Bの再生債権は全額免除する」と記載することはできるか。

2 再生計画の成立　　　▷清き1票のゆくえ

> **SCENE 3-10　ロミオ再生計画案成立なるか!?**
> マクベス社長：弊社は先日，裁判所に再生計画案を提出いたしました。ごらんになっていただけたでしょうか？　この計画案で是非再建を果たしたいと考えております。すでに債権者のＣさんからは賛成のお返事をいただいています。
> 債権者Ａ：私は計画案に賛成するつもりですよ。ただ，気になるのは，最大の債権者のほのぼの銀行さんがどう判断するかです。
> 債権者Ｂ：私も賛成です。これで5人いる債権者のうち3人は賛成のようですね。もちろん，ほのぼの銀行さん次第で計画案が通らないこともありますが……。

1 計画案の提出・成立までの手続の流れ

(1) 計画案の提出期限

　作成された再生計画案は，再生債権の届出期間の終了日以降で，裁判所が定めた期間内に提出しなくてはなりません。原則として，裁判所は債権調査期間の終了日から2か月以内の日程で提出期限を設定します。こうすることで，再生債権の調査や財産評定をしっかり行った後で，再生債権の権利変更条項を定められるように配慮されているのです。

　再生計画案を作成中の再生債務者などが提出期限を守れそうにない場合は，理由を示した書面を裁判所に提出すれば，2回までは期限の延長を認めてもらえます（⇒238頁 ⇒**3**(3)）。

(2) 計画成立まで

　再生計画案が提出されると，再生手続は再生計画の成立に向けて，次のように進められます。まず，裁判所が再生計画案を再生債権者による多数決の決議

にかけるという決定（**決議に付する決定**）をし，次に，再生計画が決議に付されます。そこで再生債権者に賛成者多数で可決されると，裁判所が正式な再生計画として認定する手続が採られ（**認可決定**），その決定に異議が出されることなく確定すれば，正式な再生計画として成立するのです（**認可決定の確定**）。

2 計画案を決議に付する決定 ————————————————●

　提出された再生計画案を決議に付する前に，裁判所は，そもそも再生債権者による決議にかけるのにふさわしい再生計画案かどうかについて審査します。審査をクリアすれば，決議に付する決定を出します。

　その後，裁判所が指定する決議の方法で，再生債権者に再生計画案に対する意思を表明してもらい（議決権の行使），賛成者が多数を占めて可決されれば，再生債権者から，この再生計画を進めてもよいというゴーサインが出たことになります。

┃(1) 決議に付する決定の要件 ┃

　提出された再生計画案について，裁判所が決議に付する決定をするには，次の要件を満たしていなければなりません。

　まず，債権調査期間が終了していることです。決議に参加する再生債権者の数をできる限り確定する必要があるからです。

　次に，財産状況に関する債権者集会開催後か，債務者の業務や財産に関する報告書の提出後であることです。再生債権者が意思を表明する前提として，きちんと情報提供がなされている必要があるからです。

　そして，裁判所に正式に認定（認可）されるような再生計画案であることです。再生債権者がいくらゴーサインを出しても，その後，裁判所から正式に再生計画として認められないのであれば，決議をとる意味がありません。

　その逆に，そもそも再生計画案が提出されないとか，提出されても，その再生計画案では再生債権者が賛成してくれない可能性が高いというときには，再生手続を途中で終了（**手続廃止**）させなければなりませんから，この場合も，決議にかける必要はありません。

228 ● **CHAPTER 5** 再生計画の作成から履行まで

裁判所は，以上の要件をクリアした再生計画案について決議に付する決定を行います。

(2) 決議に付する決定後の手続

決議に付する決定後，裁判所は，再生計画案の内容を，自己の再生債権を裁判所に届け出た再生債権者（届出再生債権者）に知らせなくてはなりません。再生計画案に賛成するかどうか意思表明できる権利（議決権）は，届出再生債権者だけに行使が認められるため，届出再生債権者が再生計画案の内容について検討する時間を与える必要があるからです。

3 計画案の決議

(1) 決議の方法

裁判所は，決議に付する決定をする際に，再生計画案について，どの方法を使って再生債権者の決議をとるかについても指定しなくてはなりません。

再生手続で認められている決議の方法は，再生債権者を集めて債権者集会を開催し，そこで再生計画案に賛成か反対かについて意思を表明してもらう方法（**債権者集会による決議**），裁判所が定める期間内に書面で賛成か反対か投票してもらう方法（**書面投票**），そして，両者を組み合わせる方法，の3種類です。

(2) 可 決 要 件

3種類の決議方法のうち，裁判所がどの方法を選択するにせよ，再生計画案が届出再生債権者（議決権者）の賛成を得られたといえるための要件（**可決要件**）は，次の2つの要件をどちらもみたすことです（民再172条の3第1項）。

① 再生計画案について，債権者集会に出席した，または書面投票をした議決権者の過半数の同意を得ること

② 再生計画案について，議決権者の議決権額の総額の2分の1以上の議決権を有する者の同意を得ること

まず，①の要件は，再生計画案に賛成した議決権者の数を数えることになるので，**頭数要件**と呼ばれています。**SCENE 3-10**に登場したロミオの再生

2 再生計画の成立 ● 229

計画案には5人いる債権者のうち少なくとも3人の債権者が賛成しているようなので、過半数の同意が必要な頭数要件はみたしているといえます。

これに対して、②の要件の場合は、単に人数を数えるということではありません。ここに登場する「議決権者の議決権額」というのは、債権調査を行って確定した再生債権の金額を指します。再生債権者の議決権の額によって結果が左右されるので**議決権額要件**とも呼ばれます。この条件で重要なのは、再生債権額の大きさです。**SCENE 3-10**の例で、仮に、再生債権者5人の総債権額（議決権総額）が1億円で、そのうちほのぼの銀行の債権額（議決権額）が7000万円を占めていた場合は、ほのぼの銀行だけで、議決権総額（1億円）の2分の1（5000万円）以上を占めていることが分かります。したがって、他の債権者が再生計画案に賛成しても、ほのぼの銀行が賛成してくれなければ、議決権額要件がみたされることはないため、計画案は成立しえません。

このように、再生手続では、その数は少ないものの債権額が大きくなる再生債権者もいれば、日々の取引債権のように債権額は小さいものの債権者の数としては多くなるケースもあって、そのどちらの同意も得なくては再生計画が成立しない仕組みとなっています。再生債権者が再生計画案の賛否のために投じた1票は、こうして頭数と議決権額の双方からそれぞれ評価されることになるのです。

(3) 債権者集会による決議

債権者集会を開催して、集会の場で再生計画案への賛否を決議する場合は、次のことが認められています。

再生計画案の提出者は、再生債権者に不利益を与えるものでないことを条件に、裁判所の許可を得て、債権者集会の場で、再生計画案を変更することができます。

また、債権者集会では可決要件をみたすことができなかった場合でも、頭数要件と議決権額要件のどちらか一方はみたしていた場合、あるいは、出席した議決権者の過半数または議決権総額2分の1以上が集会の継続に同意した場合であれば、債権者集会を継続扱いにすること（期日続行）ができます。

> ### Column㉕　簡易再生・同意再生
>
> 　再生手続では，破産手続と同様，原則として，個々の再生債権の実体的内容を確定させます。それにより，再生債権者の権利は保護されますが，その分，手続の簡易迅速性は損なわれます。そこで，より簡易迅速な手続進行を実現するために設けられたのが「簡易再生」「同意再生」の特則です。
>
> 　簡易再生は，届出再生債権総額の5分の3以上の同意があれば，再生債権の調査・確定の手続を省略し，直ちに再生計画案の決議を行って，権利変更は一般的基準によってのみ行うという手続です。
>
> 　これに対して，同意再生は，すべての再生債権者の同意を得れば，再生債権の調査・確定の手続だけでなく，再生計画案に対する決議まで省略できるというものです。
>
> 　実務では，通常の民事再生の手続でもかなり迅速化が図られているため，これらを活用するメリットは少ないとの指摘もありますが，手続開始前にすでに債権者間で話がついている場合や，いわゆるプレパッケージ型の再生を行う場合には，メニューのひとつとして有効に機能しうるでしょう。

⑷　書面投票

　再生手続では，債権者集会による決議とともに，書面による投票の方法が認められています。書面投票は，再生債権者の数が膨大で債権者集会の開催に費用がかかってしまう場合や，その逆に再生債権者の数が少なく簡単に手続を済ませられるような場合を想定して設けられた決議方法です。SCENE 3-10も再生債権者は5人と，その数は少ないことから，書面投票が選択される可能性が高いと言えます。

　また，債権者集会を開催する場合でも，出席が難しいと想定される再生債権者がいるケースでは，債権者集会と書面投票を併用し，再生債権者に議決権の行使方法を選択させる決議の方法が活用されています。

4　再生計画の認可

　再生計画案が可決要件をみたして，再生債権者に受け入れられた場合，それ

2　再生計画の成立　● 231

ですぐに再生計画が正式に成立するかというと，そうではありません。

　もちろん，裁判所は再生債権者の意思を最大限尊重しますが，可決された再生計画でも，適正な手続がとられているかや，決議で負けてしまった少数再生債権者について保護すべき最低限の利益が守られているか，といったことをチェックして，これに違反があれば，正式な再生計画としては認められません（不認可決定）。当然，特に違反がなければ，裁判所から正式な再生計画として認定されることになります（認可決定）。

(1) 不認可要件

　裁判所が，チェックしてこれに当てはまれば不認可決定することになる要件のことを不認可要件といいます（民再174条2項）。

　民事再生法では，①再生手続や再生計画に重大な法律違反があること，②再生計画が計画通り実行される見込みがないこと，③再生計画が不正な決議によって成立したこと，④再生計画が再生債権者の一般の利益に反すること，の4つが不認可要件として挙げられています。

　たとえば，①は頭数要件や議決権額要件をみたしていないのに再生計画が可決された場合，②は返済のための資金が用意できないのにもかかわらず再生計画が立てられている場合，③は議決権者である再生債権者を脅迫して決議させた場合などが考えられます。

(2) 清算価値保障原則

　④でいう「再生債権者の一般の利益に反する」とは何かというと，再生手続よりも破産手続をとった方が，再生債権者に対してより多く弁済されるような状況を指します。確かに，可決要件をみたしている再生計画は再生債権者の大多数の賛同を得られてはいますが，④は，反対した再生債権者に対しても，この再生計画を実行すれば最低でも破産手続で弁済される金額以上は保障されることを示して，その利益の保護を図るための要件なのです。

　このような考え方は清算価値保障原則と呼ばれています。

(3) 再生計画の成立

　裁判所が再生債権者によって可決された再生計画を審査し，4つの不認可要件のいずれにも当てはまらないと判断した場合は，認可の決定がなされ，正式な再生計画として成立することになります。

　再生計画が認可された場合も，不認可となった場合も，決定に不服がある再生債権者などは，不認可要件が存在しているまたは存在していないことを理由として不服申立てをすることが認められています。

(4) 再生計画の効力

　不服申立てが可能な期間が終了すると，再生計画の記載内容が現実に効力をもつようになります。その効力は，再生債務者だけでなく，すべての再生債権者に対しても及びます。しかし，計画で権利変更の対象となっていない別除権者や，一般優先債権者，共益債権者に対しては，当然，再生計画の効力は及びません。

　再生計画の効力発生によって，届出再生債権と，届出がされなかった再生債権でも再生債務者が認否書に明記し債権調査が行われた自認債権（⇨第 **3** 章 **3 2** ⇒203頁 **(2)**）については，再生計画に記載された権利変更条項の通りに権利内容が変更されます。さらに，再生計画に定められた条項は，再生債権者表にも記載され，その記載内容には確定判決と同一の効力が与えられます。

(5) 免責的効力

　再生計画の定めの対象にならなかった再生債権については，再生債務者は原則として責任を免れることになります。そのため，届出のされなかった再生債権は，自認債権を除いて，権利を失うことになります。

　ただし，例外的に，免責の効力が発生しないケースもあります。再生債権者による届出が不可能な事情がある再生債権や，再生債務者が存在を知りながら自認債権としなかった再生債権がこれにあたります。後者については，届出を怠った再生債権者側にも責任があるので，免責はされなくとも，弁済を受けられるのは，再生計画が定めた弁済期間が完了した後とされています。

CHECK

① 再生計画案を作成し，提出するのは誰か。
② 再生計画案の決議方法にはどのような方法があるか。
③ 届出再生債権者（債権額）がそれぞれ，A（100万円），B（200万円），C（400万円）であるとき，再生計画案が可決されるのはどのような場合か。

EXERCISE ●演習問題

A社の再生手続において再生計画案が決議に付され，7人の再生債権者のうち4人（B・C・D・E）が賛成したことから，この計画案が可決されました。しかし，これに反対した再生債権者からは，B・CはA社の取締役であることに加え，Bの有する再生債権は再生手続開始申立ての1か月前に回収可能性が全くないことを認識しながら譲り受けたものであること，Cの有する再生債権はBの債権の一部を譲り受けたものであることが指摘されています。

この場合に，裁判所は，A社の再生計画の決議が不正な方法で成立するに至ったとして，A社の再生計画を不認可決定することは認められるでしょうか，検討してみましょう（最決平成20・3・13民集62巻3号860頁・百選91事件）。

3　再生計画の履行・手続の終結

⏩ ハッピーエンドとは限らない!?

SCENE 3-11　ロミオ，遂に再建!?

マクベス社長：再生計画も3年目に入り，来月には3回目の返済となります。ここまできたのもみなさんの協力のお陰です。
副社長：2年目は思ったより業績が上向かなくてどうなることかと思いましたが，何とか切り抜けられました。
監督委員：これで私のお役目は終了となります。引き続き，責任を持って再生計画の残りの期間を遂行していってください。

1 再生計画の履行と履行監督

　正式に再生計画が成立し，その効力が発生すると，再生債務者は，再生計画において選択された再建スキームに従って自己の再建を目指しながら，再生計画に記載されているスケジュール通りに再生債権者に対する弁済を実施していきます。

(1) 監督委員による監督

　再生手続で監督委員が選任されている場合は，再生計画が履行されているかどうかについて，再生計画の効力が発生してから３年間は監督委員が監督します。現在の再生手続では，ほとんどのケースで監督委員が選任されることになるので，これにより再生計画がきちんと履行されることが期待できます。

　監督委員は，再生債務者に対して，定期的にその業務や財産状況の報告書を提出させて，再生計画が定められた通りに履行されているか確認します（**履行監督**）。記載内容が履行されていないようであれば，再生債務者にその履行を促すことになります。

(2) 裁判所への申立て・報告

　監督委員の履行監督中に，ロミオの業績が再生計画で想定していたものより大きく下回るなど再生計画の実行が困難な事情が出てきた場合には，監督委員が，裁判所に再生計画の変更を申し立てることもできます。

　再生債務者の業務や財産の状況がさらに悪化して，再生計画が実行される見込みがなくなってしまった場合には，再生手続を途中で終了させなくてはならない可能性があるので，監督委員は裁判所に状況を報告し，対応を委ねることになります。

2 計画が履行されないときの措置

　再生計画の実行段階に入ってから，その履行を継続することが困難な事情が

生じたり，再生債務者がすでに計画通りの返済をできない状況に陥っているときは，再生計画の変更や取消しが認められる場合があります。

(1) 再生計画の変更

　経済的状況の変化や，債務者自身の業績の悪化により，再生計画に従って返済を続けることが困難になることがあります。このように，やむを得ない事由で再生計画を変更する必要が生じた場合には，再生計画の変更が認められています。履行が困難となった計画を現実に合わせて修正することで，再生計画の履行確保を図ろうとしているのです。

　しかし，成立した再生計画を簡単に変更できるようであれば，再生手続を経た意義が失われてしまいます。そこで，再生計画の変更については利用要件を厳格にし，計画成立時には予想できなかった事態が生じて再生計画の定め通りに弁済を継続できない場合で，かつ，再生手続が終了する前に限って行うことができるとしています。なお，その際に再生計画の変更を申し立てることができるのは，再生債務者，監督委員，管財人，届出再生債権者です。

(2) 再生計画の取消し

　再生計画に従った弁済がなされない事態に陥った場合は，再生債権者の利益を保護するための最後の手段として，再生計画の取消しが認められる場合があります。

　再生計画が取り消されると，再生債務者の債務は，再生計画作成前の状況に戻ってしまいますが，そうなっても再生債務者が自己の債務を履行できる見込みはないので，結局，再生債務者は破産に追い込まれることになります。その場合，再生債権者は，破産手続の中で最低限の権利保障を受けることができます。

　もっとも最低限の保護が設けられているとしても，再生計画の取消しは，再生債権者全体に極めて大きな影響を与えてしまうことから，民事再生法は，再生計画取消しの申立てができる再生債権者の範囲を，現に一定割合の不履行の債権を有している者（再生計画で権利変更後の債権総額のうち未履行のものの10分の1以上を有し，かつ，自らの権利が不履行に陥っている者）に限定しています。

236 ● CHAPTER 5　再生計画の作成から履行まで

3 手続の終了

再生手続の終了の形態には，再生計画が成立したまたは計画が実行されたことで再生手続の目的を達成し，手続を維持する必要がなくなって終了させる**手続終結**と，残念ながら再生手続の目的を達成できずに，手続を途中で終了させる**手続廃止**があります。

(1) 手続終結

再生手続の目的が達せられて，再生債務者の再建が果たされたまたは再建が確実となった場合には，裁判所が再生手続を終結させます。手続の終結によって，監督委員や管財人に移っていた再生債務者の財産の管理処分権や業務遂行権が，再生債務者に回復されることになります。

再生手続の終結の時期は，監督委員・管財人の有無や再生計画の履行状況によって，次のように分かれます。

監督委員・管財人が選任されていない場合は，再生計画の認可が確定した時点で，裁判所は手続終結を宣言します。監督委員・管財人がいないということは，それだけ再生債務者の再生計画遂行能力に信頼が置けるという証だからです。

(2) 履行監督後の終結

監督委員・管財人が選任されている場合は，再生債務者が再生計画をきちんと履行しているかどうかについて，監督委員・管財人が監督していきます。その監督下で，再生計画の履行が無事完了した場合には，当然，手続の終結となります。

なお，監督委員による履行監督の場合は，再生計画の認可から3年が経過したとき，管財人がいる場合は，再生計画の履行完了までいかなくともその遂行が確実となった時点で，手続を終結させることができます。再生手続では，手続が開始するとほとんどのケースで監督委員が選任されるので，実務上，もっとも活用されているのは，監督委員による履行監督が3年経過したことを理由とする手続の終結です。**SCENE 3-11**の英会話教室ロミオの例も，3年の履

3 再生計画の履行・手続の終結 ● 237

行監督経過による終結に該当します。

(3) 手続廃止

　再生債務者の業務の状況等から，再生計画が遂行されない見込みが明らかになった場合は，裁判所が手続を廃止します。幸い **SCENE 3-11** の例では，英会話教室ロミオは無事再建を果たしたようですが，結末がハッピーエンドになるとは限りません。仮にロミオが再生計画で想定していた受講者数を確保できず，再生計画の実行が困難な状況に置かれた場合は，手続廃止がなされることになるでしょう。

　この点，手続廃止と，再生計画の取消し（⇨**2(2)**）とは類似しています。しかし，手続廃止は，そもそも民事再生法の目的を達成できないために手続を維持させる必要はないとするものであるのに対して，再生計画の取消しは，計画に沿った弁済を受けていない再生債権者を保護するために設けられた制度です。

　なお，再生計画案が作成される見込みがないとか，期限内に提出されない，あるいは再生債権者に否決されたというように，計画案の作成・提出・決議の過程で問題が生じたときにも，手続が廃止されることがあります。

(4) 破産手続への移行

　残念ながら，手続廃止や，再生計画の取消しで，再生手続が途中で終了した場合には，裁判所の権限で破産手続に移行させる決まりとなっています。

　手続移行後の破産手続は，これまで進めていた再生手続とは別個の手続として進行していきますが，関連することは明らかなので，さまざまな面で手続を簡略化させて債権者の負担を軽減するなど効率的な手続となるような工夫がされています。

CHAPTER

第 **6** 章

個人再生

　これまで主に企業を再建するための手続である通常の民事再生手続（以下「通常再生」といいます）を中心に取り上げてきましたが，再建すべきは，何も企業だけに限られません。私たち個人が債務を抱えて経済的に困窮する状況にある場合も，その経済生活の再建を図っていく必要があります。

　そこで，民事再生法は，通常再生の手続に特則を設けて，個人債務者の債務処理に特化した手続を創設し，個人債務者が自力で這い上がる途を用意しました。それが個人再生手続です。この章では，個人再生手続について解説していきます。また，住宅ローン債務を抱えた個人が，住宅を手放さずに経済生活を再建する方法を定めた住宅資金貸付債権に関する特則も取り上げます。

1 個人再生手続の特徴

▶ まだ間に合う。自力で這い上がれ！

> **SCENE 3-12** 自営業も会社員も大変なのは皆同じ!?
>
> 朝日さん：お〜，久しぶり！　借田は確かハムレット物産だっけ？　最近どうだい？
>
> 借田さん：なかなか大変だよ。実は，アメリカからの受注が減って売上げが激減してさ。来月から給料がカットされる予定なんだ。そうすると家のローンの支払が厳しくなるもんだから，ウチの奥さんもピリピリしていて，肩身が狭いよ。
>
> 朝日さん：どこも同じだな。俺のところは酒屋だろ？　ここ数年売上げはさっぱりさ。去年ほのぼの銀行から借入れして店を改装したばかりなのに，来月には駅前に新しいショッピングモールができるだろう？　かなり追い込まれているよ。

1 個人再生手続の種類と規律 ●

　自営業を営む者や会社員のように「個人」が経済的に困窮する事態に陥った場合にはどうすべきでしょうか。民事再生法は，このような個人債務者の再建を図るために通常再生の特則として，個人再生の手続を創設しました。個人再生の手続では，通常再生よりも手続を簡易迅速に進める工夫が随所になされています。

　まずは，個人再生の手続の種類や規律について，通常再生との違いを中心に解説します。

(1) 個人再生手続の種類

　個人再生の手続には，**小規模個人再生**と**給与所得者等再生**の2種類の手続があります。

240 ● CHAPTER **6** 個人再生

まず，小規模個人再生は，自営業者や会社員のように，将来，継続的に，または繰り返し収入がある個人債務者を対象として，通常再生の手続よりも簡易迅速に処理できるようにした手続です。**SCENE 3-12**に登場する朝日さんも借田さんも小規模個人再生を利用することができます。

　これに対して，給与所得者等再生は，小規模個人再生の対象となる個人債務者のうち，特に，定期的な収入を得ていて，将来の収入額が確実に把握できる者，たとえば，毎月定額の給料を得ている借田さんのような会社員を対象に，さらに簡易迅速に再生計画を成立させることができるようにした手続です。

▌(2)　個人再生手続の規律 ▌

　個人再生のうち，小規模個人再生の規律は通常再生の特則にあたります。そして，給与所得者等再生は小規模個人再生の特則となり，さらに通常再生の特則にもあたる関係となります。

　このように，個人再生は通常再生の手続の流れを踏襲していますが，より簡易迅速な手続を実現するため，通常再生に関する複数の規定を適用除外としています。その上で，小規模個人再生が手続の進め方を簡略化する固有の規定を定め，さらに給与所得者等再生は小規模個人再生の規律を準用しつつ，小規模個人再生の手続以上に手続の簡略化を図る固有の定めを置いています。

　こうして，個人再生は，通常再生の手続をベースにしながら，手続の進め方を大幅に簡略化して，手続のスピードアップを実現しているのです。

2　個人再生手続の流れ ─────────────●

　個人再生の手続の流れは，ベースとなる通常再生の手続の流れと基本的に一致しています。

　まず，個人再生の手続を利用したい者は，再生手続開始の申立てをし，再生手続開始決定を受ける必要があります。管轄や手続開始要件も通常再生と同じです（⇨第1章②）。
⇒175頁

　手続開始決定後は，個人債務者も再生債務者と呼ばれ，引き続き自己の財産を管理・処分することができます。**SCENE 3-12**の朝日さんのように自営

業者の場合は，手続開始前と変わらず酒屋の営業も続けられます。

　手続開始後は，個人債務者の債権者が個別に権利行使することは許されず，手続開始の際に定められる債権の届出期間内に，自己の有する債権を再生債権として届け出なくてはいけません。届け出られた債権に異議が述べられなければ，再生債権として確定します。

　また，再生債権者が，個人債務者の財産に担保を有している場合は，通常再生と同様，手続開始後でも別除権として権利行使することが可能です（⇨第**4**章⑪）。手続や業務の遂行に必要な費用，従業員の給料といった共益債権および一般優先債権が，随時優先的に支払を受ける点も通常再生と変わりありません（⇨第**3**章④）。

　個人再生においても，通常再生と同様，再生債権の権利変更を柱とする再生計画案が作成され，裁判所がこれを認可します。認可された再生計画を再生債務者が遂行し，その経済的再生を実現していくのです。

3　通常再生との違い ●

　個人再生を簡易迅速な手続にするため，次の点は通常再生と異なっています。

⑴　利 用 資 格

　通常再生が企業や個人を問わず誰でも利用できるのに対して，個人再生は，個人債務者のみが利用できます。そして，単に個人債務者であればよいのではなく，次の2つの要件を満たさなくてはなりません（民再221条1項）。

　第1は，将来，継続的にまたは繰り返し収入を得る見込みがあることです。今後，収入を得られる見込みがあれば，債権者に対して，今ある財産を処分して清算する以上に，より多く返済することが期待できますし，財産を維持することで，個人債務者の経済的再生をより早く実現できる可能性があるからです。

　第2は，個人債務者に対する再生債権の総額が5000万円以下であることです。再生債権の総額が大きければ，通常再生で処理すべきだからです。

(2) 手続の申立て

個人再生の手続は，手続開始の申立てをしただけでは自動的には始まりません。個人再生手続を開始するためには，通常再生の手続開始の申立てに加えて，個人再生手続を開始して欲しいと裁判所に伝えること（申述）が必要です。この申述ができるのは，個人債務者に限られているので，通常再生のように債権者が個人再生の手続を申し立てることはできません。

(3) 手続機関

そもそも個人の場合は，通常再生においても管財人や保全管理人を選任できません。それに加えて，個人再生では，通常再生と異なり，監督委員や調査委員も選任できません。裁判所以外の手続機関の登場によって発生する報酬等の手続費用を抑えるためです。

その代わり，個人再生手続の円滑な遂行を補助するために**個人再生委員**という，通常再生にはない手続機関制度が設けられています。

裁判所は，①再生債務者の財産や収入を調査する必要がある場合，②再生債権の評価のために，補助が必要な場合，そして，③再生債務者が適正な再生計画案を作成するために勧告する必要がある場合に，個人再生委員を選任できます。個人再生委員選任の際に，裁判所が①～③の中から１つまたは複数を職務として指定します。通常再生で選任される監督委員等よりも職務内容を限定することで手続費用の適正化と負担軽減を図ろうとしています。

(4) 債権の届出・調査・確定

個人債務者は，個人再生手続の開始を求める申述をする際に，再生債権者の氏名や債権額等を記載した「債権者一覧表」を提出しなければならない決まりとなっています。これを利用することにより，個人再生における再生債権届出の手続は通常再生より大幅に簡略化されています。

提出された債権者一覧表は，再生債権者に通知されます。その内容に異議のない再生債権者は自ら債権を届け出る必要はありません。届出がなくても，債権者一覧表と同一の内容で債権届出をしたとみなされます。

債権者一覧表の記載に不服がある場合は，異議を申し出ることができるとされた期間（異議申述期間）に，書面によって異議を述べることができます。異議の対象となった再生債権者は，裁判所に再生債権の評価を求めることができます。この場合，裁判所は，個人再生委員を選任して意見を聴かなければなりません。

そもそも通常再生では，債権調査期間に異議の出された再生債権については，その存否や額を実体的に確定するために，査定の裁判や異議の訴えといった再生債権確定の手続が用意されています（⇨第 **3** 章 **3 2(5)**）。しかし，個人再生では，手続の簡易迅速性を重視して，異議のあった再生債権の確定については，手続に必要な議決権額のみの確定に留めることにしたのです。そのため，個人再生における債権調査・確定の手続はとてもシンプルな構造になっています。

(5) 否認権

通常再生と異なる特徴の 1 つに，個人再生手続には否認権の制度が存在しないことが挙げられます。こうした制度となったのは，否認権の行使によって，手続が長期化し，費用負担が重くなる可能性があり，個人再生の簡易迅速という利点が損なわれるおそれがあるからです。

(6) 再生計画の内容

個人再生の再生計画では，再生債権の権利変更の内容が通常再生とは異なります。

まず，再生債権の権利変更の内容は原則として形式的に平等である必要があります（形式的平等原則）。個人再生では，再生債権の実体的な確定を行わないので，通常再生のように，個々の再生債権の権利変更を定める実質的平等原則を採ることはできません（⇨第 **5** 章 **1 2(1)**）。そのため，再生計画では，権利変更の一般的な基準のみを定めることになります。

次に，再生債権の弁済については，弁済の間隔が開きすぎないようにするため，弁済期が 3 か月に 1 回以上の頻度で到来するようにする必要があります。加えて，弁済期間の長期化によって債権者・債務者双方の負担が増えるのを回避するため，弁済期間は原則 3 年とすることが要求されています。

(7) 再生計画の認可・遂行

　個人再生では，再生計画案の決議要件の緩和や決議の省略がなされることに加え，通常再生にはない独自の不認可事由が設けられています。また，再生計画が認可され，これが確定すると，その後は，個人債務者が再生計画を遂行しますが，通常再生と異なり，履行監督の制度はありません。

> **Column ㉖　ハードシップ免責**
>
> 　個人再生手続は，通常再生と異なり，再生計画の遂行段階で，免責が認められる場合があります。アメリカの同様の制度に倣って「ハードシップ免責」と呼ばれています。残っている債務の免責が認められるのは，債務者に責任があるとはいえない事情で再生計画の遂行も変更も極めて困難な状況に陥った場合で，すでに4分の3以上の弁済を終えていて，かつ，他の再生債権者の利益を害しない場合です。このように，免責が認められる条件は非常に厳格で，とてもハードルが高いものとなっています。

CHECK

空欄を補充して，次の文章を完成させなさい。
1　個人再生の手続には，自営業者など今後も継続的にまたは繰り返し収入がある個人債務者を対象にした（　①　）と，個人債務者の中でも，会社員など定期的な収入を得ていて，将来の収入額が確実に把握できる者を対象にした（　②　）の2種類の手続がある。
2　個人再生の手続では通常再生とは異なり，管財人や監督委員を選任できない。その代わり，裁判所は，必要に応じて（　③　）を選任できる。

 小規模個人再生と給与所得者等再生

　　　　　　　　　　　　　　　▶ 迅速再生を実現せよ！

　ここからは，より迅速な再生を実現するために小規模個人再生と給与所得者

等再生に用意された固有の規律を中心に解説していきます。

1 小規模個人再生

(1) 再生計画案の決議

　小規模個人再生において再生計画を成立させるためには，通常再生と同様，再生計画案について再生債権者による多数決の手続（再生計画案の決議）を行う必要があります。しかし，小規模個人再生の決議については，通常再生とは異なる点が2つあります。

　1つ目は，再生債権者による議決権の行使が書面等投票に限られる点です。小規模個人再生の再生債権額はその多くが少額であることから，簡便な行使方法によることにしたものです。

　2つ目は，議決権の行使には，再生計画案に同意しない者が「同意しない」と裁判所に回答する（消極的同意）方式が採られている点です。その際，再生計画案に同意しないと回答した議決権者が議決権者総数の半数に達しておらず，その議決権額が議決権総額の2分の1を超えない場合は，再生計画案の可決があったとみなされます。このような小規模個人再生の可決要件の定めは，通常再生の可決要件を裏返したものになります。わざわざこうした規律にしたのは，小規模個人再生の債権者の大半が消費者金融などの金融専門の業者になると予想されたこともあり，そうであれば明確な意思表示を期待できる上，積極的に再生計画案に賛成できない場合にのみ不同意の回答をさせることで，同意を表明する債権者の手間を減らすことに繋がるからです。

　これら2つの規律によって，小規模個人再生における決議の手続は，より速く，より費用をかけずに進めることが可能となっています。

(2) 再生計画の認可

　小規模個人再生においても，再生計画案が可決されると，裁判所が再生計画の認可または不認可の判断を行います。通常再生と共通の不認可事由もありますが，小規模個人再生固有の不認可事由としては，手続の開始要件でもある手続の利用資格（⇨**3(1)**）^{⇒242頁}と，再生債権の総額に応じて定められている弁済額・

246 ● CHAPTER **6** 個人再生

CHART 3.6.1

再生債権の総額	最低弁済額（弁済率）
100 万円以下	**債権額**（100%）
100 万円以上 500 万円以下	**100 万円**（100%〜20%）
500 万円以上 1500 万円以下	100 万円以上 300 万円以下（**20%**）
1500 万円以上 3000 万円以下	**300 万円**（20%〜10%）
3000 万円以上 5000 万円以下	300 万円以上 500 万円（**10%**）

弁済率の最低ライン（**最低弁済額要件**）が挙げられます（民再231条2項3号4号）。

　特に，弁済額・弁済率の最低基準である最低弁済額要件が設けられているのは，弁済額・弁済率が0円・0%の再生計画が認可されるのを防止するためです。迅速な再生の実現のため，手続を簡略化したことによって，道義的に問題のある計画が成立するのを排除するねらいがあります。

　最低弁済額要件の定めは少々複雑ですが，具体的な内容は**CHART** 3.6.1の通りです。これに従えば，最低弁済額は，再生債権の総額に応じて，**CHART** 3.6.1の太字が金額を示しているときはその金額，太字が弁済率を示しているときは債権の総額に弁済率を掛けて計算した金額となります。

CHECK

　SCENE 3-12 に登場した朝日さんは酒屋を再建するために「小規模個人再生」の手続を利用することにしました。
　再生債権者（債権額）が，①ほのぼの銀行（1000 万円），②取引業者 A（100 万円），③取引業者 B（100 万円）の三者である場合，最低弁済額がいくらになるか考えてみよう。

2　給与所得者等再生

(1) 利用資格

給与所得者等再生は，収入の見込みがより確実な者に対象を限定するため，

小規模個人再生の利用資格に加えて，給与のように定期的な収入を得る見込み
があって，その収入額の変動の幅が小さいことを手続利用のための要件として
います（民再239条1項）。

　また，7年以内に給与所得者等再生の手続を利用していたり，破産や個人再
生の手続で免責を受けたことがある場合には，新たに給与所得者等再生を利用
することはできません。短期間のうちに繰り返し免責を受けられるようにする
と，同一の者が何度も手続の申請を行うなど問題のある申請が出てくる可能性
があるからです。

(2) 再生計画案への決議不要

　給与所得者等再生の最大の特徴は，再生計画成立のために再生債権者の多数
決による決議の手続を経る必要がないことです。決議の代わりに，裁判所は，
債権の届出をした再生債権者から再生計画案について意見を聞かなくてはなり
ません。しかし，この意見聴取は裁判所が再生計画案の認可・不認可の審査を
する際の資料になるに過ぎず，再生債権者の意見が裁判所の判断を拘束するわ
けではありません。

(3) 再生計画案の認可

　提出された再生計画案に不認可事由がなければ，裁判所により認可決定がさ
れます。

　給与所得者等再生の再生計画案の不認可事由には，通常再生と共通するもの，
最低弁済額要件など小規模個人再生と共通するもののほか，給与所得者等再生
固有の規律があります。それが，給与所得者等再生の最大の特色ともいうべき，
可処分所得要件（民再241条2項7号）です。

(4) 可処分所得要件

　可処分所得要件というのは，再生計画が定める弁済期間（原則3年）の間に，
再生債務者の可処分所得の2年分以上の弁済をしなければならないというもの
です。再生債権者から再生計画案への同意を得る手続を不要とする代わりに，
再生債務者ができる限り弁済能力を発揮して，可能な範囲で最大限の弁済を行

うよう義務付けています。収入の見込みが確実で，収入額の変動幅が小さい給与所得者等だからこそ実現できる要件です。

　こうして再生債務者は，過去2年間の平均収入額から，税金や社会保険料と，債務者やその家族が最低限度の生活を維持するために必要とされる費用を差し引いた金額を，可処分所得として弁済していくことになります。

　ただし，給与所得者等再生の可処分所得要件は，一般の個人債務者にとっては相当厳しい条件となるため，現実には，給与所得者等再生の利用が可能な債務者も小規模個人再生の手続を利用する傾向があります。

3 住宅資金貸付債権に関する特則
▶ マイホームを手放さずに済む方法⁉

SCENE 3-13　借田家のある日の食卓

元子さん：利子も来年は小学生よ。私立だから学費も結構かかるけど，本当に大丈夫？

金夫さん：心配かけてすまん。利子の学費は，僕が必ず何とかするよ。いざとなれば，この家を売ったっていいんだし。

元子さん：私はこの家を売るなんて絶対反対よ。そもそも，この家のローンはあと25年も残っているのよ。ウチがローンを払えなくなったら，この家はほのぼの銀行に差し押さえられて，お金だってほとんど残らないわ。

金夫さん：僕だって家を売りたくはないさ。でも，今の給料では住宅ローンの返済だって難しい状況なんだ。破産はイヤだし，どうにかしてこの家を残せる方法がないか調べてみるよ。

1　制度の意義・適用対象

(1)　制度の意義

　マイホームを手に入れるには，**SCENE 3-13**の借田さん一家のように，

3　住宅資金貸付債権に関する特則　● 249

銀行などの金融機関から，住宅の建設や用地取得のための資金を借り入れて，長期間にわたって分割弁済していく方式（住宅ローン）が採られるのが一般的です。そして，その住宅ローン債権の担保として，たいていのマイホームには抵当権が設定されています。仮に，今後借田さんが住宅ローンを返済することができなくなった場合に，ほのぼの銀行に抵当権を実行されれば，借田さん一家はマイホームを失うことになります。この点は，通常再生でも個人再生でも変わりません。銀行が有する抵当権は，別除権として権利行使が許されるからです。しかし，マイホームは，個人債務者にとって大切な生活の基盤であり，困窮した経済生活を再建させる足掛かりともなります。

そこで，民事再生法は，個人債務者が住宅を手放すことなく再生手続を利用できるよう**住宅資金貸付債権に関する特則**（民再第10章）を設けて，元子さんの願いを叶える手段を用意しています。

(2) 適 用 対 象

この特則の対象となる住宅ローン債権（**住宅資金貸付債権**）は，①住宅の建設・購入のために必要な資金を借り入れ，その借入れに関して分割払の定めがある債権であること，②その債権を担保するため，あるいはその借入債務を保証する保証会社が有する求償権を担保するため，住宅に抵当権が設定されていること，をみたす再生債権でなくてはなりません。

この住宅資金貸付債権が存在する場合，再生債務者は，再生計画の中で，他の再生債権者とは異なる特別な取扱いを定めることが許されています。このような住宅資金貸付債権に関する特別な定めは**住宅資金特別条項**と呼ばれています。住宅資金特別条項が定められると，**2**で説明するように，住宅資金貸付債権者である銀行や保証会社は引き続き住宅ローンの返済を受けられます。したがって，抵当権を実行する必要もなくなります。借田さん一家も，この住宅資金特別条項を定めることができれば，マイホームを失わずに済むのです。

2 住宅資金特別条項

再生計画で定めることができる住宅資金特別条項の内容は，弁済の猶予が基

250 ● CHAPTER 6 個人再生

本となります。この条項では債権の減免まで定めることはできないため，住宅資金貸付債権者が再生計画によって不利益を受けることはありません。そのため，住宅資金貸付債権者には再生計画案への議決権も付与されていません。

住宅資金貸付債権に関する権利変更の方法としては，主に次の３種類が用意されています。なお，住宅資金貸付債権者の同意があれば，以下の①〜③とは異なる内容の権利変更条項を定めることも可能です。

(1) 権利変更の方法

住宅資金特別条項の基本型は，①期限の利益回復型です。これは，弁済期の到来していない債務については当初の約定通りに支払い，すでに遅滞に陥っている債務は再生計画の弁済期間（原則３年）内に支払うことを定めるものです。本来なら遅滞に陥った時点で喪失している期限の利益を，この条項によって回復させる意義をもつため，期限の利益回復型と呼ばれています。

①による対応が難しい場合は，残債務の全額を支払うことを前提に，当初の約定による最終弁済期の延長を定めて，１回ごとに支払う金額の負担を減らす条項を定めることができます。弁済期の再調整を行うことから②リスケジュール型と呼ばれています。

さらに，②を使っても再生計画認可の見込みが厳しい場合は，③元本猶予期間併用型を使います。文字通り，再生計画の弁済期間内は元本の一部について支払を猶予する条項を定めて再生計画の履行を確実にし，再生計画履行後の弁済の負担を重くするものです。

(2) 計画の認可後

住宅資金特別条項を定めた再生計画案が可決されると（決議不要の場合は再生計画案が提出されると），裁判所は，その遂行可能性を積極的に審査した上で認可します。再生債務者が，この再生計画に基づき住宅資金特別条項に従った弁済を行っている限り，抵当権の実行という事態は回避されるため，再生債務者はマイホームを手放さずに自己の経済的再生を図ることができます。

EXERCISE ●演習問題

　例えば，会社勤めで将来的にも安定した収入が得られる可能性が高い給与所得者が，その資産の状況を勘案して再生手続ではなく，破産手続を申請して免責を得ることを選択した場合，債権者の立場からはどのような問題が生じるでしょうか。

　また，このような債務者について，破産・免責手続の利用を制限する，または，将来収入からの弁済を強制する仕組みを採用することは適切でしょうか，検討してみましょう。

CHAPTER

第 **7** 章

民事再生と会社更生

　これまでの章では,「民事再生」を取り上げ,その手続の流れを解説してきましたが,企業の再建を意図する倒産手続には,もうひとつ「会社更生」という手続が用意されています。会社更生は,株式会社の再建に用いられる手続で,主に,規模が大きな会社の再建に利用されています。これに対して,民事再生は,中小企業の再建を想定して創設された手続です。ただし,その適用対象が限定されているわけではないので,当然,大企業の再建に用いることも可能です。その逆に,株式会社であれば,大企業でなくとも,会社更生を利用することができます。

　それでは,民事再生と会社更生,再建型の倒産手続が2通り存在する意義はどこにあるのでしょうか。この章では,会社更生の手続の特徴について,民事再生と会社更生,両手続の違いを中心に解説していきます。

1 民事再生と会社更生の違い

⬛▶ 似て非なるもの!?

SCENE 3-14　ある日の講義終了後……

正義くん：先生，昨日のテレビで「JAL 再建の道のり」という特集番組をみました。JAL は会社更生で再建したそうですけれど，なぜ JAL は，僕たちが今勉強している民事再生ではなく，会社更生で再建したのですか？

公平先生：会社更生も再建型の倒産手続ですので，手続の流れは民事再生とよく似ています。ただ，会社更生は，民事再生と比べて厳格で強制力も強い手続なので，JAL のような大会社の再建に向いていると言えますよ。その違いについては，次の時間に取り上げましょう。

1　会社更生の民事再生との違い ●

　ここでは，**SCENE 3-14** にも登場する JAL の更生事件を例に，民事再生との違いを解説します。

(1) 適用対象

　会社更生は，手続の適用対象に限定を設けていない民事再生と異なり，対象を株式会社に限定しています。もちろん JAL も株式会社です。

(2) 手続の担い手

　会社更生は，債務者が手続開始後も業務遂行と財産の管理処分を継続して行うことを原則とする DIP 型の民事再生と異なり，必ず**更生管財人**が選任される管理型の手続となっています（会更42条1項）。破産手続と同様，手続に第三者を関与させることで手続の透明性を確保しているのです。

　JAL の会社更生手続では，弁護士1人とともに，企業再生支援機構が管財人に選任され，手続を進行しました。

⑶ 担保権の扱い

会社更生は，担保権者を別除権者として扱う民事再生と異なり，担保権者も**更生担保権者**として手続に取り込んで，個別の権利実行を禁止し，更生計画において，その権利内容を変更することが可能です。担保権の行使に制約をかけることで，事業の再建に不可欠な資産を守ることができます。

JAL の場合も，そのお陰で更生手続中の運航に支障がでることはなく，更生担保権については，更生計画において全額が弁済の対象とされました。

⑷ 更生計画のメニュー

会社更生では，盛り込める再生計画の内容に限界がある再生手続に比べ，更生計画の内容として，会社分割，合併，株式交換など多くのメニューが用意され，それを可能にする会社法の特則も設けられています。この仕組みにより，組織再編による再建がしやすくなっています。

実際に，JAL の更生計画においても，手続の対象となった JAL グループ主要5社の合併が明記され，裁判所に更生計画が認可された後，合併が実現しています。

⑸ 大会社再建に適合する理由

以上のような特徴をもつ会社更生は，厳格で強制力の強い，いわばフル装備の手続であることから，透明性や公正性が確保されています。しかし，その分，融通が利きにくい側面があり，手続に相当の時間とコストがかかります。そのため，会社更生は，大規模な株式会社の再建を念頭に置いた手続であるとされており，特に，債権者の数が多く，権利関係や担保権の調整が必要となるケースや，全国規模あるいは多角的に事業展開をしていて再建のためには組織再編が不可欠となるケースに適していると言われています。もちろん JAL はその要件に当てはまっていると言えるでしょう。

⑹ 民事再生との関係

民事再生は，会社更生に比べ，柔軟性が高く，簡易迅速化が図られているた

め，中小企業の再建に向いているとされています。しかし，適用対象を限定せず，自然人でも法人でも誰もが利用できることから，会社更生法が想定している大企業の再建に用いることも可能です。

たとえば，債務者自身が再建を主導したい場合で，債権者の数が限定されている，または再建手法が組織再編を伴わないシンプルなケースであれば，民事再生を選択することになるでしょう。

2 会社更生の手続の流れ

会社更生は民事再生の特則手続にあたります。そのため，会社更生の手続の流れは，民事再生と基本的には類似しています。会社更生の手続は，更正手続の開始段階，事業経営・財産管理処分段階，更正債権の届出・調査・確定段階，更正計画作成段階，更正計画実行段階の5つのステップで進められていきます。

それぞれの段階の手続の概要については第**1**編**2**章**3**で解説しています⇒32頁ので，以下では，民事再生と異なる規律の中でも，特に重要な事項に絞って具体的に解説していきます。

(1) 更生管財人

会社更生では，手続開始時に，更生管財人が必ず選任されます。更生管財人は，再建の対象となる株式会社（更生会社）の事業経営権と財産管理処分権を行使し，更生計画案を策定して，計画成立後にはこれを遂行する役割を担います。原則 DIP 型で，債務者自身が手続開始後も更生管財人と同様の任務を行う民事再生とは，大きく異なります。

(2) 更生債権

手続開始前の原因に基づいて生じた財産上の請求権は**更生債権**と呼ばれ，更生計画における権利変更の対象となります。その趣旨は民事再生における再生債権と基本的には変わりません。日々発生する商取引債権や，銀行など金融機関からの借入れによって発生する金融債権も更生債権にあたります。

これに対して，労働債権や租税債権のように一般の先取特権その他一般の優

256 ● CHAPTER **7** 民事再生と会社更生

先権がある債権については「優先的更生債権」として，手続内で優先的な取扱いをしており，この点は民事再生と異なり，むしろ破産手続と同様の扱いとなっています。

なお，SCENE 3-14登場のJALの更生手続では，燃料代や航空機のリース料を支払えなくなると運航業務に支障が出る可能性が高かったを理由に，更正債権である商取引債権やリース債権について，相当な金額に上ったにもかかわらず，計画の認可前の優先弁済が認められ議論をまきおこしました。

(3) 更生担保権

会社更生の最大の特徴と言えるのが，担保権についての扱いです。民事再生では別除権として扱われる担保権を，**更生担保権**として更生手続の中に取り込み，その権利行使を制限し，最終的には，更生計画の中で権利内容を変更することが可能とされています。

(4) 更生計画の内容

再建計画である**更生計画**の内容の多様性は，会社更生の大きな特色といえます。更生計画には，更生に必要な事項を広く定めることができます。債権者や株主の権利変更条項のほかに，更生会社の代表取締役の氏名・任期などの役員構成や，弁済資金の調達方法，予想を超える収益金の使途等も定めなければなりません。

特に，更生計画の場合は，再生計画と異なり，更生担保権・更生債権・株主の権利など異なる種類の権利者の権利を変更する条項を定めることになるので，その際には，それぞれの権利の実体法上の順位を考慮して，公正・衡平な差を設けなければなりません。もちろん，同じ種類の権利については平等に扱われることになります。

また，更生計画に定める債務の弁済期間の上限については，再生計画よりも長く，15年とされています。これに対して，JALの場合は，更生計画に一括繰り上げ弁済の可能性が明記され，実際にも，更生計画認可後に受けた新規融資等から，更生債権者等に全額を一括弁済しています。

なお，更生計画には，本来であれば株主総会や取締役会の決議が必要となる

1 民事再生と会社更生の違い ● **257**

ような事項，たとえば，新株予約権の発行，会社分割・合併，新会社設立などについても，更生計画に盛り込むことが可能です。更生計画が成立すれば，そうした決議を経る必要はありません。JALの場合は更生計画においてJALグループの主要5社の合併が盛り込まれ，これが実現しました。

(5) 更生計画の成立・遂行

作成された更生計画案については，異なる種類の権利者の組（更生担保権者，更生債権者，株主）ごとに，決議を経なければなりません。こうした組分けが，民事再生との大きな違いです。更生計画の可決要件も組によって異なります。中でも，頭数要件（⇨第5章❷3(2)）⇒229頁 が不要とされている点，更生担保権者の可決要件が特に厳格とされている点が特徴的です。

更生計画が可決されて，裁判所が認可すると更生計画は成立することになります。もっとも，一部の組は可決したが，一部の組が計画案に同意しないこともあり得るため，そのような場合に，裁判所には，更生計画案を変更し，同意を得られなかった組の権利者の権利を保護する条項を定めて認可決定をすることも認められています。

こうして成立した更生計画は，民事再生と異なり，相当部分が履行されたときや計画の履行が確実と認められるときまで，更生管財人によって遂行されることになります。

CHECK

空欄を補充して，次の表を完成させなさい。

	民事再生（通常再生）	会社更生
手続の対象	自然人・法人	（ ① ）
手続機関	再生債務者（DIP型）	（ ② ）（管理型）
再建計画	再生計画	更生計画
権利変更の対象	再生債権	（ ③ ） 優先的・一般・約定劣後更生債権 優先株式・普通株式
担保権者の扱い	別除権	更生担保権
弁済期間の上限	10年	（ ④ ）年

258 ● CHAPTER 7 民事再生と会社更生

計画案の可決要件	議決権総数の過半数 議決権総額の1/2以上	更生担保権者：期限猶予は議決権総額の2/3以上，減免は3/4以上，清算計画は9/10以上 更生債権者：議決権総額の1/2以上 株主：議決権総数の過半数
計画遂行の 監督者・監督期間	監督委員：遂行・3年 再生管財人：遂行・遂行確実	（ ② ）：遂行・遂行確実・金銭債権総額の2/3以上弁済

 会社更生の民事再生への近接

1 一本化論

　会社更生は，⇒254頁 **1**で取り上げたように，手続の対象や担い手，担保権の取扱い，更生計画のメニューなどの点で，民事再生とは大きな違いがあります。その違いにより，会社更生は，大規模な会社の再建に適していると言われてきました。その意味で，会社更生には一定の存在意義があります。

　しかし，倒産法制の改正の際には，会社更生におけるこうした独自の規律を，民事再生に取り込んで一本化すべきかについて議論がありました。

　結局のところ，会社更生の民事再生への一本化は，時期尚早として見送られましたが，その代わり，現行の会社更生法は，会社更生をより機動性の高い手続とするために，民事再生法と同様の規律を新たに定めるなどの改正を加えています。それらの改正により，両手続の差異はより小さくなり，会社更生の手続は民事再生の手続に近接しています。

2 DIP型会社更生と管理型民事再生

(1) DIP型会社更生

　法改正により，管理型手続の会社更生においても，更生会社の経営陣などを管財人に選任して引き続き業務の遂行にあたらせることができるようになりました。これが，いわゆるDIP型会社更生と呼ばれる手続です。

民事再生では，債務者は再生手続開始決定後も，再生債務者として，その業務を遂行し，財産の管理処分を実施します。これに対して，従来の会社更生では，裁判所が更生管財人を選任すると，更生会社の経営陣は経営権を失い退陣するというのが原則でした。これが，大規模会社に民事再生を選択させる1つの要因ともなっていました。

法改正の当初は，なかなかDIP型会社更生の利用例がありませんでしたが，その後，ウィルコムやエルピーダメモリといった大規模会社の更生手続にも活用されるようになり，現在では，運用におけるさまざまな工夫もなされるようになっています。

(2) 管理型民事再生

これに対して，DIP型が原則の民事再生においても，再生債務者による業務の遂行や財産の管理処分に問題がある場合は，例外的に管財人を選任する**管理型民事再生**の実施が認められています（民再64条）。

実際には管理型民事再生の利用は決して多くはありません。それは，再生事件では，DIP型といいつつも，再生債務者の後見役として監督委員を選任するのが原則であることも影響しています（⇨第**2**章③）。^{⇒188頁}しかし，それにより管理型民事再生の意義が失われたわけではありません。現に最近も社会の注目を集めた森友学園の再生事件など再生債務者の経営陣に問題のあったケースで，管財人を選任した例は存在しています。

DIP型会社更生も管理型民事再生も時代の流れに合わせて導入されたものですが，それにより会社更生と民事再生の手続の差異はますます相対的なものになってきました。これを受けて，将来的には，両手続を統合し，一本化する立法論が再び登場するかもしれません。

このように倒産法は，今後も時代とともに変化していくことが求められています。

事 項 索 引

A–Z

COMI ··································19
DIP ···································17
DIP 型 ············17, 28, 38, 174, 180, 184
DIP 型会社更生 ··························259
REVIC ································45
UNCITRAL ···························18
──のモデル法························18

あ 行

預り金 ·······························166
頭数要件 ····························229
アドバイザー··························44
アメリカ連邦倒産法···············17, 172
──の第 11 章手続········17, 172
按 分 ·································24
異議申述期間 ························244
異議の訴え···························148
移 行 ································238
異時廃止 ····························155
異時破産廃止決定····················25
一時停止·······························47
一時停止通知···························44
一般条項 ····························223
一般の先取特権··················14, 256
一般破産主義··························59
一般優先債権············29, 197, 199, 206
委任契約 ····························100
委任者 ·······························100
請負契約·······························95
請負人の破産···························95
裏書交付（手形）····················122

か 行

外国倒産処理手続の承認援助に関する法律
（外国倒産承認援助法） ···········18

会社更生手続·····················8, 32
──の目的························32
会社更生法····························17
解 除 ·································90
解除権 ···························91, 98
──の制限························91
解約返戻金 ·························101
価額償還請求 ························140
確定判決と同一の効力·····81, 203, 204, 233
確答催告·····························91
可決要件 ····························229
可処分所得要件 ·····················248
過払金返還請求権 ···················159
株主総会の承認に代わる事業譲渡の許可
··································181
簡易再生 ····························231
簡易配当 ·······················149, 151
換 価 ···························23, 149
管 轄 ···························61, 176
管財事件··················60, 155, 160
管財人（民事再生手続）········180, 184, 190
監督委員 ·················28, 183, 188
──による監督···················32
──の善管注意義務 ··············190
監督命令 ·························28, 188
管理型 ·······························180
管理型民事再生 ·····················260
管理命令 ····························191
期間方式 ·······························79
危機時期 ···············118, 120, 123
企業再生支援機構···············45, 254
議決権 ·······························229
議決権額要件 ························230
議決権の行使 ························198
期日方式·······························79
寄 託································95, 151
寄託請求 ·························95, 117

261

給　与 ……………………………………30
給与所得者等再生 …………173, 241, 247
給料債権 …………………………84, 100
共益債権 …………………29, 197, 205
強制執行 ……………………………………12
強制執行等中止命令 ……………178
供　託 ………………………………150
業務遂行権 ………………………180
極度額 ………………………………150
金銭化 …………………………………76
金融債権 ………………………………43
金融債権者 …………………………47
組入金 ………………………………107
組分け ………………………………258
クレジットカウンセリング………52
経営者保証に関するガイドライン………50
計算報告 ……………………………152
計算報告集会 ……………………152
形式的平等原則 …………………244
競　売………………………………………12
決議に付する決定 ……………228
決議のための債権者集会 ………192
現在化………………………………………75
減　資 …………………………………35
減資条項 ……………………………225
原状回復請求権…………………………92
現有財団 ………………………………68
権利変更…………………………29, 251
権利変更条項 ………………223, 257
牽連破産 ………………………………60
後順位担保権者 …………………107
公正・衡平な差 …………………257
更生会社 ……………………………256
更生管財人 …………8, 34, 38, 254, 256
更生計画 ………………………………8
更生計画案………………………………35
更生債権 ……………………………256
更生手段説…………………………25, 161
更生担保権 ………………………257
更生担保権者………………………34, 255

公平誠実義務………………………28, 180, 185
抗弁（否認権）……………………………137
国際倒産…………………………………18
　　──のモデル法…………………………18
国連国際商取引法委員会　→
　　UNCITRAL
個人再生委員 ……………………243
個人再生手続 ……………………5, 173, 240
個人版私的整理ガイドライン…………53
個人版私的整理ガイドライン運営委員会
　…………………………………………53
国庫仮支弁制度……………………60
固定主義……………………………69
個別条項 ……………………………224
雇用契約…………………………………99

さ　行 ─────────●

再建型 ……………………………17, 38, 173
再建計画案 ……………………………43, 44
債権者委員会 ……………………193
　（私的整理ガイドライン）……………41
　（民事再生手続）………………184
債権者委員長………………………41
債権者一覧表 ……………………243
債権者会議
　（事業再生ADR）………………47
　（私的整理ガイドライン）…………43, 44
債権者集会 ……………………184, 192
債権者集会による決議 …………229, 230
債権者の公平 ……………………117
債権者平等…………………………14, 136
債権者平等の原則 ………76, 84, 198, 224
債権者名簿 …………………………166
債権調査期間 ……………………203
最後配当 ……………………………149
財産（の）管理処分権 …………180, 215
財産減少行為………………………………13
財産状況報告集会 ………………192
財産評定 …………………………149, 187
財産分与請求権…………………………73

再生計画	8, 32, 173	差押え	12
——認可決定	32	差押禁止財産	70
——の効力	233	査定決定に対する不服申立て	218
——の取消し	236	査定の裁判に対する異議の訴え	204
——の変更	236	サラ金問題	159
——の履行確保	32	産業再生機構	45
——不認可決定	32	資格制限	167
再生計画案	29, 187, 221	敷　金	94
——の決議	31	敷金返還請求権	76, 94
——の認可	31	事業再生 ADR	47
再生債権	29, 180, 197	事業再生計画	47
——の確定	203	事業再生計画案	47
——の査定	204	事業再生実務家協会	47
——の調査	202	事業譲渡	35, 181
——の届出	201	事業譲渡型	222
再生債権者	180, 184, 196	資金調達型	222
再生債権者表	202, 203, 204, 233	自己破産	19, 60, 159
財政再生団体	59	自己破産申立て	60, 154
再生裁判所	180	自主再建型	222
再生債務者	28, 179, 183, 184	自然災害による被災者の債務整理に関する	
——の第三者性	185	ガイドライン	53
再生手続開始決定	179	自然債務説	164
再生手続開始原因	174, 177	質　権	103
再生手続開始の申立て	176	執行裁判所	12
再生手続開始要件	177	私的整理	5, 41
再生手続終結決定	32	私的整理ガイドライン	43
財団債権	23, 81	自働債権	115
——の代位弁済	83	自認債権	203
最低弁済額要件	247	支払停止	22, 62
裁判所書記官	146	支払停止等	142
債務者更生主義	11	支払不能	22, 61, 137
債務消滅説	164	自由財産	23, 69, 160
債務超過	63, 127	——の範囲拡張	71, 101
裁量免責	26, 162	住宅資金貸付債権	250
詐害意思	130	住宅資金貸付債権に関する特則	173, 250
詐害行為	13, 127, 213	住宅資金特別条項	250
詐害行為（の）否認	15, 129	住宅ローン	52, 250
——の効果	140	重要財産開示義務	147
詐害行為取消権	13, 15	主たる利益の中心地	19
差額償還請求	141	主手続	19

事 項 索 引 ● 263

受働債権 …………………………115	租税債権 ……………82, 84, 197, 206, 256
受任者 …………………………100	損害賠償請求権の査定の制度 …………217
受任通知…………………………22	
少額債権 …………………………200	**た　行** ━━━━━━━━━━━●
小規模個人再生 …………173, 241, 246	大規模事件…………………………17
消極的同意 ………………………246	対抗要件…………………67, 73, 94, 142
使用者の破産………………………99	対抗要件否認 ……………………142
商事留置権 …………………110, 208	第三セクター……………………49, 59
譲渡担保 …………………………111	第 11 章手続　→　チャプター・イレブン
債権―― ………………………111	対象債権者 ………………………43, 53
集合債権―― …………………111	退職金 …………………………30, 82
集合動産―― …………………111	退職金債権 ………………………84, 100
将来債権―― …………………111	代替許可 …………………………181
動産―― ………………………111	代物弁済 …………………………131
商人破産主義………………………59	多重債務者…………………………51
消費者破産 …………………158, 159	多重債務問題……………………48, 158
消費生活アドバイザー……………52	担保権…………………7, 23, 103, 110
将来の請求権……………………76, 150	――の行使 ………………………103
除斥期間 …………………………150	――の実行 ………………………30, 38
書面投票 …………………229, 231	――の実行としての競売………7, 30, 104
書面による計算報告 ……………152	――の不可分性 …………………211
所有権留保 ………………………112	担保権（の）実行中止命令……30, 179, 209
新株発行条項 ……………………225	担保権者 …………………………30, 38
新得財産 …………………………69, 70	担保権消滅制度……………31, 108, 210
スポンサー…………………………34	担保不動産収益執行 ……………104
清算型………………………………38	担保目的財産 ……………………103
清算価値保障原則…………………31, 232	地域経済活性化支援機構………………45
責任財産…………………………13, 129	チャプター・イレブン……………17, 172
説明義務 …………………………147	中間配当 …………………149, 151
善管注意義務………………………66, 190	注文者の破産………………………98
先順位担保権者 …………………107	懲戒主義……………………………11
相　殺…………………………95, 114	調停委員 …………………48, 49, 51
――の期待 ………………………115	調停委員会 ………………………48
――の担保的機能 ………………115	懲罰主義……………………………11
相殺禁止 …………………………117	賃借人の破産………………………93
相殺権 …………………………115, 219	賃貸借契約…………………………93
増　資………………………………35	賃貸人の破産………………………93
双方未履行の双務契約……………89	追加配当 …………………149, 151
訴訟参加 …………………………216	停止条件付債権……………………76, 150
訴訟の併合 ………………………216	停止条件付債務 …………………116

抵当権 ……………………7, 103, 208
抵当権の不可分性 …………………108
適確な措置 …………………………225
出来高精算…………………………96
手続開始時現存額主義………………77
手続廃止（民事再生）………………238
典型担保 ……………………………110
同意再生 ……………………………231
同意配当 ………………………149, 152
登記・登録 ……………………67, 73
倒産 ADR …………………………46
動産売買先取特権 …………………110
同時交換的行為 ………………124, 138
同時（破産）廃止 …………22, 154, 160
──決定……………………………24
──事件……………………………60
当然復権 ……………………………168
特定調停 …………………………48, 51
特定調停手続 ………………………5
特定調停法…………………………48
特典説……………………………25, 161
特別の先取特権 …………103, 110, 208
届出の追完 …………………………202
届出破産債権………………………79
取立委任（手形）…………………122
取戻権 ………………………………72

な 行

内部者 ………………………………137
二重起訴の禁止 ……………………216
二重債務問題………………………53
2 段階システム ………………80, 148
日本クレジットカウンセリング協会……52
任意整理 …………………………5, 37, 41
任意売却 ………………………106, 149
任意弁済 ……………………………164
認可決定 ……………………………232
認否書 …………………………79, 202
根抵当権者 …………………………150

は 行

ハードシップ免責 …………………245
配 当 ……………………12, 23, 24, 149
配当財団………………………………68
配当率………………………………24
破産管財人……………………22, 65, 66, 155
──の換価権 ……………………105
──の管理処分権…………………65
──の善管注意義務………………66
──の報酬 ……………………82, 155
破産原因……………………………61
破産債権 ……………………………24, 75
届出── ……………………………24, 79
──（の）確定 …………………23, 80
──（の）調査 …………………23, 79
──の届出 ………………………23, 79
破産債権査定異議の訴え………………80
破産債権査定申立て…………………80
破産債権者 …………………………75
破産債権者表………………………79
破産財団……………………23, 68, 69, 146
──の換価 ………………………149
破産裁判所 …………………………61
破産者 ………………………………22
破産手続 ………………………5, 8, 21, 58
──の開始 ………………………21
──の終了 ………………………24
──の特徴 ………………………58
──の目的 ………………………21
破産手続開始（の）決定 …………22, 60
──の効果 ………………………22
破産手続開始の申立て………………60
破産手続終結決定 …………………24, 154
破産能力……………………………58
破産法の目的………………………25, 161
罰 金 ………………………………85, 165
東日本大震災…………………………52
引渡命令 ……………………………146
被担保債権 …………………………103, 211

事 項 索 引 ● 265

非典型担保	111	保全管理命令	191
否認権	15, 213, 244	保全措置	178

非典型担保 …………………………111
否認権……………………15, 213, 244
　——の行使方法 ………………139
否認権の行使権限付与 …………214
否認の効果 ………………………140
否認の請求 ………………………137
非免責債権……………………26, 165
ファイナンス・リース ……………111
封　印………………………………146
普及主義……………………………18
不足額 ……………………………105, 150
不足額責任主義 …………………105
復　権………………………26, 168
物上代位 ……………………104, 110
物上保証人…………………………78
不認可決定 ………………………232
不認可事由……………32, 232, 246, 248
不法行為に基づく損害賠償請求権 ……165
扶養料………………………………165
不良債権処理………………………48
フレッシュスタート………………11
プレパッケージ型 ………………231
プロラタ……………………………76
別除権 ……………30, 38, 103, 208
別除権協定 ……………30, 38, 212
別除権者 …………………………179
偏頗行為……………………15, 128, 213
偏頗行為（の）否認………………15, 137
　——の効果 ……………………141
包括的禁止命令 …………………178
膨張主義……………………………69
法定財団……………………………68
法的整理……………………………41
法的倒産手続………………………37
法テラス ……………………………4
保険契約 …………………………101
保証債務……………………………167
保証人………………………………76
　——の求償権……………………78
保全管理人 ……………180, 184, 191

保全管理命令 ……………………191
保全措置 …………………………178

ま　行

民事再生手続……………8, 27, 172
　——の開始……………………27
　——の終結……………………237
　——の終了……………………32
　——の目的……………………27
民事再生法………………………17
民事留置権 ……………………110
民法（債権関係）改正法…………15
無償行為 ………………………133
無償行為否認……………………133
無資力……………………………13
免　責……………………25, 158, 161
　——の効果……………………26, 164
　——の効力……………………164
　——の取消し ………………167
　——の理念……………………161
　裁量……………………26, 162
免責許可…………………………25
免責許可（の）申立て………25, 162
免責許可決定……………………26, 162
免責手続…………………………25
免責不許可決定…………………26, 162
免責不許可事由…………………25, 162
申立権者 ………………………176

や　行

役員責任査定決定 ……………148
約定劣後再生債権 ……………200
約定劣後破産債権………………85
約束手形 ………………………121
優先的更生債権 ………………257
優先的破産債権…………………84
要許可行為 ……………………180
要同意行為 ……………………189
予納金……………………………60, 176

ら 行

リーマンショック……………………10
履行監督 ……………………………235
劣後的破産債権………………………85
廉価売却……………………………13, 127

連帯債務者……………………………78

労働債権 …14, 29, 82, 83, 166, 197, 206, 256
労働者の破産 ………………………100

わ 行

和議手続 ……………………………172

判例索引

最高裁判所

最判昭和 62・7・3 民集 41 巻 5 号 1068 頁〈百選 34〉·············134
最判昭和 63・10・18 民集 42 巻 8 号 575 頁〈百選 64〉·············123
最判平成 9・2・25 判時 1607 号 51 頁〈百選 88〉·············167
最判平成 12・1・28 金判 1093 号 15 頁〈百選 86〉·············167
最判平成 12・2・29 民集 54 巻 2 号 553 頁〈百選 80 ①〉·············91
最判平成 17・1・17 民集 59 巻 1 号 1 頁〈百選 63〉·············117
最決平成 20・3・13 民集 62 巻 3 号 860 頁〈百選 91〉·············234
最判平成 22・3・16 民集 64 巻 2 号 523 頁〈百選 45〉·············79
最判平成 22・6・4 民集 64 巻 4 号 1107 頁〈百選 58〉·············112
最判平成 23・11・22 民集 65 巻 8 号 3165 頁〈百選 48 ①〉·············83
最判平成 23・12・15 民集 65 巻 9 号 3511 頁〈百選 53〉·············210
最判平成 24・5・28 民集 66 巻 7 号 3123 頁〈百選 69〉·············125
最判平成 28・7・8 民集 70 巻 6 号 1611 頁·············123
最判平成 29・11・16 民集 71 巻 9 号 1745 頁·············134
最判平成 29・12・7 民集 71 巻 10 号 1925 頁·············112

高等裁判所

大阪高決平成 2・6・11 判時 1370 号 70 頁〈百選 83 ①〉·············166
仙台高決平成 5・2・9 判時 1476 号 126 頁①〈百選 83 ②〉·············166
東京高決平成 8・2・7 判時 1563 号 114 頁〈百選 84 ①〉·············167
福岡高決平成 9・8・22 判時 1619 号 83 頁〈百選 84 ②〉·············167

地方裁判所

大阪地判平成 20・10・31 判時 2039 号 51 頁〈百選 21〉·············186
東京地決平成 23・11・24 金法 1940 号 148 頁·············143, 144

倒産法
Insolvency Law

2018 年 12 月 25 日　初版第 1 刷発行

		倉部真由美
著　者		高田賢治
		上江洲純子
発行者		江草貞治
発行所	株式会社	有　斐　閣

郵便番号 101-0051
東京都千代田区神田神保町 2-17
電話 (03) 3264-1314 〔編集〕
　　 (03) 3265-6811 〔営業〕
http://www.yuhikaku.co.jp/

印刷・株式会社理想社／製本・牧製本印刷株式会社
挿画・池田八惠子
Ⓒ 2018, M. Kurabe, K. Takata, J. Uezu. Printed in Japan
落丁・乱丁本はお取替えいたします。
★定価はカバーに表示してあります。
ISBN 978-4-641-15053-9

|JCOPY| 本書の無断複写 (コピー) は、著作権法上での例外を除き、禁じられています。複写される場合は、そのつど事前に (一社) 出版者著作権管理機構 (電話03-5244-5088, FAX03-5244-5089, e-mail:info@jcopy.or.jp) の許諾を得てください。

本書のコピー，スキャン，デジタル化等の無断複製は著作権法上での例外を
除き禁じられています。本書を代行業者等の第三者に依頼してスキャンや
デジタル化することは，たとえ個人や家庭内での利用でも著作権法違反です。